The SECRET HISTORY of FOOD

Strange but True Stories About the Origins of Everything We Eat

麥特・西格——著
Matt Siegel
駱香潔——譯

這本書獻給我的母親，她有一手好廚藝。
同時獻給我的父親，他有一副好胃口。

1 Jeffrey M. Pilcher, *The Oxford Handbookof Food History* (New York: Oxford University Press, 2012), 209.

2 B. W. Higman, *How Food Made History* (West Sussex: Wiley-Blackwell, 2012), 1.

歷史頌揚人類赴死的戰場，

卻不屑談論使人類成長茁壯的農地。

歷史收錄國王私生子的姓名，

卻無法告訴我們小麥的起源。

人類就是這麼愚蠢。〔1〕

——尚－亨利・法布爾（Jean-Henri Fabre），昆蟲學家

我們這輩子所做的諸多選擇之中，

最恆常也最重要的選擇就是吃。

人類可以終其一生不參與政治、沒有個人自由，

也可以不成家、不做愛，但是不吃東西可活不下去。

食物是絕對的生理需求，因此它占據文化史的核心地位，

每個民族與時代皆然。〔2〕

——貝瑞・威廉・希格曼（B. W. Higman），歷史學家

目次

人類祖先說不定都曾經是「超級味覺人」，因為自然界裡有毒的東西經常帶有苦味或酸味，這並非巧合，我們的祖先愈是避開這些毒物，就愈有可能避開死亡與疾病。但隨著時間推移，出於極度飢餓、味覺疲乏或冒險心態吃了這些毒物（並且幸運沒吃到特別致命的毒物，或是借助烹煮或加工降低毒性）的人，會透過遺傳把這樣的耐受力傳給下一代。此外，由於人類會挑選自己覺得好吃的作物來耕種，許多植物的苦味與毒性會隨著農業發展逐漸減弱。比如古代的野生南瓜、馬鈴薯和杏仁味道都很苦，而且有毒，直到人為介入才改頭換面；古代的玉米一根差不多只有香菸大小，而且玉米粒硬到能把牙齒咬斷。

不過，飲食與人類本質之間最強烈的連結，絕對是烹飪問世這件事。這個關鍵里程碑不僅改變了人類的飲食，也改變了人類本身。許多有毒的、不可食用的、無法消化的東西，只要經過烹調都能變成食物。

在殖民時期之前的英格蘭，派走的是實用路線：不是什麼珍饈也不是甜點，只是圖個方便，把各種飛禽走獸的肉凍裝在方便攜帶和相對穩定的容器裡。不過隨著殖民美洲，這一切都變了。殖民美洲不僅是一場民主與自由的實驗，也是一場生存、規模、揮霍與新世界料理的實驗。這個新世界不但有多種香料，魚類、野生動物、鳥類、漿果、蔬菜和穀物的種類更是豐富多元。陸地與湖海裡充滿殖民者從未見過、聽過的食材，有些食材他們雖然見過，但新世界的版本長得比歐洲的更大、更甜、也更多。

儘管如此，殖民最初幾年被稱為「飢荒年代」是有原因的。早期殖民者餓死的多得驚人，問題並非出在糧食不足，而是他們欠缺取得糧食的技能，卻又不肯接受原住民的建議，也不願意嘗試沒吃過的食物。眼前有鳥，但是他們捉不到；有魚，但是他們捕不著；有鹿，但是他們射不中；有玉米，但是他們不敢吃。

冷食穀片是「冠軍早餐」，多達九十三%的美國人每天早上吃穀片。穀片是家家戶戶都會買的產品，不但在超市裡有專屬走道，甚至在店鋪的貨架陳列心理學發揮關鍵作用。

與現在恰恰相反，最初的冷食早餐穀片淡而無味。冷食早餐穀片的發明人是篤信宗教的健康改革派，他們認為美國人的早餐除了應該擺脫糖分和揮霍習性，也必須擺脫罪惡與暴飲暴食。吃清淡的穀片來「打破齋戒」(break fast)不會破壞宗教的聖潔，使人變成耽溺享樂的邪惡異教徒。美國人在結束「飢荒年代」後開始享受自由與舒適的生活，與此同時，也出現一股健康熱潮和一長串飲食注意事項。現在流行的飲食法強調減少攝取碳水化合物或消除橘皮組織，以長壽或美觀為目的；但那個年代的飲食注重的是消滅「邪惡的渴望和墮落的食慾」，以免下地獄遭受永恆之火與硫磺的折磨。

玉米跟火都是人類史上的轉捩點，只不過火的馴化後來證明是個幸運的機遇，而玉米的馴化是好是壞目前尚無定論，因為玉米是相對現代的發明。說玉米是一項發明，這句話完全正確。沒有人類，就沒有玉米——同樣地，人類或人類依賴的多數東西，若少了玉米也無法存在。

最能代表人類與植物唇齒相依的東西就是玉米。類似的馴化幾乎同一時期在世界各地發生，人類文明紛紛耕種後來成為當地主食的原生禾草，例如亞洲的稻米、歐洲的小麥，以及北美洲一種叫做大芻草的玉米遠祖。我們甚至不確定第一次吃大芻草的人類到底是怎麼吃的。首先，一穗只有五到十二顆穀粒；其次，每顆穀粒的重量只有現代玉米粒的十分之一。所以大芻草的大小應該跟香菸差不多，可能比香菸更短。但出於某種原因，人類祖先認為這種不起眼的禾草大有可為，所以持續栽種，而且只挑選特質最討喜的種子來種……

在蜂蜜裹著糖衣的歷史裡，每一個愛與虔誠的涵義背面，都有一個死亡、痛苦或陰森恐怖的涵義。例如古埃及人用蜂蜜治病療傷，也用蜂蜜浸泡屍首。超過半數的早期埃及藥物含有蜂蜜。雖然關於蜂蜜與蜂蜜副產品（例如蜂花粉與蜂王漿）有益健康的說法，很多都誇大不實，但蜂蜜的藥用價值確實不僅是舒緩喉嚨痛而已。二〇〇七年，美國食品藥物管理局核准使用醫療級蜂蜜治療糖尿病潰瘍與動脈性潰瘍、一級與二級燒燙傷，以及創傷和手術傷口——有進一步的證據顯示，蜂蜜既能夠加速癒合，也能夠減少疼痛、發炎與疤痕形成。

埃及人將蜂蜜入藥可說是劃時代的創舉。但另一方面，他們也相信啤酒、煮熟的母狗外陰部、雕像的灰塵、精液以及陰莖水都具有藥用價值。因此他們把蜂蜜當成藥物大概純屬偶然，如果我們把蜂蜜治療燒燙傷的智慧歸功於埃及人，別忘了他們也用碎糕餅和貓毛治療燒燙傷。

一九二一年夏天，埃利斯島當局開始發放冰淇淋給新移民，他們成為美國人之後，吃的第一餐就包含冰淇淋。「埃利斯島當局用美味的冰淇淋三明治，溫柔引導移民體驗美國的優點，」某則新聞開頭如此寫道。新聞標題是〈冰淇淋成為美國化的媒介〉，內容描述新移民會像塗奶油一樣，把冰淇淋塗在麵包上，並認為給新移民吃冰淇淋有助遏止共產主義擴散。到了二次大戰爆發時，冰淇淋已經與美式生活密不可分，成為撫慰、自由與民主的象徵（香草口味仍是大宗，市占率約八十％）。就連卡斯楚也感受到冰淇淋對美國精神發揮的那種影響力。一九五九年他造訪紐約時，被拍下在布朗克斯動物園舔霜淇淋的照片，自此他對美國的冰淇淋和乳製品愛不釋口。美國人走私古巴雪茄到國內的同時，卡斯楚把霍華德．強森的二十八種口味冰淇淋全部走私到古巴，還在哈瓦那開了全球最大的冰淇淋店。

在大部分的歷史記載中，十二月向來是儀式性團聚和慶祝的月份，人們聚在一起大吃大喝，甚至會把飲酒時的祝福與宰殺的牲畜獻給各種神祇或聖靈，表達對過往豐收的感恩心意，或請求來年也得到庇佑，這些習俗散見於各種文化。順帶一提，「光明」的象徵意義與許多歲末聚會交織在一起，因為這段時間剛好碰到冬至，白晝愈來愈短，黑暗似乎戰勝了光明。不過歲末吃大餐還有另一個平凡的理由。如同我們現在的寒假與公司的節慶聚餐，飲食史學家肯・阿爾巴說，大餐的作用「類似安全閥：給大家一個機會釋放壓力後，今年餘下的時間能繼續安份工作」。因此本質上，這是菁英階層提供的節日紅利，窮人獲准狂歡縱慾，體驗一次富裕的生活，這樣他們就不會心生反抗、殺死主人——跟現在企業舉辦的聚餐很像，只是在那個年代這種作法更有必要，因為當時的生活比較艱苦。

8 新世代的選擇……215
The Choices of a New Generation

現在光是奧利奧餅乾就有五十多種選擇，這還不包括國際版口味，此外還有各式各樣的內餡偏好與包裝偏好。傳統觀念認為，豐富多元的選擇應該會使我們變得更快樂，我們應該慶幸自己生活在一個人類祖先（或甚至小時候的自己）只能想像的世界裡，我們不僅享有無窮盡的選擇，而且只要想吃超多果肉番茄麵醬，就無須將就自己吃多果肉番茄麵醬。但是，總有選擇多到令人受不了的時候——選擇與快樂的關聯性鐘形曲線再次下滑，無法滿足的渴望終於將我們淹沒。如果每個人都能喝到自己偏好的百事可樂口味，真的會很開心嗎？他們會不會期待在人生的其他方面，也能享有同樣的多樣性與完美？事實上有許多研究指出，能帶來快樂的食物選擇上限是四到六種，超過上限反而會使我們變得不快樂。「你遲早會碰到沒有足夠的空間、金錢或時間去享受這麼多選擇的情況。這表示你必須做出犧牲，而每一次犧牲都要付出心理代價。」

辣並非味覺，而是三叉神經感覺，又叫化學感覺，記錄處理的是刺激、溫度和觸覺等感受，在碰到可能有害的化學物質與細菌時，對身體發出警訊。辣椒素不是我們虐待口腔的唯一方式。「世界上大部分的成年人，每天都會至少攝取一種人類天生不喜歡的物質，」心理學教授保羅．洛金與黛博拉．席勒寫道。

想想黑巧克力與咖啡的苦味，此外我們還經常喝溫度高到足以損傷身體組織的咖啡。酒精和芥末（或香菸）會給喉嚨與鼻腔帶來刺激的灼熱感。汽水和香檳裡碳酸化的氣泡會造成輕微刺痛。還有紅茶與不甜的葡萄酒入口時的澀味。跟辣椒一樣，如果未經訓練，人類天生不喜歡這些口感——至於我們到底為什麼要吃這些東西，目前在科學上仍未達成共識。保存食物或許是最簡單的解釋，因為辣椒剛好可以殺菌，還能遮掩食物不新鮮的味道跟氣味。還有一種可能是：吃辣椒能幫我們應付其他類型的疼痛，包括身體與心理上的疼痛。

一八九三年，歐洲開始種植番茄整整三百年之後，美國最高法院才針對番茄到底是水果還是蔬菜做出裁決。依據一八八三年的關稅法，當時的進口蔬菜須繳交十%關稅，目的是保護美國農民。但是一八八七年番茄進口商約翰．尼克斯對紐約港關稅局提出告訴、要求退錢，他認為番茄是水果，無須繳交關稅。這項爭議在不斷升溫的法庭激戰中纏訟了六年，最後送達美國最高法院。在參考了各種字典、聽取專家證人的證詞後，最高法院最終裁定番茄是蔬菜。

這件事發生的時候，番茄才剛擺脫有毒的形象不久。在此之前，番茄有毒的觀念已存在數百年之久，主要是因為番茄與毒茄蔘以及致命的茄科植物是親戚，它們同屬一科。同屬茄科植物的馬鈴薯也擔負類似的罵名。除了跟巫術與魔鬼崇拜扯上關係，馬鈴薯還一度被視為梅毒與痲瘋病的罪魁禍首。直到後來出現大規模飢荒與作物歉收，才逼得歐洲人不得不給馬鈴薯上餐桌的機會。

1

吞嚥史

A History of Swallowing

……追尋更多、更好的食物，對歷史的演進有推波助瀾之功，只是有時推助得明顯，有時推助得低調。[1]

——芮伊・坦納希爾（Reay Tannahill），歷史學家

「只要知道你平常吃什麼，我就能判斷你是怎樣的人。」〔2〕說這句話的人叫讓．安泰爾姆．布里亞－薩瓦蘭（Jean Anthelme Brillat-Savarin，一七五五～一八二六），他是史上極具影響力的美食作家，著作與名聲歷久不衰，甚至有一款乳酪叫做「布里亞－薩瓦蘭乳酪」，這是一種含有三倍乳脂、半軟質的牛奶乳酪，「口感奢華，令人聯想到風味強烈、帶酸味和蕈類氣息的柔軟奶油」。〔3〕薩瓦蘭的著作《美味的饗宴》（*Physiologie du goût*）〔4〕於一八二五年出版，在將近兩個世紀後的今日仍在印製發行。〔5〕

我承認，薩瓦蘭的想法不一定跟他的同名乳酪一樣經得起陳放。例如他認為吃澱粉會軟化男人的肉體和勇氣（「看看印度人就知道，他們幾乎只吃米飯，所以面對征服者幾乎毫無招架之力」〔6〕），他相信糖水是健康的提神飲料，還經常針對肥胖大放厥詞：

若你建議一位肥胖的可愛女士騎馬，她會欣然同意，但是有三個條件。第一，必須給她一匹俊美、活潑、溫馴的成年公馬；第二，必須為她準備全新訂製、最流行的騎裝；第三，必須安排一名既親切又好看的馬伕。同時滿足三個條件實屬不易，所以她從來不騎馬。〔7〕

他還說過：「就我記憶所及，所有英雄人物裡只有兩個是胖子。」[8]至於他的其他看法則見仁見智，例如他認為乳酪是不可或缺的一道菜（並順便用比喻表達他心目中獨眼女子的價值）：「晚餐沒有以乳酪畫下句點，就好像一個女人雖然很美，卻只有一隻眼睛。」[9][10]

話雖如此，他的某些見解顯然超前了時代。他率先提倡低碳飲食的好處，指出精製碳水化合物與肥胖之間的關聯，敦促父母「嚴格禁止孩子喝咖啡，否則孩子會變成乾癟的小怪物，發育不良，還不到二十歲就未老先衰」。[11]這些觀念後來都變成常識。他也正確預告了飲食對我們的影響不限於身體，也會影響心理、社會和精神方面——而且影響程度之深遠，生活於十九世紀的他是不會知道的。

舉例來說，現代科學已經證實，我們不只會受到自己的飲食影響，父母的飲食也會影響我們。

無數研究發現，我們成年後對鹽的喜好程度，從母親在懷孕期間的水分流失即可看出端倪[12]：嚴重害喜和孕吐（致使電解質濃度降低）會提高胎兒對鹽分的渴望，這種渴望可能不會消失、直至成年，導致終其一生過度攝取鹽分。同樣地，經由母親的羊水和乳汁接觸到（來自母親飲食的）各種味道，會在我們出生前與出生後，影響我們對食物的偏好，這樣的影響早在我們吃進第一口食物前就已開始[13]，因為胎兒每天平均喝進肚子裡的羊水多達五百[14]至一千毫升[15]（相當於一．五到三罐的易開罐汽水）。研究人員曾在羊水裡發現大蒜、孜然、咖哩等多種味道。[16]進入母乳裡的味道更加豐富多元，包括紅蘿蔔、香草、薄荷、酒精、藍紋乳酪和香菸等等。[17][18]

有項研究發現，若母親在懷孕和哺乳期間常喝紅蘿蔔汁，孩子會比較喜歡吃紅蘿蔔口味的穀片。[19]另一項研究則發現，偏愛大蒜口味洋芋片的八歲和九歲孩童，母親在孕期也常吃大蒜。[20]還有一項研究則發現，喝香草口味配方奶的寶寶，成年後更喜歡香草口味的番茄醬。[21]跟喝配方奶的孩子相比，喝母乳的孩子通常更愛吃蔬菜水果，也更願意嘗試不一樣的食物，因為他們接觸到的味道更加豐富多元。[22]

母乳可能影響人類行為並不是什麼新觀念。幾千年前（當時薩瓦蘭還沒出生），人類普遍認為人格特質與智力會經由哺乳傳給寶寶[23]，因此母乳不足或不願哺乳的富家太太在雇用奶媽時都會精挑細選，包括乳房的形狀、情緒是否平穩、舉止儀態等等。有一段梵語古文提到[24]，奶媽必須跟自己屬於同一個種姓階層[25]；皮膚健康，身上沒有痣和斑點；沒有賭博、大白天睡覺、行為放蕩等惡習；年紀不太老也不太年輕，身材不太瘦也不太胖；乳房不能過度下垂[26][27]，也不能過度挺翹；乳頭不能朝上，也不能太扁平。一五四四年的英文著作《育兒之書》（*Boke of Chyldren*）提醒母親：「挑選奶媽時必須注意，不要選氣色不佳、儀態粗鄙的奶媽，要選冷靜、誠實、貞潔、苗條、親切、活潑……不可酗酒、墮落、淫蕩，以免汙染了孩子的個性。」[28]請想像一下當年的奶媽招募廣告。

還有，古人認為喝動物的乳汁會導致行為舉止變得像動物。[29]

影響我們的不只是父母吃了什麼，還有吃了多少。父母攝取的飲食與熱量，有可能影響我們遺傳到的基因是開啟還是關閉，從代謝、體重到抵抗力都在影響範圍內，這就是表觀遺傳現象（epigenetic inheritance）。[30]以果蠅為例，讓果蠅在交配前連吃兩天高糖飲食，下一代會有較高的肥胖機率[31]；讓小鼠在交配前連吃六週高脂飲食，下一代罹患糖尿病的機率較高，而且體重和體脂肪的增加幅度超過二十％。[32]

人類身上似乎也觀察到這些現象。有一項研究綜合分析了三十幾篇論文，分別來自荷蘭、美國、法國、印度、挪威、瑞典、英國、德國、紐西蘭與澳洲，結果發現若胎兒在子宮裡營養不足，成年後罹患肥胖症、心臟病與第二型糖尿病的機率會比較高。[33]另外有一項研究發現，父母與祖父母在八到十二歲期間攝取的飲食，會影響子女與孫子女罹患心臟病與糖尿病的機率。[34]

有些遺傳因素可追溯到更早之前。你或許覺得自己喜歡黑松露、酸艾爾啤酒、烤球芽甘藍跟單品咖啡很厲害，但其實你的口味偏好在某種程度上來自遺傳。和色盲一樣，約莫有半數人類的嗅覺無法偵測雄烯酮，也就是松露那種令人垂涎的泥土味[35]；嗅覺過度敏感，覺得松露味很噁心的人稍微少一點。[36]有一種叫OR6A2的基因與醛類受體有關[37]，帶有OR6A2基因的人會覺得芫荽（香菜[38]）吃起來有肥皂味，或是聞起來像「爬滿臭蟲的床單」。[39]事實上有證據顯示，*coriander*（芫荽）的字源就是希臘語的*koris*（臭蟲）[40]，而肥皂和某些昆蟲排泄物含有與芫荽相似或相同的醛類[41]，臭蟲的排泄物正是其中之一。[42]

同樣地，我們對苦味的敏感程度和TAS2R38這種基因息息相關。[43]這個你自己在家裡就能測試，只要去買丙硫氧嘧啶（6-n-propylthiouracil）試紙就行了[44]，網路上很容易買到。大約有半數人類覺得這種試紙的苦味一般[45]（「味覺人」〔taster〕），四分之一覺得苦到不行（「超級味覺人」〔supertaster〕），四分之一覺得沒味道（「無味覺人」〔nontaster〕）。超級味覺人的味蕾密度通常比較高[46]，聽起來像是人人豔羨的美食超能力，但其實他們可能只是在飲食上比較挑剔，也不喜歡咖啡、葡萄酒、烈酒、黑巧克力和多種蔬菜水果（例如葡萄柚、花椰菜、羽衣甘藍），因為這些食物都太苦了。

人類祖先說不定都曾經是「超級味覺人」，因為自然界裡有毒的東西經常帶有苦味或酸味，這並非巧合[47]，我們的祖先愈是避開這些毒物，就愈有可能避開死亡與疾病。但隨著時間推移，出於極度飢餓、味覺疲乏或冒險心態吃了這些毒物（並且幸運沒吃到特別致命的毒物，或是借助烹煮或加工降低毒性）的人，會透過遺傳把這樣的耐受力傳給下一代。除此之外，由於人類會挑選自己覺得好吃的作物來耕種，許多植物的苦味與毒性會隨著農業發展逐漸減弱。[48]比如古代的野生南瓜[49]、馬鈴薯和杏仁[50]味道都很苦，而且有毒，直到人為介入才改頭換面；古代的玉米一根差不多只有香菸大小，而且玉米粒硬到能把牙齒咬斷。

乳製品的發展脈絡也大同小異。人類原本只有在襁褓期才具備消化乳汁的能力，以生物學來說這是非常合理的：尤其是營養攝取不足的母親，哺乳會使她們更難再次懷孕[51]，所以愈早停止哺乳，就愈有機會繼續擴充她的基因庫。此外，下一個孩子出生的時候，前一個孩子最好已經斷奶，否則兩個孩子得爭搶有限資源，而母親光是為一個孩子產奶就已相當吃力了。

因此，襁褓期結束後持續哺乳對部落沒有好處。人類跟其他哺乳動物一樣，長大後身體會自然停止分泌用來消化乳糖的乳糖酶[52]，所以無論人類還是動物，都會因為繼續喝奶而感到胃腸不適，例如脹氣和腹脹。可是跟餓死相比，脹氣和腹脹根本無足輕重。於是在經過數千年的演化後，人類的身體對乳製品逐漸產生了適應力[53]，成年人類也更加能夠耐受乳糖。（發現優格[54]與製作乳酪也是助力，因為兩者都會降低乳糖含量、幫助消化。話雖如此，仍有大約三分之二的成年人對乳製品消化不良[55]，程度各異。因此乳糖不耐症仍屬常態，而非例外。）

我們對酒精的天生耐受程度[56]（例如酒醉、頭暈、臉紅、吸收率等等）也經過類似的適應過程，源頭或許是幾百萬年前人類祖先食用發酵過的水果。[57]就好像尤加利葉對哺乳動物和其他多數動物來說含有劇毒[58]，但無尾熊已經對它演化出耐受力。[59]

不過，飲食與人類本質之間最強烈的連結，絕對是烹飪問世這件事。我們在超市（與現代社會）看見的許多食品，都可以追溯到距今二十萬至兩百萬年前人類開始用火（或地熱溫泉）烹煮生肉與蔬菜[60]，這個關鍵里程碑不僅改變了人類的飲食，也改變了人類本身。

許多有毒的、不可食用的、無法消化的東西，只要經過烹調都能變成食物。即使是小麥、玉米和馬鈴薯等現代主食，在加熱或烹調前都不太可口、也不好消化，可想而知，人類祖先挖來吃的那些史前植物根莖有多難吃。以馬鈴薯為例，煮熟後不僅美味無數倍[61]，而且可消化澱粉的比例增加九十%以上。皇帝豆[62]和木薯經過適當烹煮後，除了更好消化，還能殺死一種可能導致氰化物中毒的酶。此外烹調還能延長食物的保存期限，包括殺菌後供短期保存，以及煙燻或脫水後供長期保存，特別是肉類。食物因此變得容易攜帶，進而提高人類的生存機率，畢竟扛著剛剛獵殺的生肉行動，很容易淪為其他動物的獵物。

平衡報導一下：烹飪會降低食物的營養價值，降低多少取決於食物的種類與烹調方式。只要看一眼青菜過度汆燙後鍋子裡鮮綠色的水，就知道水溶性營養素會在烹煮過程中流失。[63]不過從營養與熱量的角度來說，烹飪仍是利多於弊，雖然會流失部分營養素，但是會留下身體更容易吸收和利用的營養素。[64]

這主要是因為烹飪會導致蛋白質變性、細胞破裂、澱粉與膠原蛋白糊化，進而使食物變軟[65]（所以更容易消化跟咀嚼）。你或許覺得咀嚼不太費力，但那是因為我們習慣吃柔軟的熟食，很少啃咬生瓜或生馬鈴薯。其實在烹飪誕生之前，咀嚼食物對人類祖先來說，是相當費時耗力的事。以人類的兩種近親為例，黑猩猩咀嚼和吞嚥食物的時間，約占一日的三十七%，山地大猩猩是五十五%；而現代人類每天咀嚼和吞嚥食物的時間，僅占一日的五%。如果以一天活動十六個小時來計算，烹飪可能為我們減

少了八小時的咀嚼時間。〔66〕

吃熟食也為我們省下許多力氣。像是山藥、紅蘿蔔和甜菜根等食物煮熟後，咀嚼起來會比生吃少用十四％的肌肉。〔67〕差別似乎不大，但是對幾千年前的人類來說，這樣的差別說不定足以決定生死，因為當時食物來源很稀少，而且尋找食物意味著把自己暴露在成為食物的風險之中。

烹煮食物等於把一部分的消化前置作業外包出去，而且食物不但提供更多營養，消化起來也更加省力，這種雙管齊下對抗飢餓的作法，成為人類的生存關鍵。跟愛吃生食或半生熟食物的人類相比，愛吃全熟食物的人類更有機會延長壽命、延續基因。現代飲食中仍可找到這樣的演化痕跡：我們的視覺經過演化，能協助我們尋找和辨識既安全又有營養的食物，有能力分辨自然環境裡的特定顏色（比如成熟果實的紅色與未熟果實的青色〔68〕，新鮮肉類的紅色和腐肉的灰色），是一種生存優勢。同樣地，演化也使我們愛上火代表的營養安全信號，也就是熱量高且方便攜帶、保存期限極長、口感軟軟脆脆但邊緣或許有些燒焦的食物——本質上就是麥當勞那些。〔69〕薯條對於現代人不是理想的食物，但要是回到一百萬年前，它肯定是超級食物。那個年代覓食必須耗費大量卡路里，「適者生存」意味著拚盡全力尋找食物以免餓死，活久一點才有機會生下後代、延續物種。

烹飪改變了人類。我們愈常吃柔軟、省力的食物，身體就愈適應這樣的食物，於是我們的頜骨[70]與結腸也變得愈來愈小。人類的遠親鮑氏傍人（*Paranthropus boisei*）生活在烹飪出現之前的年代，他們的頜骨跟牙齒都非常大，因此被暱稱為「胡桃鉗人」（Nutcracker Man）。[71]他們的臼齒比現代人的臼齒約莫大了四倍。此外，因為熟食的消化效率比較高，現代人的胃和結腸[72]在比例上，分別不到其他靈長動物的三分之一與三分之二。

這樣的演化仍在進行中。科普作家妮可拉・譚普（Nicola Temple）說，上個世紀人類的頜骨仍在持續變小[73]，主因是加工食品盛行（例如麥當勞）。使用刀叉也可能是原因[74]，因為刀叉分擔了頜骨與牙齒的工作。

有些學者相信烹飪也使得人腦變大，靈長動物學家理查・藍翰（Richard Wrangham）就是其中之一。藍翰認為，烹飪給食物添加的營養價值促使人腦增大，從代謝的角度來說，人腦消耗的熱量遠遠超越其他器官。腦大約僅占人類體重的二・五％，卻使用了多達二十％左右的基礎熱量。[75]（基本上就是以前用在巨大頜骨與消化系統的熱量，後來都用在腦部了。）古人類學家兼演化生物學家彼得・昂加爾（Peter S. Ungar）解釋道：

「以哺乳動物的體型來說，人腦的重量將近正常大小的五倍[76]……也就是蘋果與鳳梨的差別。」

烹飪也增加了我們用腦的機會。達爾文認為，學會用火「可能是除了語言之外，最偉大的人類發現」。[77]（「把又硬又富含纖維的根部變得好消化[78]，把有毒的根或藥草變得無毒。」）但其實現代語言的誕生，烹飪也出了一份力：用火加熱食物不但縮短了咀嚼和覓食的時間，同樣重要的是「白晝」因此變長了，我們留給閒暇時間與社交互動的精力大幅增加，還可以攜手創作藝術、發展技術。[79]此外，由於食物變得更柔軟也更容易取得，孩子可以早點斷奶[80]、多餘的食物可以跟他人分享，我們的家庭規模與社交圈得以逐漸擴大。炊火或爐火提供既溫暖又安全的地方供我們團聚交流，而且顧火（以及在火焰旁肢解獵物以便搬運、烹調、分享，不像過去一殺死獵物就大啖生肉）需要相當複雜的分工合作，這件事少了語言是辦不到的。

烹飪將現代語言和社會的各項發展要素凝聚在一起：更大的腦、更大規模的聚會、更多閒暇與更多合作。我的意思不是先有烹飪才有語言[81]，但是複雜的語言得以發展，背後絕對有烹飪的推助；反之亦然，語言的發展也使烹飪變得多采多姿。

基於同樣的理由，能與他人融洽相處、密切合作、共同生活、不會彼此廝殺的人，因為烹飪而享有生存優勢，於是人類變得愈來愈溫和。〔82〕本質上，這跟馴化狼的過程毫無二致，因為天擇與人擇都偏好個性冷靜溫馴的狼〔83〕，牠們敢靠近人類的篝火和聚落，為人類提供保護與狩獵輔助、成為人的伙伴，藉以換取人提供的殘羹剩飯（companion〔夥伴〕的字源是拉丁語的com〔一同〕加上pānis〔麵包〕，非常貼切）。〔84〕其他動物的馴化也大同小異，例如山羊和綿羊，牠們任由人類擠取乳汁、剪去厚毛，換取人類的穀物或剩菜（或是換取人類尿液中的鹽分，人類祖先發現尿液可以用來吸引馴鹿〔85〕，作用類似現代的舔磚）。〔86〕生存不再仰賴體能和狩獵技術，交朋友的能力和史前餐桌禮儀才是重點。如同人類用火馴服了自然（從野狼到有毒的蔬菜），人類自己也被火馴服。

當然，這個循序漸進的過程仍是進行式。比如說，一直到十七世紀的法國，才終於出現刀尖磨鈍的餐刀〔87〕，目的是減少餐桌上一言不和就互捅的情況（在這方面，亞洲的許多地方領先西方數千年〔88〕，前者早早就因為相同的理由，而以筷子取代鋒利的餐具）。時至今日，依然有人咀嚼時不閉上嘴巴、用叉子吃披薩、丟垃圾不分類，只能說人類的演化真是一條漫漫長路。

在後面的章節我將會告訴各位，人類與食物的關係並非總是圍繞著分享和陪伴。

這段關係也有不堪的地方，包括過度捕撈；利用食物例如蜂蜜和辣椒，來施加儀式酷刑；食物的分配和供給極度不均，有人餓死，有人肥胖；人吃人；強迫勞動；英國料理……

食物不只是被動的熱量來源，更是生活的核心。食物是一種執迷、一種嗜好、一種競賽運動、一種專業；是節氣的具體呈現與懷舊的時光膠囊；是社交潤滑劑，也是用來求和的禮物；是代代相傳的智慧；是藥物，也是心靈儀式。若非如此，我們不會處於今日的情況，也不會是現在這樣子。

無論從字面上還是從象徵意義來講，如果人類沒有種下種子、生火添柴、攪拌鍋子裡的食材，食物就不可能發展成今日的模樣（不管這發展是好還是壞）。

註釋

1 Reay Tannahill, *Food in History* (New York: Stein and Day, 1973), 7.

2 Jean Anthelme Brillat-Savarin, *The Physiology of Taste*; or, *Meditations on Transcendental Gastronomy*, translated by M.F.K. Fisher (New York: Knopf, 2009), Apple Books ed.

3 Catherine Donnelly, ed., *The Oxford Companion to Cheese* (New York: Oxford University Press, 2016), 88.

4 譯註：《美味的饗宴》繁體中文版由時報出版社翻譯出版。

5 Brillat-Savarin, *The Physiology of Taste*; or, *Meditations on Transcendental Gastronomy*.

6 同前註。

7 同前註。

8 不過薩瓦蘭本身並不苗條。但根據他自己的說法，他用健壯的雙腿來應付體重：「雖然我的肚子頗為壯觀，但是我有一雙結實的小腿，肌肉發達，堪比阿拉伯駿馬。」

9 同前註。

10 同前註。

11 同前註。

12 Micah Leshem, “Salt Preference in Adolescence Is Predicted by Common Prenatal and Infantile Mineralofluid Loss,” *Physiology and Behavior* 63, no. 4 (1998): 699–704.

13 L. Cooke and A. Fildes, “The Impact of Flavour Exposure in Utero and During Milk Feeding on Food Acceptance at Weaning and Beyond,” *Appetite* 57 (2011): 808–11.

14 Jack A. Pritchard, “Fetal Swallowing and Amniotic Fluid Volume,” *Obstetrics and Gynecology* 28, no. 5 (1966): 606–10.

15 Cooke and Fildes, “The Impact of Flavour Exposure in Utero and During Milk Feeding on Food Acceptance at Weaning and Beyond.”

16 Jennifer S. Savage, Jennifer Orlet Fisher, and Leann L. Birch, “Parental Influence on Eating Behavior: Conception to Adolescence,” *The Journal of Law, Medicine and Ethics* 35, no. 1 (2007): 22–34.

17 收集羊水要比收集母乳困難許多，原因不言自明。因此羊水裡說不定有更多味道，包括香菸。

18 Cooke and Fildes, "The Impact of Flavour Exposure in Utero and During Milk Feeding on Food Acceptance at Weaning and Beyond."

19 Julie A. Mennella, Coren P. Jagnow, and Gary K. Beauchamp, "Prenatal and Postnatal Flavor Learning by Human Infants," *Pediatrics* 107, no. 6 (2001): e88.

20 Peter G. Hepper et al., "Long-Term Flavor Recognition in Humans with Prenatal Garlic Experience," *Developmental Psychobiology* 55, no. 5 (2013): 568–74.

21 R. Haller et al., "The Influence of Early Experience with Vanillin on Food Preference Later in Life," *Chemical Senses* 24, no. 4 (1999): 465–67.

22 Cooke and Fildes, "The Impact of Flavour Exposure in Utero and During Milk Feeding on Food Acceptance at Weaning and Beyond."

23 Mennella et al., "Prenatal and Postnatal Flavor Learning by Human Infants."

24 *An English Translation of the Sushruta Samhita*, vol. 2, translated by Kaviraj Kunja Lal Bhishagratna (Calcutta, 1911). 5 a wet nurse: 同前註，225－26。

25 同前註，225－26。

26 乳房過度下垂的擔憂與乳質好壞無關，而是「極度下垂（又大又鬆弛）的乳房可能會蓋住寶寶的口鼻，把寶寶悶死。」(引號內為原文。)

27 *An English Translation of the Sushruta Samhita*, 225-26

28 Rick Bowers, *Thomas Phaer and the Boke of Chyldren* (Tempe, Arizona: Arizona Center for Medieval and Renaissance Studies, 1999), 33.

29 Kelley L. Baumgartel, Larissa Sneeringer, and Susan M. Cohen, "From Royal Wet Nurses to Facebook: The Evolution of Breastmilk Sharing," *Breastfeeding Review* 24, no. 3 (2016): 25–32.

30 Mary Carolan-Olah, Maria Duarte-Gardea, and Julia Lechuga, "A Critical Review: Early Life Nutrition and Prenatal

Programming for Adult Disease," *Journal of Clinical Nursing* 24, no. 23–24 (2015): 3716–29.

31 Anita Öst et al., "Paternal Diet Defines Offspring Chromatin State and Intergenerational Obesity," *Cell* 159, no. 6 (2014): 1352–64.

32 Peter Huypens et al., "Epigenetic Germline Inheritance of Diet-Induced Obesity and Insulin Resistance," *Nature Genetics* 48, no. 5 (2016): 497–99.

33 Carolan-Olah et al., "A Critical Review: Early Life Nutrition and Prenatal Programming for Adult Disease."

34 Yuriy Slyvka, Yizhu Zhang, and Felicia V. Nowak, "Epigenetic Effects of Paternal Diet on Offspring: Emphasis on Obesity," *Endocrine* 48, no. 1 (2015): 36–46.

35 Charles J. Wysocki and Gary K. Beauchamp, "Ability to Smell Androstenone Is Genetically Determined," *Proceedings of the National Academy of Sciences of the United States of America* 81, no. 15 (1984): 4899–902.

36 同前註。

37 Nicholas Eriksson et al., "A Genetic Variant Near Olfactory Receptor Genes Influences Cilantro Preference," *Flavour* 1 (2012): article 22.

38 Alan Davidson, *The Oxford Companion to Food, 3rd ed.* (New York: Oxford University Press, 2014), 221.

39 同前註。

40 同前註。

41 Harold McGee, "Cilantro Haters, It's Not Your Fault," *New York Times,* April 13, 2010.

42 Dong-Hwan Choe et al., "Chemically Mediated Arrestment of the Bed Bug, Cimex lectularius, by Volatiles Associated with Exuviae of Conspecifics," *PLOS ONE,* July 19, 2016.

43 Diane Catanzaro, Emily C. Chesbro, and Andrew J. Velkey, "Relationship Between Food Preferences and PROP Taster Status of College Students," *Appetite* 68 (2013): 124–31.

44 同前註。

45 同前註。

46 同前註。

47 Danielle Renee Reed and Antti Knaapila, "Genetics of Taste and Smell: Poisons and Pleasures," *Progress in Molecular Biology and Translational Science* 94 (2010): 213–40.

48 Jonathan Silvertown, *Dinner with Darwin: Food, Drink, and Evolution* (Chicago: University of Chicago Press, 2017), 61, 107.

49 Logan Kistler et al., "Gourds and Squashes (Cucurbita spp.) Adapted to Megafaunal Extinction and Ecological Anachronism Through Domestication," *Proceedings of the National Academy of Sciences of the United States of America* 112, no. 49 (2015): 15107–12.

50 Susie Neilson, "How Almonds Went from Deadly to Delicious," National Public Radio, June 13, 2019, https://www.npr.org/sections/thesalt/2019/06/13/732160949/how-almonds-went-from-deadly-to-delicious.

51 Lee Goldman, *Too Much of a Good Thing: How Four Key Survival Traits Are Now Killing Us* (New York: Little, Brown, 2015), 26–27.

52 Brian Handwerk, "How Cheese, Wheat and Alcohol Shaped Human Evolution," Smithsonian, March 13, 2018, www.smithsonianmag.com/science-nature/how-cheese-wheat-and-alcohol-shaped-human-evolution-180968455.

53 Stephen Le, *100 Million Years of Food: What Our Ancestors Ate and Why It Matters Today* (New York: Picador, 2016), 108.

54 Nissim Silanikove, "The Interrelationships Between Lactose Intolerance and the Modern Dairy Industry: Global Perspectives in Evolutional and Historical Backgrounds," *Nutrients* 7, no. 9 (2015): 7312–31.

55 Handwerk, "How Cheese, Wheat and Alcohol Shaped Human Evolution."

56 Gary Paul Nabhan, *Why Some Like It Hot: Food, Genes, and Cultural Diversity* (Washington, DC: Shearwater Books, 2004), 28–29.

57 W.P.T. James et al., "Nutrition and Its Role in Human Evolution," *Journal of Internal Medicine* 285, no. 5 (2019): 543, https://onlinelibrary.wiley.com/doi/full/10.1111/joim.12878.

58 Rebecca N. Johnson et al., "Adaptation and Conservation Insights from the Koala Genome," *Nature Genetics* 50 (2018): 1102–11, https://www.nature.com/articles/s41588-018-0153-5.

59 Alejandra Borunda, "Koalas Eat Toxic Leaves to Survive—Now Scientists Know How," *National Geographic*, July 2, 2018, www.nationalgeographic.com/animals/2018/07/scientists-sequenced-the-koala-genome-to-save-them.

60 Richard Wrangham, *Catching Fire: How Cooking Made Us Human* (New York: Basic Books, 2009), 83.

61 Rachel N. Carmody and Richard W. Wrangham, "The Energetic Significance of Cooking," *Journal of Human Evolution* 57, no. 4 (2009), 379–91.

62 "Should I Worry About the Cyanide in Lima Beans?," OSU Extension Service, Oregon State University, https:// extension.oregonstate.edu/families-health/nutrition/should-i-worry-about-cyanide-lima-beans.

63 Hong-Wei Xiao et al., "Recent Developments and Trends in Thermal Blanching—A Comprehensive Review," *Information Processing in Agriculture* 4, no. 2 (2017): 101–27.

64 Kristen J. Gremillion, *Ancestral Appetites: Food in Prehistory* (Cambridge, UK: Cambridge University Press, 2011), 26.

65 Rachel N. Carmody, Gil S. Weintraub, and Richard W. Wrangham, "Energetic Consequences of Thermal and Nonthermal Food Processing," *Proceedings of the National Academy of Sciences of the United States of America* 108, no. 48 (2011): 19199–203.

66 Nicola Temple, *Best Before: The Evolution and Future of Processed Food* (London: Bloomsbury Sigma, 2018), Kindle ed.

67 Katherine D. Zink and Daniel E. Lieberman, "Impact of Meat and Lower Palaeolithic Food Processing Techniques on Chewing in Humans," *Nature* 531, no. 7595 (2016): 500–03.

68 Rachel Herz, *Why You Eat What You Eat: The Science Behind Our Relationship with Food* (New York: Norton, 2017), Kindle ed.

69 諷刺的是，「麥當勞」這個名字也變成現代的安全信號。例如有研究發現，兒童認為牛奶與紅蘿蔔裝在有麥當勞標誌的袋子裡，要比裝在別的袋子裡好吃，這不僅反映了人類的物慾天性，也反映了我們會出於本能對陌生的食物心存懷疑。（Thomas N. Robinson et al., "Effects of Fast Food Branding on Young Children's Taste Preferences," *Archives of Pediatrics and Adolescent Medicine* 161, no. 8 (2007): 792–97.）

70 Wrangham, *Catching Fire*, 40.

71 "*Paranthropus boisei*," Human Evolution Evidence, Smithsonian National Museum of Natural History, https://humanorigins.si.edu/evidence/human-fossils/species/paranthropus-boisei.

72 Wrangham, *Catching Fire*, 43.

73 Temple, *Best Before*.

74 Bee Wilson, *Consider the Fork: A History of How We Cook and Eat* (New York: Basic Books, 2012), Kindle ed.

75 Wrangham, *Catching Fire*, 109.

76 Peter S. Ungar, *Evolution's Bite: A Story of Teeth, Diet, and Human Origins* (Princeton, NJ: Princeton University Press, 2017), 160.

77 Charles Darwin, *The Descent of Man and Selection in Relation to Sex* (New York: Appleton, 1889), 49.

78 同前註。

79 Clive Gamble, J.A.J. Gowlett, and R.I.M. Dunbar, "The Social Brain and the Shape of the Palaeolithic," in *Lucy to Language: The Benchmark Papers*, edited by R.I.M. Dunbar, Clive Gamble, and J.A.J. Gowlett (Oxford, UK: Oxford University Press, 2014), 19–51.

80 Wrangham, *Catching Fire*, 180.

81 Gamble et al., "The Social Brain and the Shape of the Palaeolithic."

82 Wrangham, *Catching Fire*, 184.

83 Reay Tannahill, *Food in History* (New York: Stein and Day, 1973), 31.

84 "Companion," OED Online, Oxford University Press, December 2020, www.oed.com/view/Entry/37402.

85 Tannahill, *Food in History*, 31.

86 譯註：野生動物會舔舐礦物質沉澱的地方來補充礦物質，這樣的地方稱為 salt lick，又叫 mineral lick。人類會在野外擺放此種功能的塊狀物「舔磚」，好吸引野生動物以便觀賞、拍攝或獵殺。（Wikipedia）

87 Mary Ellen Snodgrass, *Encyclopedia of Kitchen History* (New York: Fitzroy Dearborn, 2004), 553.

88 同前註，211。

2

美國派、進步與殖民者

Pie, Progress, and Plymouth Rock

拿走什麼都行，請把派留下來。美國人可以忍受禁酒令，
但我相信禁派令足以引發革命。〔1〕
——大衛．麥克雷（David Macrae），演員

我們需要一個派。有派的地方沒有焦慮。〔2〕
——大衛．馬梅（David Mamet），劇作家

還記得念中學的時候，學校教過波士頓茶黨事件嗎？〔3〕一個由武裝激進分子集結而成的祕密組織，將價值約九千六百五十英鎊的三百四十二桶茶葉倒進波士頓港。那場反抗行動展現美國人抵抗英國暴政的集體意志，為革命之路指明了方向。

茶黨事件確實頗具美國精神，尤其是波士頓人為此不惜汙染自己的港口，還用煤灰抹臉假扮美洲原住民。但說到象徵（以及激發）美國爭取獨立的食物抗爭，茶黨事件非但不是唯一，連影響力也排不了第一。

有些人認為是「派」（pie）的影響力推動了美國革命，十九世紀的席爾醫生（F.W. Searle）就是其中之一。這種食物在美洲殖民地可以當早餐、午餐、晚餐，還可以當消夜。

在學富五車的席爾醫生筆下，派彷彿成了亞瑟王傳奇裡的寶物。他說派賦予殖民地「不屈不撓的毅力、用之不竭的體力，以及永不言敗的勇氣」〔4〕，並且預測「將來歷史學家以冷靜公允的態度，詳查並研究新英格蘭歷史時，必然會發現派這種食物雖然難以消化，卻深深影響美國的資源開發和運用，也會發現派與進步總是密不可分。」

席爾醫生相信，「男人的『內臟』接受相當程度的刺激」可使他變得更堅強、更有韌性。美國派可以把男人的內臟刺激得「剛好能使他神智清明、頭腦靈活、積極進取」，因此用「難以消化」來形容這種食物是一種恭維。

他寫道：「組成波士頓茶黨的勇士，以及拒繳不公平賦稅、對抗英格蘭的人，都是天天吃派的波士頓人。這群從未受過訓練的民兵，在康科德（Concord）、列星頓（Lexington）和邦克山（Bunker Hill）打敗了有紀律的軍隊。這些清教徒後裔發明了美國派，並且打響美國派的名號。新英格蘭的歷史明確告訴我們，美國派不但能令人活力充沛，還具備使人提高警覺、積極進取和延年益壽的功效。」

一八九八年的《醫療與科學期刊》（*Journal of Medicine and Science*）刊載了這樣的論述。其實席爾醫生說得沒錯〔5〕，只不過他描述的史實已大致被遺忘。派確實在美國歷史上占據重要地位，尤其是蘋果派。派就像蘋果派一樣美國味十足，而蘋果派是美國獨立、創新、實驗精神和揮霍無度的終極象徵與產物。

蘋果派之所以被視為美國象徵跟血統無關，其實蘋果派是美國人趁著獨立，順便從英國人手裡偷過來的，蘋果派也因此從殘暴的英國料理中獲得解放。（史上第一個簡樸版蘋果派食譜來自一三八一年的英格蘭〔6〕，而蘋果本身源自中亞山區，也就是今日的哈薩克與吉爾吉斯。）〔7〕當時英國派常用的餡料包括各種鳥類與恐怖的海洋生物，例如鰻魚派、七鰓鰻魚派、鴿肉派、天鵝派，而且傳統吃法是吃冷的，不加熱。

你知道嗎？根據一七三七年一本來自倫敦的食譜，七鰓鰻魚派的美味祕訣是先

「洗淨鰻魚身上的黏液[8]」，再將鰻魚血與肉桂拌勻。如果做好後你打算吃一塊，建議不要盯著七鰓鰻沒有顎骨、像寄生蟲吸嘴一樣的怪頭看太久。

如果你想知道鴿肉派怎麼做，答案是加入「羔羊石」(lamb's stone)，也就是小公羊的睪丸；或是淋上公雞冠煮成的番茄肉醬（ragoo）。[9]

當然也有作法較簡單的派，比如英格蘭兔肉派只有六個步驟：「取一隻兔子，切塊，敲斷骨頭，依喜好調味，跟檸檬片一起放進派皮裡，塗抹奶油後蓋上派皮。」[10]

叉子在工業化之前尚未普及[11]，大家吃飯都是用手或兩把刀子。許多早期食譜都建議把食材的骨頭留在派裡[12]，吃的時候方便抓取，另一個好處是食材會滲出更多風味和動物膠（有勾芡效果）。此外，蓋上派皮有「封棺」的意思，因為當時英國人用「棺材」來形容不能吃的派皮。這不是一種羞辱，派皮不能吃是刻意為之的結果。那時候的派皮又厚又硬，本來就不是拿來吃的，而是一種烘焙、盛裝和儲存餡料的拋棄式容器，畢竟現代烘焙器材跟鋁箔紙都尚未問世。正因如此，即使到了現在，英國派皮依然比美國派皮更厚、更硬，這是黑暗時代的保鮮盒遺留下來的特色。以派來說，那確實是一段黑暗時代。因此形容英國派應該送進「棺材」，在許多意義上算是相當準確的描述。

前面提到的這本食譜名字相當冗長，叫做《女性的完整職責，又名可靠的婦女指南。未婚女性、已婚女性和寡婦在各個年齡與生活情境中，均可參考的行為舉止規範、準則與觀察心得。遵循方針，即可獲得適合女性的實用與時尚成果，包括成為優秀家庭主婦的各項技能，尤其是各種料理的作法與食譜》〔13〕，書中收錄的口味包括羔羊肉派、小牛肉派、小牛蹄派、小牛頭肉派、乳鴿派、鹿肉派、鵝肉派、雞鴨下水派、鴿肉派、兔肉派、火雞派、鰻魚派、鱒魚派、牡蠣派。

就是沒有蘋果派。

無論是製作派或其他菜色，英格蘭料理使用蘋果時主要是當成蔬菜〔14〕，跟洋蔥或馬鈴薯一起搭配各種肉類料理。當時的英格蘭蘋果醬甚至是鹹的，不是甜的。這種蘋果醬叫做 apulmose，傳統作法使用牛高湯〔15〕，碰到大齋期（Lent）則改用鱈魚肝。〔16〕

在殖民時期之前的英格蘭，派走的是實用路線：不是什麼珍饈也不是甜點，只是圖個方便，把各種飛禽走獸的肉凍裝在方便攜帶和相對穩定的容器裡。pie 這個名字源自鴉科動物喜鵲（magpie）〔17〕，在中世紀經常俗稱 pie。至於為什麼用 pie 來稱呼這種食物原因不明，或許是因為把喜鵲裝在派皮棺材裡烘焙，又或許是因為英國廚師隨便什麼動物部位都能烘烤成派，很像喜鵲偷到什麼物品都能拿來築巢。（鵲巢跟早期的派還有一個略為相似的地方：粗糙堆疊，而且是金棕色。）

若說英文諺語eating humble pie[18]源自前述的樸實根源與作法，似乎相當合理。可惜不是。真正的起源可能跟美味沒多大關係，因為humble的字源是中世紀英語的umble[19]，意指「要丟掉的動物內臟」。前面介紹過的派屬於高級版本，達官貴人才能享用，僕人則是用剩下的豬內臟或鹿內臟做「umble pie」來吃。

不過隨著殖民美洲，這一切都變了。殖民美洲不僅是一場民主與自由的實驗，也是一場生存、規模、揮霍與新世界料理的實驗。

「歐洲殖民者剛抵達美洲時，眼前除了印第安人、未開墾的荒地與陌生的生活方式之外，還有全世界占地最廣的戶外超市。」歷史學家莎莉・史密斯・布思（Sally Smith Booth）寫道，「數以百萬計的鴨、鵝、鴿漫天飛舞、密密麻麻，野鹿、野兔、松鼠和鶴鶉在森林裡成群遊蕩。河裡跟海裡有大量美洲西鯡、鰻魚、淡菜、長達五英尺（約一・五公尺）的龍蝦，以及據稱一隻就能餵飽四個男人的大螃蟹。樹上結滿果實與漿果，數量多到樹枝低垂。綿延的草原上覆滿馬鈴薯、美洲南瓜、玉米和筍瓜。」[20]

這個新世界不但有多種香料，魚類、野生動物、鳥類、漿果、蔬菜和穀物的種類更是豐富多元。陸地與湖海裡充滿殖民者從未見過、聽過的食材，有些食材他們雖然見過，但新世界的版本長得比歐洲的更大、更甜、也更多。

儘管如此，殖民最初幾年被稱為「飢荒年代」（starving times）是有原因的。〔21〕早期殖民者餓死的多得驚人，問題並非出在糧食不足，而是他們欠缺取得糧食的技能，卻又不肯接受原住民的建議（誰要聽未開化的野蠻人建議），也不願意嘗試沒吃過的食物。眼前有鳥，但是他們捉不到；有魚，但是他們捕不著；有鹿，但是他們射不中；有玉米，但是他們不敢吃。一開始他們只能撿到什麼吃什麼，通常是橡實、螞蟻、蝙蝠、貓、狗、馬，還有水煮鞋皮。

「雖然海裡有魚兒，空中有禽鳥，林中有野獸，但是牠們的活動範圍很大、性情很野，體能不佳又無知的我們只能望之興嘆。」〔22〕一六〇八年約翰．史密斯（John Smith）這樣寫道。〔23〕

史密斯提到，他們看見河裡的魚多到滿溢，連魚頭都被擠出水面，問題是他們一條也捉不到，「因為沒有魚網」。

「我們試著用平底鍋撈魚，」他寫道，「但是平底鍋實在很難用。我們這輩子從沒在任何地方看過如此肥美、大量、種類豐富的小型魚類在河裡游泳，可是這些魚用平底鍋撈不到。」〔24〕

儘管如此，新世界移民僅花了不到一個世代的時間，飲食水準就已大幅超越他們離開的舊世界。[25]他們不但愛上新世界的食物，也獲得取用這些食物的技術和設備（例如魚網）。

一六一四年，距離平底鍋撈魚未果只過了短短六年，史密斯便說捕魚是一件很輕鬆的事，連「小男孩」都做得到。[26]

「任何海灣、淺灘或小沙灘，都能找到無數蛤蜊或龍蝦任人撿拾，或是兩種都有。」他寫道，「只要你願意，能把船裝滿漁獲的地方多的是。任何小島都能在退潮時找到貝類、鳥類、螃蟹和淡菜，或是全部都有。在我們常去的港口，一個小男孩站在船尾就能捕到青鱸、pinack等鮮美的魚類，供六到十個人吃一天還有剩。」

力氣最小的男孩能帶多少食物回家，似乎是殖民地常見的食物數量基準。一六二九年，塞勒姆（Salem）的第一位清教徒牧師法蘭西斯・希金森（Francis Higginson）便描述，龍蝦超大、超肥、超美味多汁，而且海裡的龍蝦多得不得了，就連「殖民地最瘦弱的男孩也能隨意捉龍蝦來吃」[27]，而他本人則是「吃龍蝦吃到膩」。另外也有人提到長達六英尺（約一・八公尺）、重達二十五磅（約十一・三公斤）的龍蝦被沖上海灘，層層堆疊到兩英尺高。[28]

與此同時，歐洲人還在吃麵包跟燕麥粥。[29]

螃蟹、淡菜、鱸魚、鮭魚、鰈魚、鯡魚也一樣多不勝數。探險家約翰・勞森（John Lawson）在卡羅來納州待了八年，留下近乎鉅細靡遺的日記（他曾在某個星期四吃了「肥滋滋的炭烤鹿肉」）。[30][31]他在日記裡說，美洲的鳥蛤是英格蘭的五、六倍大[32]，到處都看得到魟魚，每個池塘、每條溪流裡都有牡蠣或淡菜，想吃多少就吃多少。

這些還只是水產而已。

其他人對鳥類大遷徙的描述是鳥類數量龐大，多到牠們不得不站在彼此身上，連巨大的橡樹都承受不了牠們的重量而轟然倒地，林地堆積的鳥糞厚達四英寸（十公分）。[33]畫家約翰・詹姆斯・奧都本（John James Audubon）曾形容鳥群極度密集，甚至遮蔽住了太陽，他估計自己在三小時內看見的鴿子超過十億隻。為了節省火藥跟子彈，殖民者捕鳥的方式，通常是先網住再一棍打死，一次約可捕獲一千五百隻。

或許比數量更驚人的，是鳥類的體型。殖民者說神祕鳥類的頭「足足有一歲幼兒的頭那麼大」[34]，成群的野生火雞每群就多達五百隻，每隻都重達四十到六十磅（約十八到二十七公斤）。勞森說，半隻火雞就能供八個飢腸轆轆的成年男性吃兩餐[35]；吃膩龍蝦的希金森則說，火雞肉極為「肥美、鮮甜、厚實」。[36]

殖民者對美洲熊肉更是讚不絕口。

「這種動物肉質絕佳，營養豐富，味道不亞於上等豬肉，」勞森寫道，「口感介於牛肉與豬肉之間，即使是最挑剔的老饕也會愛上小熊肉。我認為任何牛肉、小牛肉、豬肉和羊肉都比不上小熊肉。在外觀上，小熊肉同樣秀色可餐，脂肪潔白似雪，比世上任何動物的肉都可愛……沒吃過的人或許不以為然，但身為這輩子吃過非常多熊肉的人（因為我住在美洲），我認為熊肉不輸給我在歐洲吃過的任何肉類，甚至更加美味。熊肉培根自然也是上乘佳餚。」〔37〕

美味不是殖民者吃熊肉的唯一原因，他們相信吃熊肉可「增強性能力」〔38〕，喝熊油（融化的內臟網膜）對健康有益（勞森自稱他能喝一夸脫〔約〇．九四公升〕也不會吐！〔39〕），熊油塗抹皮膚還可以驅蚊。

食物在質與量兩方面都很豐富。事實上在一七六五年，也就是發生波士頓茶黨事件的幾年前，曾有一位倫敦作家自信滿滿地說，殖民者不喝英國茶絕對活不下去，還說殖民地只有茶算是像樣的主食。〔40〕此番言論連班傑明．富蘭克林（Benjamin Franklin）看了都受不了，寫了一封公開信回應：

他是不是以為我們沒有別的早餐選擇？他難道沒聽說這裡有大量燕麥，能用來煮粥或燉菜；有全世界最優質的小麥、裸麥和大麥能用來熬麥粥；牛奶、奶油和乳酪唾手可得；稻米是我們的主要貨物；至於茶，我們的庭院裡就有鼠尾草和檸檬薄荷，山核桃與胡桃的嫩葉，而味道最棒的莫過於松芽，遠勝過來自印度群島的任何茶飲，更何況印度群島還為我們供應豐富的咖啡與巧克力。希望這位先生願意移駕造訪美洲，我願意為他連續供應一個月的早餐，天天不重複，而且桌上不會出現茶和印第安玉米。[41]

殖民者食用的蔬果包括：原生種，例如玉米；西班牙人之前種植的無花果、檸檬、萊姆、柳橙等等[42]；還有他們自己帶過來的，例如蘋果。第一批蘋果種子於一六二〇年乘坐五月花號（Mayflower）抵達殖民地後，只花了一個世代就蓬勃繁殖，達到地球上出現蘋果以來最壯觀的規模。[43]大功臣並非綽號「蘋果籽強尼」（Johnny Appleseed）的約翰．查普曼（John Chapman）。查普曼確有其人，他生於一七七四年，從麻薩諸塞州向西行的時候沿路栽種蘋果，確實功不可沒。但其實殖民地的每一個人都是蘋果籽強尼，他們種蘋果的時間比查普曼早了一百多年。新世界的地主都會種蘋果，維吉尼亞州[44]與俄亥俄州部分地區[45]甚至立法規定地主種蘋果。（第十章會提到歐洲也有類似的馬鈴薯政策，拒絕種植馬鈴薯的刑罰包括鞭笞四十下或割掉耳朵。）

因此到了十八世紀末，殖民地的蘋果樹數量和蘋果品質都位居世界之冠，並且大量出口至海外，是歐洲蘋果貨源的大宗。〔46〕殖民地的蘋果不但味道更棒，種類也更多。跟殖民者一樣，蘋果也受到新世界——它的土壤、氣候、天然環境與多元地形等——所形塑與改造。

新世界在一六二〇年以前沒有蘋果，只有不能吃的野生酸蘋果（crabapple）。當時英格蘭有紀錄的蘋果約有七十種〔47〕，根據古羅馬的老普林尼（Pliny the Elder）的紀錄，其中三十六種可能從西元一世紀就已存在。〔48〕也就是說，在西元五十五年到一六二〇年間，歐洲記錄在冊的蘋果增加了三十四個新品種。但是呢，殖民地培植出一萬七千個新品種〔49〕，這個數字還不包括無數不夠吸引人、或不值得記錄的實驗品種。

一開始是為了應付蘋果酒的需求。蘋果酒不僅是殖民地的國民飲料，也是以物易物的貨幣。〔50〕一般的殖民家庭每年會喝掉幾百加侖的蘋果酒。〔51〕不過後來蘋果派很快就變成殖民地的主食，尤其是在新英格蘭，這裡的水果生長期很短，且冬季很長，很多水果都糖漬保存以供冬季食用。〔52〕蘋果富含纖維，保存時間比其他水果長一些。覆盆莓和草莓等柔軟的水果通常做成果醬和果泥；蘋果乾燥存放好幾個月後，仍可以加水還原製作蘋果派。

因此早在美國人發明麥當勞得來速[53]與微波晚餐之前，派是最方便的食物。派非常適合殖民地日出而作的生活型態，這裡可沒有僕人幫你煮飯洗碗。

孟奇崔克（R. K. Munkittrick）在一八九一年寫道：「除了非常難消化之外，早餐吃蘋果派的美妙之處，在於蘋果派不會在好幾個盤子上殘留厚厚的火腿油脂，想清乾淨還得用槌子敲掉或是用蠟燭融化。」[54]

派的好處遠勝於茶：份量十足，隨切隨吃，適合攜帶，原汁原味，方便實用，而且不矯揉造作。派的保存期限很長，因為完全密封還用了糖醃漬；方便攜帶，因為有派皮保護內餡；提前烤好，隔天早上一拿就能出門。久而久之，大家都知道美國人愛吃這種既方便又好攜帶的食物。當英國人變得愈來愈講究規矩、重視禮儀與社會階層（英國人愛喝茶的原因之一，是當時的咖啡館僅招待男性）[55]，美國人的「粗陋的派」向世界展現一種全新的自由與奔放，擺脫排場與表面功夫的束縛：一個沒有限制的世界，女性早餐可以喝咖啡，也可以喝蘋果酒或熊油。

「派是英格蘭的傳統，」作家史杜威夫人（Harriet Beecher Stowe）於一八六九年寫道，「移植美洲後猛速生長，種類與樣貌豐富得數也數不清。除了傳統的絞肉內餡，土生土

長的美國派不下千種，展現出美國主婦改造傳統作法、配合新用途的強大能力。」〔56〕

派皮的變化就是這樣的改造。雖然殖民地有大量鳥類跟漿果，但是小麥很稀少〔57〕，尤其是新英格蘭。他們不得不把派皮擀成薄薄一層，誤打誤撞之下，美國派的派皮不但可以吃，而且很好吃。

也就是說，殖民者的改造將派提升到更高的境界，派不只是「一種重要的美國食物」，還是「代表美國的重要食物」。〔58〕〔59〕

作家查爾斯・杜德利・華納（Charles Dudley Warner）於一八七二年寫道，派是殖民地無所不在的食物〔60〕，一個地方沒有派會比沒有《聖經》更加令人詫異。

一九二二年《國家報》（*The Nation*）的一篇社論說：「創建這個國家的男人一日三餐都吃派，就連夜裡也會吃個一、兩塊再上床睡覺，他們只有在睡覺、工作和上教堂時不吃派。」〔61〕

這篇社論的作者還批評說，棉花糖堅果聖代與香蕉船冰淇淋是美國青年墮落的罪魁禍首，並指出林肯若不是嗜派如命，絕對不可能解放奴隸。以上言論出自一份以「對抗暴力、誇大與曲解事實等媒體罪惡」為使命的報紙。〔62〕

與此同時，英格蘭人的早餐仍是烤豆子配土司，他們繼續在派裡面塞鴿血，並持續認為派是飲食界的二等公民。美國的醫生和記者把派吹捧成靈丹妙藥，英格蘭人卻譴責派是社會毒瘤，他們說：「美國此刻的內戰可視為一場可怕的噩夢，原因正是他們長達半世紀放縱自己吃派的邪惡渴望。」〔63〕是的，這段話也出自醫學期刊。

一八六五年，英國記者喬治・奧古斯塔斯・薩拉（George Augustus Sala）在他的美國日記中寫下這樣的文字：「大西洋各州真正的社會陋習是吃派」，「對派的邪惡渴望帶來無數苦難」，以及「派魔橫行天下」。〔64〕

「北方人臉色蠟黃、形容枯槁、眼眶凹陷、神情陰鬱、個性暴躁，」他寫道，「問題不是出在冰水、糖果、牛排太硬、緊身馬甲、嚼菸草上，而是吃派吃得放縱無度。」

他洋洋灑灑寫了四頁，末尾還譴責美國女孩把派放在床邊。胡說八道的混蛋。《叢林之書》（*The Jungle Book*）的作者魯德亞德・吉卜林（Rudyard Kipling）在十九世紀末從英國移居美國弗蒙特州，他稱新英格蘭為「吃派地帶」（the Great Pie Belt）〔65〕，並且質疑「早餐、午餐、晚餐都吃派的人，道德和健康狀況令人憂心」。

美國人當然不會乖乖挨打。

一八八四年《紐約時報》刊載了一篇諷刺文章，回應英國人對作家愛默生（Ralph Waldo Emerson）早餐習慣吃派的批評：

有個態度輕率或甚至心存惡意的人曾與已故的愛默生共進早餐，他透露愛默生早餐習慣吃派。想當然耳，這件事令眾人感到萬分痛苦，有不少人曾經欣賞愛默生筆下的哲學思想，現在才猛然驚覺愛默生不是哲學家，他寫的東西含混不清，還認為這是吃派導致心智扭曲和削弱的典型現象。〔66〕

文章的作者還警告讀者，吃派可能會害他們詩興大發、進入聲譽卓著的名校、靜靜凝視月亮。他們甚至進一步建議大家「在吃派之前，應先將派長時間浸泡在由石炭酸、伍斯特醬與加了硫的過錳酸鹽調成的液體裡徹底消毒」，以防止「詩意、哲學以及迄今殘害大半國民的悲苦蔓延氾濫」。

正反雙方來回筆戰了好一陣子。十八年後，《泰晤士報》依然堅稱派是「英雄的食物」，誇讚「吃派的人絕對不會被打倒」，還說「勇敢的英格蘭子弟吃派的那段歲月，是英格蘭最榮耀的歲月」〔67〕，而這樣的榮耀和偉大早已崩解。

在一八八九年的一場國花辯論會上，來自密爾瓦基的一位記者提議，別再尋找能夠代表美國的花，不如直接用蘋果派。跟嬌弱的花比起來，蘋果派更有份量、也更能夠代表美國人的生活：

為什麼要用蘋果派代表美國？在我們深愛的國家，每個角落都有蘋果派，雖然各地的派皮厚度與硬度不盡相同，卻都展現美國特色。新英格蘭的家家戶戶，南方的漁人酒館，北方的簡餐店，高聳的洛磯山脈山腳下的休息站。在這片廣大的國土上，蘋果樹的果實用香料煮過後，包裹在或薄或厚的派皮裡。它份量十足，能讓人飽餐一頓，而且不易消化。蘋果派不是虛無飄渺的象徵，完全可以代表生活在美國的踏實、滿足與堅毅。〔68〕

外國人對美國蘋果派的嘲諷也成了重要賣點：

我們應該讓蘋果派成為美國象徵的另一個原因，是蘋果派承受著外國人的厭惡、辱罵和恐懼，跟我們偉大的共和國同病相憐。一如美國的自由傳統，蘋果派單打獨鬥對抗全世界。法國肉醬、德國咖啡蛋糕、英格蘭水果塔、蘇格蘭燕麥蛋糕都曾試圖取代蘋果派，卻始終撼動不了蘋果派在每戶人家餐桌上的寶座。

這位記者的結論是：

我們應進一步指定蘋果派為國花。美國憲法應規定外國移民在收到正式的歸化文件之前，必須先在法院的見證下吃一塊蘋果派。

說不定這些主張才是正道。在那之後，美國又花了九十七年尋找國花，最後才在一九八六年雷根總統執政時，決定了國花是玫瑰〔69〕，當時候選名單上有很多大部分美國人連聽都沒聽過的花，例如一枝黃（goldenrod）和漿果鵑（arbutus）。〔70〕請問玫瑰對美國有什麼貢獻？美洲殖民者不是靠喝玫瑰水活下來的。革命戰爭期間，殖民地的士兵比英國士兵高大許多〔71〕，這可不是因為他們天天早餐吃玫瑰。〔72〕殖民者西行拓荒時，行囊裡裝的也不是玫瑰。其實美國大部分的玫瑰並非本地栽種，而是從哥倫比亞或厄瓜多等國家進口〔73〕，這些國家通常會使用童工與禁用的農藥來種植玫瑰。〔74〕

事實上，選蘋果派當國鳥好像也不錯。富蘭克林肯定會贊成，原因如下：他住在倫敦期間進口了大批美國蘋果〔75〕；他將翠玉蘋果（Newtown Pippin）引進英格蘭〔76〕，使得翠玉蘋果憑藉一己之力，說服英國女王取消美國蘋果的進口關稅；最後，他曾在一封寫於一七八四年的信件中，批評白頭海鵰（bald eagle）既懶惰又邪惡：

我個人希望美國不要選白頭海鵰做為代表美國的國鳥。這種鳥品行不佳，靠不誠實的手段過活。你或許看過白頭海鵰棲息在枯樹上，因為懶得自己捕魚，所以密切觀察魚鷹的行動。當勤勞的魚鷹終於捉到魚，打算回巢餵養伴侶和雛鳥時，白頭海鵰會緊追其後，搶走魚鷹的收穫……而且牠是徹頭徹尾的懦夫，連體型比麻雀大不了多少的霸鶲（kingbird）也能對白頭海鵰展開攻勢，將牠趕出自己的地盤。〔77〕

富蘭克林建議用火雞取代白頭海鵰，不過他必定知道火雞以另一個國家命名這件事會招致反對〔78〕，更別提美洲殖民地的火雞早就被趕盡殺絕。（請試著回想你上次在野外看到五百隻成群火雞是什麼時候。）

除此之外，蘋果原本就有多元面貌。有白色或褐色，粉紅色或黃色，紅色或綠色；有些是綜合紋路或布滿斑點，有些有條紋，有些是赤褐色；可以很胖很圓，也可以是梨形的；口感可以很粗糙，也可以是粉粉的；可以很甜、很酸或很苦；有些來自英格蘭或瑞士，有些來自德國或法國；有的蘋果有毒，有的蘋果是禁果。把蘋果放進派裡，它們會像海綿一樣吸收各種味道，使美味更上一層樓。

「不要以為蘋果派的種類與作法僅限於目前列出的這幾種，」牧師亨利．沃德．

比徹（Henry Ward Beecher）於一八六二年寫道，「蘋果派的變化無窮無盡，每一種蘋果派都展現全新的魅力與風味。蘋果派幾乎能接受每一種香料帶來的不同風味。」〔79〕

或許最關鍵的一點是，蘋果也像種植蘋果的殖民者一樣拒絕屈服。飲食作家瑪格洛娜・圖桑－撒瑪（Maguelonne Toussaint-Samat）寫道：「無論是隨機播種還是刻意栽種，蘋果樹幾乎都會回歸到野生狀態，不會照著母樹的品種生長。」〔80〕早期殖民者——以及他們殖民的國家，也是如此寧折不屈。

誠然，派這種食物沒有節制、過度放縱、不夠精緻、容易讓人看不順眼，但美國亦是如此；席爾醫生與愛默生，還有那位喝一夸脫熊油也不會吐的男士亦是如此；言論自由、新英格蘭的冬天、國慶日烤肉派對亦是如此；宣布獨立、把幾艘船的茶葉倒進波士頓港、為了追求美好（而且偶爾揮霍無度）的自由，寧願用平底鍋在陌生的河裡撈魚，亦是如此。

註釋

1 David Macrae, *The Americans at Home: Pen-and- Ink Sketches of American Men, Manners, and Institutions*, vol. 1 (Edinburgh: Edmonston and Douglas, 1870), 25.

2 David Mamet, *Boston Marriage* (New York: Random House, 2002), 34.

3 James Trager, *The Food Chronology: A Food Lover’ s Compendium of Events and Anecdotes, from Prehistory to the Present* (New York: Henry Holt, 1995), 172.

4 F. W. Searle, “Pie, Progress, and Ptomaine-Poisoning,” *Journal of Medicine and Science* 4, no. 9 (1898): 353–55.

5 至少他對派的歷史重要性沒有說錯。他說派可以延年益壽可能錯了，我們只能猜測他的觀念害過不少人因為吃派罹患糖尿病、肥胖症與心血管疾病而早逝。

6 Samuel Pegge, *The Forme of Cury* (London: Society of Antiquaries, 1780), 119.

7 Bill Price, *Fifty Foods That Changed the Course of History* (New York: Firefly Books, 2014), 160.

8 *The Whole Duty of a Woman: Or, an Infallible Guide to the Fair Sex* (London: Reed, 1737), 235.

9 同前註，508。

10 同前註，509。

11 英格蘭旅遊作家湯瑪士・柯亞特（Thomas Coryat）在義大利看見他們使用叉子後，一六〇八年將叉子引進英格蘭。他因此被戲稱為「Furcifer」（拉丁語，意指「戴枷鎖的人」），還有人笑他是娘娘腔。諷刺的是他後來死於痢疾，若當時叉子已經普及使用，應該可有效防範痢疾。（Bee Wilson, *Consider the Fork: A History of How We Cook and Eat* (New York: Basic Books, 2012), Kindle ed; “Thomas Coryat, World Traveller, Discovers That Italians Use Forks,” Wired, February 21, 2017.）據信一六三三年整個美洲只有一把叉子，擁有者是麻薩諸塞灣殖民地的創建人之一約翰・溫斯羅普（John Winthrop）。叉子在美洲的普及得同樣很慢，主因是神職人員說叉子很邪惡，除了外型肖似魔鬼的乾草叉，也暗指上帝的食物骯髒到不能用手指觸碰。（Mary Ellen Snodgrass, *Encyclopedia of Kitchen History* (New York: Fitzroy Dearborn, 2004), 392.）

12 Trudy Eden, *Cooking in America*, 1590–1840 (Westport, CT: Greenwood Press, 2006), 24.

13 *The Whole Duty of a Woman: or, an Infallible Guide to the Fair Sex. Containing, Rules, Directions, and Observations, for their Conduct and Behaviour through All Ages and Circumstances of Life, as Virgins, Wives, or Widows. With Directions, How to Obtain All Useful and Fashionable Accomplishments Suitable to the Sex. In Which Are Comprised All Parts of Good Housewifry, Particularly Rules and Receipts in Every Kind of Cookery*

14 Maguelonne Toussaint-Samat, *A History of Food*, translated by Anthea Bell (Cambridge, UK: Blackwell, 1992), 634.

15 Ina Lipkowitz, *Words to Eat By: Five Foods and the Culinary History of the English Language* (New York: Macmillan, 2011), 59.

16 Constant Antoine Serrure and Peter Scholier, *Keukenboek: Uitgegeven Naar een Handschrift der Vijftiende Eeuw* (Ghent: Annoot-Braeckman, 1872), https://lib.ugent.be/catalog/rug01:001393558, 5. (Translation by Christianne Muusers available at www.coquinaria.nl/kooktekst/Edelikespijse1.htm#1.16.)

17 Patricia Bunning Stevens, Rare Bits: Unusual Origins of Popular Recipes (Athens, OH: Ohio University Press, 1998), 254.

18 譯註：eating humble pie意指「承認錯誤或失敗」，直譯為「吃簡陋的派」。

19 同註17，256。

20 Sally Smith Booth, *Hung, Strung & Potted: A History of Eating in Colonial America* (New York: Potter, 1971), 1.

21 James Trager, *The Food Chronology: A Food Lover's Compendium of Events and Anecdotes, from Prehistory to the Present* (New York: Henry Holt, 1995), 113.

22 John Smith, *The Travels of Captaine John Smith*, vol. 1 (New York: Macmillan, 1907), 149.

23 譯註：約翰・史密斯是英國探險家兼美洲殖民地領袖，為迪士尼電影《風中奇緣》（*Pocahontas*）男主角原型。

24 同註22，121－22。

25 Eden, *Cooking in America*, 1590–1840, xxv–xxvi.

26 John Smith, *The Complete Works of Captain John Smith*, vol. 1, edited by Philip L. Barbour (Chapel Hill: University of North Carolina Press, 2011), 342–43.

27 Francis Higginson, *New-Englands Plantation, with the Sea Journal and Other Writings* (Salem, MA: Essex Book and Print Club, 1908), 97.

28 Waverly Root and Richard de Rochement, *Eating in America: A History* (New York: Ecco, 1981), 51.

29 John F. Mariani, *The Encyclopedia of American Food and Drink* (New York: Bloomsbury, 2013), 4.

30 勞森除了詳述食物種類，也記錄了他對美洲原住民文化的近距離觀察，各種副標列舉如下：〈裸體的印第安人〉、〈開化的印第安人〉、〈跳蚤〉、〈印第安妻子〉、〈印第安人買妻〉、〈賣妻〉、〈印第安美女〉、〈夜間漫步〉、〈印第安人不怕死〉、〈印第安人不怕鬼〉、〈印第安人酒醉〉、〈印第安人繪製地圖〉、〈印第安人搶劫〉、〈工作不勤奮〉、〈印第安男人體力差〉、〈印第安人對歐洲人的認識〉以及〈印第安人討厭基督教〉。

31 John Lawson, *A New Voyage to Carolina* (London, 1709), 18.

32 同前註，157－61。

33 Booth, Hung, Strung & Potted, 96–97.

34 John Josselyn, New-Englands Rarities Discovered (Boston: American Antiquarian Society, 1860), 143–44.

35 Lawson, *A New Voyage to Carolina*, 149.

36 Higginson, *New-Englands Plantation, with the Sea Journal and Other Writings*, 101.

37 Lawson, *A New Voyage to Carolina*, 116.

38 Booth, *Hung, Strung & Potted*, 69.

39 Lawson, *A New Voyage to Carolina*, 116.

40 John L. Hess and Karen Hess, *The Taste of America* (New York: Viking, 1977), 28–29.

41 同前註。

42 Booth, *Hung, Strung & Potted*, 155.

43 Mariani, *The Encyclopedia of American Food and Drink*, 38.

44 Mark McWilliams, *The Story Behind the Dish: Classic American Foods* (Santa Barbara, CA: Greenwood, 2012), 1.

45 Kenneth F. Kiple, *A Movable Feast: Ten Millennia of Food Globalization* (Cambridge, UK: Cambridge University Press, 2007), 195.

46 Gregory McNamee, *Movable Feasts: The History, Science, and Lore of Food* (New York: Praeger, 2007), 15.

47 McWilliams, *The Story Behind the Dish*, 1.
48 Mariani, *The Encyclopedia of American Food and Drink*, 38.
49 Andrew F. Smith, ed., *The Oxford Encyclopedia of Food and Drink in America*, vol. 1 (New York: Oxford University Press, 2004), 45.
50 同前註。
51 Booth, *Hung, Strung & Potted*, 155.
52 同前註，158。
53 一九六八年麥當勞首次推出的甜點是蘋果派，真是再恰當不過。（"You Are Are the Apple to My Pie," McDonald's, July 4, 2016, https://news.mcdonalds.com/stories/about-our-food-details/you-are-apple-my-pie.）
54 R. K. Munkittrick, "Munkittrick Camps Out," *Los Angeles Herald*, September 18, 1891, 7.
55 Bill Price, *Fifty Foods That Changed the Course of History* (New York: Firefly, 2014), 138.
56 Quoted in McWilliams, *The Story Behind the Dish*, 2.
57 Andrew F. Smith, *Eating History: 30 Turning Points in the Making of American Cuisine* (New York: Columbia University Press, 2009), 1.
58 殖民者對瑪芬蛋糕同樣進行了在地化，將原本類似烤麵餅（crumpet）的「英式」瑪芬，改造成我們現在熟悉的藍莓或蔓越莓瑪芬，它們在十九世紀的名字叫「珠寶」(gem)。（Andrew F. Smith, ed., *The Oxford Encyclopedia of Food and Drink in America*, vol. 1 (New York: Oxford University Press, 2004), 130.）
59 "The Deflation of Pie," *The Nation*, November 22, 1922, 542.
60 Charles Dudley Warner, *Back-log Studies and My Summer in a Garden* (London: Ward Lock and Tyler, 1872), 24.
61 "The Deflation of Pie."
62 "Founding Prospectus," The Nation, March 23, 2015, www.thenation.com/article/founding-prospectus.
63 "A Dyspeptic Republic," *The Lancet*, October 1, 1864, 388.
64 George Augustus Sala, *My Diary in America in the Midst of War*, vol. 1 (London: Tinsley Brothers, 1865), 238.

65 Quoted in "The Great Pie Belt," *Cambridge Tribune*, November 23, 1895.
66 "The Pie Microbe," *New York Times*, July 23, 1884.
67 "Pie," *New York Times*, May 3, 1902.
68 "The National Emblem" [from the Milwaukee Sentinel], *Sacramento Daily Record-Union*, July 13, 1889, 8.
69 Joint Resolution to Designate the Rose as the National Flower Emblem., Publ. L. No. 99–449, 100 Stat. 1128, 1986.
70 Richard J. Hayden, "National Flowers," *Bulletin of Popular Information, Arnold Arboretum*, Harvard University 6, no. 1 (1938): 4.
71 Kiple, *A Movable Feast*, 197.
72 派不是造成雙方體型差異的唯一營養因素，但是它肯定發揮了作用。
73 Max Fisher, "There's a 1 in 12 Chance Your V-Day Flowers Were Cut by Child Laborers," *The Atlantic*, February 14, 2012.
74 根據《大西洋》雜誌（*The Atlantic*）的報導，這兩個國家的花農都有健康問題，包括先天缺陷與流產，原因是他們使用歐美禁用的農藥。
75 David Karp, "It's Crunch Time for the Venerable Pippin," *New York Times*, November 5, 2003, https://www .nytimes. com/2003/11/05/dining/it-s-crunch-time-for-the-venerable-pippin. html.
76 McNamee, *Movable Feasts*, 15.
77 Benjamin Franklin, *The Life of Benjamin Franklin*, vol. 3, edited by John Bigelow (Philadelphia: Lippincott, 1875), 252–53.
78 十五世紀歐洲人以土耳其商人將火雞命名為galine de Turquie（土耳其雞）。（Dan Jurafsky, *The Language of Food: A Linguist Reads the Menu* (New York: Norton, 2014), 68.）
79 Henry Ward Beecher, *Eyes and Ears* (Boston: Ticknor and Fields, 1862), 254.
80 "Sown by chance": Toussaint-Samat, A History of Food, 623.

3

冠軍早餐
Breakfast of Champions

味道說有多古怪，就有多古怪，
但好處是容易消化、有益健康。〔1〕
——紐約女性對Nuttose的評價

在這腳步快速的年代，食物愈平淡愈好。〔2〕
——懷愛倫（Ellen G. White），美國作家，提倡素食

冷食穀片是「冠軍早餐」，多達九十三％的美國人每天早上吃穀片。[3]穀片是家家戶戶都會買的產品，不但在超市裡有專屬走道，甚至在店鋪的貨架陳列心理學發揮關鍵作用。（超市會把乳品區放在遠離門口的後方，因為超市知道多數顧客都會買吃穀片要用的牛奶，所以故意引導他們經過愈多貨架愈好，增加衝動購物的機會。）[4][5]

穀片超越了種族、社會階級、年齡、性別，甚至連飲食建議也甘拜下風。自從膽固醇在一九四〇年代遭到妖魔化，美國的雞蛋攝取量至今跌幅超過四十％。[6]相形之下，數十年來關於牛奶與糖的健康警告（以及數千年來代代相傳的乳糖不耐症），一直撼動不了穀片早餐之王的地位。對許多人來說，穀片是他們仍會乖乖坐在餐桌旁吃的東西，或是仍會跟家人一起享用的食物。在他們勇敢走出家門、進入量產咖啡以及在車上進食的悲苦世界之前，這是每天第一口、也是唯一的一口甜蜜。

穀片不僅（如同產品標示所說）是維生素與礦物質的絕佳來源，也提供懷舊之情、免費贈品、包裝盒背面的小遊戲，以及泡棉般的充氣糖果（通常叫做脫水棉花糖，業界術語是marbits）。因此穀片滿足的人類渴望，不只是「提供熱量」這麼簡單。

雖然穀片不像派那樣份量十足、難以消化，但是它有幾個重要特性能讓人以為自己吃得很飽，因為穀片的主要成分是糖和簡單碳水化合物。研究顯示，用湯匙進食

（而不是用手或吸管）可在提供相同飽足感的情況下吃得比較少〔7〕，因為我們要花費額外的時間操作湯匙，基本上就是利用較長的進食時間，欺騙身體它吃下的食物比實際上更多。小小的穀片聚沙成塔加強這種效應，觸發心理學家所說的「單位偏誤」（unit bias）〔8〕，意思是我們以為自己吃了更多東西，其實只是吃了更多片／塊。〔9〕（同樣地，如果你一邊吃穀片、一邊把碗端起來喝牛奶，碗的重量會使你以為吃進肚子裡的早餐比實際份量更多。）最後，別忘了還有電視廣告幾十年來累積的「巴夫洛夫制約效應」（Pavlovian conditioning）〔10〕，廣告把穀片塑造成豐盛早餐裡美味的一部分，還說早餐是每天最重要的一餐，吃穀片之所以令我們感到心滿意足，部分是因為廣告洗腦。

而你還以為你愛吃糖霜玉米片只是因為它**超好吃**。

雖然穀片深受大眾喜愛，含糖量也大致偏高（若以重量計算，二〇一四年兒童穀片的平均含糖量為三十四％，成人穀片是十八％）〔11〕〔12〕，但其實穀片一開始不是甜的，甚至不講求美味。

與現在恰恰相反，最初的冷食早餐穀片淡而無味。冷食早餐穀片的發明人是篤信宗教的健康改革派，他們認為美國人的早餐除了應該擺脫糖分和揮霍習性，也就是前一章那種整天吃派的飲食習慣，也必須擺脫罪惡與暴飲暴食。吃清淡的穀片來「打破齋戒」(break fast)不會破壞宗教的聖潔，使人變成耽溺享樂的邪惡異教徒。美國人在結束「飢荒年代」後開始享受自由與舒適的生活，與此同時，也出現一股健康熱潮和一長串飲食注意事項。現在流行的飲食法強調減少攝取碳水化合物或消除橘皮組織，以長壽或美觀為目的；但那個年代的飲食注重的是消滅「邪惡的渴望和墮落的食慾」〔13〕，以免下地獄遭受永恆之火與硫磺的折磨——以及力求當個上帝眼中的乖寶寶。

健康改革派宣稱，油膩的食物、酒精、糖、巧克力、咖啡因、甚至調味料，都會導致消化不良，進而造成更嚴重的問題，例如犯罪、慢性病、通姦，最終墮入永恆的地獄。

席維斯特・葛蘭(Sylvester Graham，1794-1851)是這場健康改革運動的早期領袖之一，全麥餅乾(graham cracker，直譯為「葛蘭餅乾」)便是以他命名，但他本人當然是沒有吃過。〔14〕葛蘭是巡迴佈道傳教士，也是嚴謹的素食者，他思慕的是工業與文明帶來人造和物質需求之前的簡樸年代，他稱之為「原始的自然狀態」〔15〕，飢餓、口渴、居住等基本需求靠大自然和本能即可獲得滿足，不需要依賴工廠和工業化；人類只要摘樹上的水果、用對折的葉子喝水、用「獸皮」包住身體就能過活。〔16〕

此外他相信自己是上帝的使者〔17〕，認為幸福的祕訣是每天自我克制，遠離性行為、自慰、肉類和香料等可憎事物。大部分的屠宰與烘焙業者當然不同意他的觀點，他們堅信葛蘭只是個凡人，而且還是個渾蛋——他曾在波士頓多次指控屠夫販售病死動物的肉〔18〕、指控麵包師傅使用壞掉的麵粉〔19〕，進而引發了武裝抗議。〔20〕這位大哥躲在他佈道的建物裡，除了用障礙物阻擋進攻之外，還從樓上鏟石灰粉灑向抗議群眾。

其實葛蘭的指控並非空穴來風。根據德國化學家費德雷克・阿坎姆（Fredrick Accum）一八二〇年的著作《論食品摻假與烹飪毒物，說明麵包、啤酒、葡萄酒、烈酒、茶、咖啡、奶油、糖果、醋、芥末、胡椒、乳酪、橄欖油、醃菜和其他日常物品如何造假，以及判斷真偽的方法》〔21〕，當時的麵包師傅常在壞掉或變質的麵粉裡，摻入白堊粉或白色黏土粉，冒充正常麵粉製作麵包。〔22〕除此之外，那個年代還有更多惡劣的造假食品，例如葡萄酒加入橡木屑調味〔23〕，或是加入液態鉛防止變酸〔24〕；用有毒色素或羊糞滾煮各種樹葉冒充茶葉〔25〕（或是回收咖啡館泡過的茶葉，染黑後重複使用）〔26〕；用燒焦的豌豆和咖啡渣製作「假咖啡」〔27〕；牡蠣殼粉末與木屑能用來遮掩啤酒的酸味〔28〕，魚皮或鹿茸屑（鹿角刨成屑，尤其是鹿角的「內芯」）能讓混濁的啤酒變得清澈〔29〕，鴉片或馬錢子（又稱「毒果」〔poison nut〕〔30〕或番木鱉鹼）能讓啤酒更加醉人。〔31〕

葛蘭的理念與大學航空炸彈客泰德・卡辛斯基（Ted Kaczynski）出奇相似。卡辛斯基發表的宣言開頭是這樣的：

工業革命與其後果對人類來說是一場災難。它們延長了我們這些「先進」國家居民的壽命，卻破壞了社會安定，使人心生不滿、蒙受屈辱，導致心理上的痛苦成為常態（第三世界亦承受身體上的痛苦），並且對自然界造成嚴重破壞。〔32〕

話雖如此，這兩個人的關鍵差異在於：葛蘭認為工業化導致先進國家的預期壽命迅速縮短，而非增加。〔33〕證據是《聖經》故事裡的人動輒活到幾百歲，是後來暴飲暴食加上不再使用正確的原料做麵包，人類才變得短命。

葛蘭以健康和人類生命科學專家之姿，吸引了大批追隨者。他到美國各地演講，主題包括羽絨床墊的壞處、為什麼應該把它們扔進篝火裡〔34〕，以及自慰很可怕。〔35〕無論你是贊成葛蘭與他的追隨者（葛蘭派）〔36〕，還是站在異教徒屠夫與麵包師傅這一邊，都無法否認葛蘭是個極具才華、重要性遭低估的講者兼作家（以上是真誠評價）。舉例來說，他對自慰的長期受害者的描述充滿詩意與想像力，一起來欣賞一下：

有時候，這種全面心智衰弱會隨著不間斷的虐待而持續下去，直到這可憐的罪人陷入悲慘的愚昧，最終淪為公認的、墮落的白痴，雙眼凹陷、目光空洞、兩眼無神，臉色蒼白、雙頰乾癟，牙齦潰瀾、牙齒掉光、口氣惡臭，聲音虛弱沙啞，身形消瘦矮小、彎腰駝背，頂上幾乎無毛——取而代之的大抵是流膿的水泡和爛瘡——未老先衰——形容枯槁——靈魂毀滅！他成了苟延殘喘的可憎存在，一心墮入粗鄙惡劣的色慾之中……然而更常見的是神智一息尚存，在可能的情況下，對這名可悲的罪人進行更深層、更黑暗的報復。起初是偶爾精神萎靡，但隨著他持續犯錯，憂鬱會變成常態，然後是更深沉的沮喪，接著是陰鬱的憂愁，久而久之，他的靈魂就這樣淪陷在永恆的黑暗裡。〔37〕

他也對色情刊物的強大吸引力提出嚴正警告：

當他想要靜下心來閱讀或做研究時，眼前的書頁怎麼看也看不進去，淫穢的畫面占據他的腦海，點燃病態慾望的不潔之火。就算他盡力把思緒放在最莊嚴聖潔的事情上，淫穢的畫面仍然纏著他不放；即使他向全知全能的神聖上帝禱告，他想像中的汙穢女妖仍會在他的靈魂與天堂之間來回盤旋，拍動邪惡的雙翅，繼續汙染他！他眼中所見的每一樣東西，都會令他病態地聯想到那墮落的罪惡；他的目

光一落在雌性動物的性器官上，即便只是出於偶然，也必定會喚起一連串淫穢思想，激發骯髒的強烈性慾。〔38〕

葛蘭顯然有成為恐怖小說家的潛力。

不過，葛蘭最深遠的影響是建議大家吃粗磨的全麥麵粉（Graham flour）〔39〕，不要吃精製的白麵粉。但是他的理論基礎大錯特錯，他認為白麵粉營養過多〔40〕，磨掉外面的麥麩後，麵粉的營養密度會高到難以吸收。（現在我們知道事實恰恰相反，麥麩與胚芽含有小麥大部分的營養素〔41〕、植化素與必須礦物質，從營養學的觀點看來，精製麵粉相對空虛。）

葛蘭的全麥麵粉、以及他極力詆毀美味食物的努力，催生了冷食早餐穀片——基本上就是烘烤過的全麥麵粉加水捏成塊。這種食物叫做granula（烤穀麥）〔42〕，是一八六〇年代葛蘭的信徒詹姆斯・傑克森（James C. Jackson）發明的。傑克森的烤穀麥銷路慘淡，主要是因為實在太硬，得在牛奶裡浸泡一夜才能勉強入口，但是比起需要花費大量時間熬煮的稀粥或麥片粥（或褻瀆神明的派），這種預先包裝好的即食穀片是新穎的創意，吸引了約翰・哈維・家樂（John Harvey Kellogg）的注意。

家樂出生於一八五二年〔43〕，也就是葛蘭過世的一年後。家樂的父母相信審判日與世界末日即將到來，因此他們認為除了救贖之外，其他方面的教育幾乎毫無必要。〔44〕於是家樂的童年大半用來閱讀葛蘭的作品、為世界末日做準備〔45〕，以及了解「任何有趣的事都被視為邪惡」〔46〕（引號內是他的原話）。家樂小時候有嚴重的胃腸問題，不到十五歲就罹患血淋淋的結腸炎，結腸傷痕累累，而且長期便祕、痔瘡與肛裂。〔47〕作家兼醫學歷史學家霍華德・馬克爾（Howard Markel）認為，家樂的下體因此長期承受「反覆出血、尖銳刺痛與不間斷的灼熱感、搔癢和陣陣抽痛」。〔48〕

世界終究沒有毀滅，於是家樂跑去念了醫學院成為醫生。但是從小到大對於救贖、自我犧牲與結腸健康的執念，將形塑他的畢生職志，最終引領他為早餐穀片的世界帶來變革。

一八七六年，家樂二十四歲，他在家鄉密西根州巴特溪（Battle Creek）一所帶有宗教性質的療養院裡擔任醫療主管。〔49〕家樂運用自己的醫學背景幫助療養院擴充規模，從只能服務十幾個病人的兩層樓簡陋農舍〔50〕，拓展成豪華的巴特溪療養院〔51〕：占地寬廣，配備蒸汽電梯，餐廳有八百個座位、穹頂天花板與專屬管弦樂隊，演講廳兼音樂廳有一千個座位，每年服務一萬名病人，提供震動療法〔52〕、醫療體操、機械駱駝（類似健身車，供病人騎乘），有一個棕櫚樹參天的熱帶花園（請注意，這是密西根州北部），五十幾種藥浴[53]（其中至少一種具有放射性）[54]，以及一座室外體育場，病人可以「在跑道上行走或小跑，上游泳課，從事僅穿一條短褲就能做的各種運動，讓皮膚變得堅硬強韌，非常有機會曬出像北美印第安人一樣的棕色皮膚」。[55]

引號內的文字摘自療養院的宣傳手冊。

這其實有點像——不對，這種服務前所未見。如果你曾經夢到自己只纏著一塊腰布[56]，站在香蕉林裡一邊劈柴、一邊承受著沒止痛就割包皮之後的痛楚，接著一眨眼瞬移到溜冰場上溜冰——家樂的療養院就是這樣的存在。

這家療養院的官方使命是：「結合現代醫院的特殊專業、技術與制度優勢，現代飯店的豪華舒適以及居家的溫馨、安穩與自在。」[57]但實際感受更像是「嗑藥後的幻覺」加上「高中留校察看」加上「獨立恐怖電影」的綜合體——差別在於你還得吃下十二磅葡萄（約五．四公斤）。

房客可以一邊在種植進口棕櫚樹的花園裡遊憩，一邊等待糞便的物理、化學和顯微鏡檢查[58]；參加家樂醫生親自帶領的有氧運動課[59]；在等待結腸放射線檢查結果的同時，用乳酪廠提供的新鮮優格進行灌腸。或是聆聽家樂醫生對各類主題的真知灼見，例如雌雄同體、睡午覺、想像力的危害、圓舞曲（尤其是華爾滋）以及它們如何激發不純潔的慾望；胡椒、芥末、薑、香料、松露、葡萄酒和酒精對生殖器的刺激性影響；我們不該吃巧克力的種種原因；「哪些壞人應該在煉獄中獨自受罰，而且地獄之火的溫度要比普通罪人承受的火焰高溫七倍」；為什麼與其放任孩子自慰，不如冷血割斷他們的喉嚨；如何判斷孩子睡衣上的汙漬來自精液和陰道分泌物；哪些人不該結婚。家樂醫生洋洋灑灑寫了十七頁，他認為不該結婚的人包括：罪犯，梅毒和癌症患者，「瘸子跟殘廢」，「體型嚴重不對稱的人」，窮人，「種族極為不同的人」，吸菸的人，賽馬騎師，愛慕虛榮的人，遊手好閒的人，既狡詐又愛妄想的人，輕浮、放蕩、愛打扮、思慮不周或用情不專的女性，以及愛說髒話或是「情感被邪惡的情慾之火耗盡的」男性。[60]（有趣的是，他之所以反對堂表親通婚，不是因為相信「堂表親通婚會生出白癡或有其他缺陷的後代」，而是基於其他原因。）

今日的女權主義者恐怕會對家樂醫生大加撻伐，因為他從男性的角度寫了好幾本侮辱女性的書，例如《女性健康與疾病指南》[61]，他在這本書裡以男性至上的角度，解讀了「青春期早熟」、「如何變美」、「處女泌乳」、「女性為什麼必須依賴他人」、「不正經的書」、「流行的奴隸」、「小孩跟年長者一起睡覺有害健康」、「給年輕妻子的實用建議」、「女性的弱點」，以及如何避免成為娼妓。〔62〕他強烈主張性慾旺盛的女性應閹割生殖器〔63〕，例如切除陰蒂，或是用苯酚把陰蒂燒壞（苯酚是一種工業用脫漆劑）。〔64〕

但必須補充的是，他也主張道德淪喪的男性——也就是試過用繃帶包裹生殖器、夜裡綁縛雙手、「用籠子蓋住性器官」〔65〕等方法，仍無法遏制自慰慾望的男性——應施以懲罰性質的割包皮手術，還強調手術時不應麻醉或給予止痛藥，以期發揮最大的懲罰效果與懊悔自責。

你可以自行評斷家樂醫生是怎樣的人，但有些人會說他是真正的超級反派，而且還是令人毛骨悚然的那種。〔66〕他寫了大量關於女學生排便的文章。〔67〕他憎惡性行為，與妻子分房睡〔68〕，度蜜月時寫了與生殖器危害有關的文章，並且花費許多時間為女病患進行一天兩次、每次三十分鐘的子宮與骨盆按摩（包括體內與體外），這種按摩治療他堅持親力親為。〔69〕

但是這些療法都比不上他對食療的執著，他提出的許多食療方法一樣相當驚悚。起初療養院提供的主食是德國乾麵包（zwieback）〔70〕，這是一種沒有味道、二度烘烤的德國土司（建議使用不新鮮的麵包製作）〔71〕；還有家樂的山寨版烤穀麥，後來為了避免與傑克森產生法律糾紛改名為Granola（穀麥）〔72〕。由於出現啃斷牙齒的客訴〔73〕，家樂醫生開始研發更柔軟的替代產品。比較沒那麼出名的幾種產品包括Nuttose〔74〕，這是一種以堅果製作的素肉，外觀和味道模擬冷盤烤羊肉（不知道為什麼，這個產品一直沒紅過）；Nuttolence〔75〕，這是一種以堅果製作的奶油替代品，裝在密封罐裡，永不變質，可替代奶油或酥油。不過讓家樂這個名號在一八九〇年代變得家喻戶曉的產品，是一款叫做Granose〔76〕的薄脆玉米片（烤玉米片的前身）。

做為第一種沒有斷牙威脅的即時早餐穀片，家樂醫生的玉米片大受歡迎，還掀起了一波不亞於淘金熱的穀片熱潮。家樂醫生的玉米片於一八九五年推出〔77〕，到了一九〇二年，巴特溪與週邊地區已有五十幾家穀片製造商（「巴特溪」這個地名使消費者誤以為穀片與巴特溪療養院有關，有助於提高品牌的可信度），隨後全國各地又出現幾十家製造商〔78〕，包括：波士頓玉米片（Boston Brown Flakes）、麥芽片（Cerealine）、普萊斯醫生玉米片（Dr. Price's Corn Flakes）、名望玉米片（Famous Corn Flakes）、巨人玉米片（Giant Flaked Corn）、澤西麥麩片（Jersey Bran Flakes）、衛生食品公司楓糖玉米片（Mapl-Flake by Hygienic Food Company）、哈斯福特穀片與穀物公司楓糖玉米片（Maple Flakes by Hosford Cereal and Grain Company）、金鶯早餐玉米片（Oriole Breakfast Flakes）、純潔玉米片（Purity Corn Flakes）、療養院（Sanitarium）、松鼠牌（Squirrel Brand）、大學牌酥脆玉米片

（University Brand Daintily-Crisped Flaked Corn）、美國蜂蜜玉米片（U.S. Honey Flakes）、華生玉米片（Watson Flaked Corn）。

許多產品仿效家樂醫生宣稱誇張的健康效果。例如葡萄堅果穀片（Grape-Nuts）的廣告標榜這是「科學健康食品」〔79〕，可治療瘧疾、心臟病和闌尾炎〔80〕；它是家樂醫生的前病患波斯特（C. W. Post）的產品，據說他是從療養院的保險箱裡偷走配方的。〔81〕柯恩玉米片（Korn-Kinks）的製造商更加無恥，利用黑人與種族刻板印象來宣傳產品，一九〇七年曾出現這樣的廣告詞：「白人居然能把玉米做得這麼好吃，太厲害了。」〔82〕〔83〕

不過家樂醫生最強勁的競爭對手是他的弟弟威爾．家樂（Will "W. K." Kellogg），兩兄弟雖然在同一個屋簷下成長，但威爾的作風不像哥哥那麼極端，在幾個重要觀念上也與哥哥意見分歧。舉例來說，威爾吃牡蠣〔84〕，但哥哥認為以化學成分來說吃牡蠣等於喝尿〔85〕，而且會干預弟弟吃牡蠣；威爾很可能與自己的妻子同床共枕；威爾認為應該讓孩子生活得更快樂，而不是更痛苦。

姑且不論這些觀念差異，威爾本就是開發玉米片的幕後關鍵人物，並且長年協助哥哥管理療養院，卻只得到極少的報酬，也鮮少休假。〔86〕此外，他的工作還包括幫哥哥擦鞋，哥哥騎馬時在後面清掃馬糞，哥哥上廁所時寫下他口述的內容（他一天上好幾次，通常會採樣，證明自己的糞便聞起來「像哺乳期寶寶的糞便一樣香甜」）。[87]這些因素促使威爾在一九〇六年創建自己的早餐穀片品牌[88]——家樂氏玉米片。

威爾的行銷策略是人人都要吃穀片，不僅限於病人。而且除了添加糖，他的玉米片還開業界之先河附上贈品[89]，第一個贈品是一九〇九年的《趣味叢林動畫書》（*Funny Jungleland Moving Pictures Book*）。想當然耳，他的行銷策略是更成功的商業企劃。這正是西北大學成立家樂管理學院（Kellogg School of Management）的原因，這所學院成立於一九七九年，經費來自約翰與海倫・家樂基金會（John L. and Hellen Kellogg Foundation）[90]，創辦人是威爾的孫子威爾・家樂二世（W.K. Kellogg II）。

時間來到一九二〇年，歷經十年的法庭激戰後，威爾贏得使用「家樂」為品牌名的合法權利[91]（後來家樂氏的知名產品[92]包括香果圈、香甜玉米片、限量版鬼怪棉花糖巧克力香甜玉米片、香甜迷你麥片、玉米球、巧克力花生醬玉米球、脆米餅、巧克力脆米餅與脆米餅點心等等），療養院則以破產收場。

其他業者紛紛跟隨他們的腳步（有些像療養院一樣宣布破產，有些學威爾添加糖和棉花糖）。事實上在初代玉米片問世一個多世紀後，美國有近九成的早餐穀片由四大品牌生產[93]，這四個品牌都跟家樂氏創立於同一個時代。除了家樂氏，還有成立於一八六六年的通用磨坊（General Mills），它原本是一家位於明尼蘇達州的麵粉廠〔94〕，後來開始生產美味可口的穀片，例如水果玉米片、可可球、彩虹棉花糖穀片和肉桂土司脆片等等。〔95〕桂格燕麥（Quaker Oats）是一八八一年成立於俄亥俄州的燕麥廠〔96〕，現在是百事公司（PepsiCo）的子公司〔97〕，產品包括船長脆片、船長莓果脆片、船長棉花糖脆片、船長莓果鬆餅脆片和船長藍海人造楓糖漿脆片等等。〔98〕最後是成立於一八九五年的波斯特〔99〕，據說創辦人從療養院的保險箱偷走葡萄堅果穀片的配方，現在的產品包括水果球、蜂蜜玉米燕麥片和奧利奧巧克力麥片等等。〔100〕

至此穀片產業一百八十度大轉彎，從全麥麵粉和烤穀麥，變成曲奇脆片（Cookie Crisp）和巧克力伯爵麥片（Count Chocula）。

這不是食物或食品原料第一次遭逢劇變。我們的食物儲藏櫃和冰箱裡的許多食物，過去都曾被視為邪惡或危險之物。比如第十章將提到馬鈴薯曾與巫術和魔鬼崇拜扯上關係：馬鈴薯在成為美國最受歡迎的蔬菜之前（這一點炸薯條功不可沒），有「魔鬼的蘋果」稱號（Devil’s apples），人們認為吃馬鈴薯會得梅毒，還有人把馬鈴薯綁在柱子上施以火刑。番茄也曾被認為有毒，還曾用來召喚狼人。

我們現在放進嘴裡、敷在身上的每一樣東西，幾乎都曾因為刺激「病態慾望的不潔之火」而遭到詆毀或讚揚。

人類學教授傑瑞米・麥克蘭西（Jeremy MacClancy）寫道：

簡短列舉幾種壯陽藥：鯷魚、螞蟻汁、朝鮮薊、鮑魚〔101〕、竹筍、羅勒、野生甘藍、小牛腦、駱駝骨、續隨子、塞料的閹雞、葛縷子、魚子醬、變色龍的乳汁、酸蘋果凍、鱷魚尾、棗子蜜餞、鹿精液、時蘿、鴿腦、鰻魚湯、一小杯白蘭地泡蛋黃、茴香、小蓬草汁、青蛙乾、豺狼膽、野生鳥類、大蒜、薑汁蛋餅、牛奶加糖煮山羊睪丸、鵝舌頭、葡萄、大比目魚、野兔湯、白腰豆、鯡魚、馬鞭、辣根、鯖魚、七鰓鰻、韭蔥、加入甜酒的蜥蜴粉、墨角蘭、牛奶布丁、艾蒿、麝香、人蔘、肉豆蔻、牡蠣、辣椒、骨髓醬、帕瑪森乳酪、胡椒、鰈魚〔102〕、木梨凍、魟魚、蘿蔔、犀牛角、芝麻菜、迷迭香、番紅花、鼠尾草、鮭魚、糖漬刺芹、紅蔥、綿羊腎、波菜、天鵝生殖器、龍蒿、甲魚湯、百里香、薑黃、蝰蛇湯、山鶉、炸鳳梨餡餅。〔103〕

其實在葛蘭質疑麵包是否有益身心健康的很久很久以前，雅典婦女就已經忙著烤陰莖形狀的麵包，抹上橄欖油潤滑就成了經濟實惠的情趣用品，名為「olisbokollix」〔104〕

（意思是「麵包假屌」）。十七世紀的英格蘭婦女會用自己的性器官做為烤麵包的模型[105]（把麵團直接壓在皮膚上塑形），因為她們相信男人吃了這種麵包就會愛上她們。

平淡無味的飲食意味著道德崇高，享樂與風味將阻礙幸福和心靈滿足，這並不是葛蘭與家樂醫生的原創觀念。

早在西元前三六〇年，柏拉圖就已寫道：

因此，那些沒有體驗過智慧與良善的人，除了玩樂什麼都不做的人……永遠無法爬得更高，看見或抵達真正的顛峰，也無法獲得真正的滿足或明確而純粹的喜悅。他們在桌邊埋頭苦吃，猶如綿羊低頭吃草、視線僅達地面，只知填飽肚子和交配，他們貪婪地渴望得到更多，所以也像綿羊一樣用蹄和角攻擊彼此、殺害彼此，只因為他們得到的不夠多；他們不可能感到滿足，因為他們用虛假來填補內心裡同樣虛假且不知饜足的部分。[106]

類似的理念包括基督徒在大齋期禁止吃肉；猶太人的逾越節有吃苦味香草的傳統；日本的「侘寂」美學提倡「接受和欣賞萬物在本質上都是無常、不完美也不完整的」[107]，並經常藉由觀察缺損或不對稱的茶碗之美來實踐；還有薩瓦蘭的主張：「吃飯吃到極撐的人不懂得吃，喝酒喝到踉蹌的人不懂得酒。」[108]

除此之外，希臘哲學家伊比鳩魯（Epicurus，341–270 BC）應該是史上最喜歡吃清淡早餐的人，可惜他的名字被誤用為享受性愛和口腹之慾的同義詞。他曾寫道：「對於只吃一點還嫌不夠的人來說，吃再多都不夠。我只要有一塊大麥餅和水，就能過得比宙斯還幸福。」[109]「麵包和水就足以使我的身體舒暢到充滿喜悅，我唾棄奢華享樂不是因為奢華享樂不好，而是因為隨之而來的各種不適。」[110]「無論事前多麼渴望，我們都應當拒絕那些吃完後不會留下絲毫感激之情的菜餚。」[111]

他的基本觀點是，真正的快樂是遠離痛苦。平淡無味的食物能消除飢餓的痛苦，帶來可長可久的快樂；奢侈的食物會令世上的其他事物相形之下顯然索然無味，這種快樂很短暫，反而會造成長久的痛苦。

伊比鳩魯肯定比較喜歡家樂醫生的原版穀片，不是因為很堅硬或很崇高，也不是因為糖很邪惡，而是因為用糖霜、贈品和棉花糖做為一天的開始，難免會讓接下來的一整天顯得苦澀。

註釋

1 Sanitas Nut Food Company, *Sanitas Nut Preparations and Specialties* (Battle Creek, MI: Review and Herald Publishing Company, 1898).

2 Ellen G. White, *The Ministry of Healing* (Mountain View, CA: Pacific Press Publishing Association, 1909), 325.

3 "Nielsen Podcast Insights, A Marketer's Guide to Podcasting, Q1 2018," Nielsen Company, March 20, 2018.

4 同樣地，當你走進穀片走道，會發現兒童穀片放在低層，成人穀片放在高層。這除了能確保目標客群看見特定品牌，也能影響顧客的選擇。例如有研究發現，根據統計，若貨架上的 Trix 穀片擺放的位置能讓包裝盒上的兔子（牠名叫 Tricks）與顧客四目相對，顧客選擇 Trix 的機率將高於選擇 Fruity Pebbles 穀片。這是因為基於人類本能，眼神接觸容易促進信任與社會情感連結。同理，知名穀片通常放在比雜牌穀片更高層的貨架上，因為人類很懶惰，寧願多花一點錢也不願意彎腰拿東西。（Aviva Musicus, Aner Tal, and Brian Wansink, "Eyes in the Aisles: Why Is Cap'n Crunch Looking Down at My Child?" *Environment and Behavior* 47, no. 7 (2015): 715–33.）

5 Michael Park, "How to Buy Food: The Psychology of the Supermarket," *Bon Appétit*, October 30, 2014, www.bonappetit.com/test-kitchen/how-to/article/supermarket-psychology.

6 Judith Jones Putnam and Jane E. Allshouse, *Food Consumption, Prices, and Expenditures, 1970–97*, Statistical Bulletin no. 965, Food and Rural Economics Division, Economic Research Service, U.S. Department of Agriculture, 1999, 18.

7 Pleunie S. Hogenkamp et al., "Intake During Repeated Exposure to Low-and High-Energy-Dense Yogurts by Different Means of Consumption," *The American Journal of Clinical Nutrition* 91, no. 4 (2010): 841–47.

8 K. McCrickerd and C. G. Forde, "Sensory Influences on Food Intake Control: Moving Beyond Palatability," *Obesity Reviews* 17, no. 1 (2016): 18–29.

9 這跟「啦啦隊效應」（cheerleader effect）很像，也就是一個人（例如啦啦隊員）跟一群人在一起時，看起來會比獨自一人更好看，因為大腦看見的是每一張臉（大概也包括其他部位）相加後的平均值。（Cindi May, "The Cheerleader Effect," *Scientific American*, December 3, 2013, www.scientificamerican.com/article/the-cheer leader-effect.）

10 Keri McCrickerd, Lucy Chambers, and Martin R. Yeomans, "Fluid or Fuel? The Context of Consuming a Beverage Is

Important for Satiety," *PLOS ONE* 9, no. 6 (2014): e100406.

11 二〇一四年，家樂氏的 Honey Smacks 穀片糖分重量比超過五十五%（每份二十七公克含糖十五公克）。（同前註，10。）後來家樂氏公司改變配方（Natasha Blakely, "Honey Smacks will soon be back on the shelves after recall of Kellogg cereal," *USA Today*, October 23, 2018.），將含糖量下調至五十%，但每份重量卻往上調整，以至於含糖量不降反升（每份三十六公克含糖十八公克）。（"Kellogg's. Honey Smacks. Cereal," Kellogg's Smart Label, May 5, 2020, http://smartlabel.kelloggs.com/Product/Index/00038000391033.）

12 "Children's Cereals: Sugar by the Pound," Environmental Working Group, May 2014, 7.

13 John Harvey Kellogg, *Plain Facts for Old and Young* (Burlington, VT: Segner and Condit, 1881), 112.

14 雖然這種全麥餅乾以他命名，但現代的「葛蘭餅乾」對於葛蘭留下的理念更像是一種侮辱，而不是致敬。全麥餅乾在葛蘭死後幾十年才問世，最早由國家餅乾公司（National Biscuit Company）生產，這家公司後來改名為納貝斯克（Nabisco），銷售全國。全麥餅乾與葛蘭生前提倡的觀念大多背道而馳，他反對糖、精製麵粉、肉桂與烘焙工業。（Andrew F. Smith, *Food and Drink in American History: A Full Course Encyclopedia*, vol. 1 (Santa Barbara, CA: ABC-CLIO, 2013), 409.）

15 Sylvester Graham, *Lectures on the Science of Human Life* (New York: Fowler and Wells, 1869), 16.

16 同前註。

17 Gerald Carson, *Cornflake Crusade* (New York: Rinehart, 1957).

18 Graham, *Lectures on the Science of Human Life*, 195.

19 Sylvester Graham, *A Treatise on Bread, and Bread-Making* (Boston: Light and Stearns, 1837), 44–45.

20 同前註。

21 *A Treatise on Adulterations of Food, and Culinary Poisons, Exhibiting the Fraudulent Sophistications of Bread, Beer, Wine, Spirituous Liquors, Tea, Coffee, Cream, Confectionery, Vinegar, Mustard, Pepper, Cheese, Olive Oil, Pickles, and Other Articles Employed in Domestic Economy; and Methods Of Detecting Them*

22 Fredrick Accum, *A Treatise on Adulterations of Food, and Culinary Poisons* (London: Mallett, 1820), 131–46.

23 同前註，96。
24 同前註，110。
25 同前註，240。
26 Reay Tannahill, *Food in History* (New York: Stein and Day, 1973), 344.
27 Accum, *A Treatise on Adulterations of Food and Culinary Poisons*, 244.
28 同前註，204。
29 Pamela Sambrook, *Country House Brewing in England, 1500–1900* (London: Hambledon Press, 1996), 105.
30 "Nux vomica," Science Direct, www.sciencedirect.com/topics/medicine-and-dentistry/nux-vomica.
31 Accum, *A Treatise on Adulterations of Food and Culinary Poisons*, 205.
32 Unabomber, "Industrial Society and Its Future," *Washington Post*, September 22, 1995, https://www.washingtonpost.com/wp-srv/national/longterm/unabomber/manifesto.text.htm.
33 Graham, *Lectures on the Science of Human Life*, 252–53.
34 同前註，626。
35 Sylvester Graham, *A Lecture to Young Men on Chastity*, 4th ed. (Boston: Light, 1838), 78–79.
36 Graham, *Lectures on the Science of Human Life*, 11.
37 Graham, *A Lecture to Young Men on Chastity*, 120–21.
38 同前註，122－23。
39 John F. Mariani, *The Encyclopedia of American Food and Drink* (New York: Bloomsbury, 1983), 232.
40 Kenneth F. Kiple and Kriemhild Coneè Ornelas, eds., *The Cambridge World History of Food*, vol. 2 (Cambridge, UK: Cambridge University Press, 2000), 1489.
41 "Whole Grains," The Nutrition Source, Harvard School of Public Health, www.hsph.harvard.edu/nutritionsource/what-should-you-eat/whole-grains/.
42 Marty Gitlin and Topher Ellis, *The Great American Cereal Book* (New York: Abrams, 2012), 12–14.

43 Mariani, *The Encyclopedia of American Food and Drink*, 120.
44 Howard Markel, *The Kelloggs: The Battling Brothers of Battle Creek* (New York: Penguin Random House, 2017), Apple Books ed.
45 Smith, *Food and Drink in American History*, vol. 1, 496.
46 Markel, *The Kelloggs*.
47 同前註。
48 同前註。
49 同前註。
50 同前註。
51 同前註。
52 John Harvey Kellogg, *The Battle Creek Sanitarium: History, Organization, Methods* (Battle Creek, MI: Battle Creek Sanitarium, 1913).
53 Markel, *The Kelloggs*.
54 Kellogg, *The Battle Creek Sanitarium*, 81.
55 同前註，99。
56 同前註，23、99、103、136。
57 同前註，5。
58 同前註，44。
59 Markel, *The Kelloggs*., 2017.
60 Kellogg, *Plain Facts for Old and Young*.
61 *Ladies' Guide in Health and Disease: Girlhood, Maidhood, Wifehood, Motherhood*
62 John Harvey Kellogg, *Ladies' Guide in Health and Disease: Girlhood, Maidenhood, Wifehood, Motherhood* (Battle Creek, MI: Modern Medicine Publishing Company, 1898), v–xviii.

63 Markel, *The Kelloggs.*

64 "Material Safety Data Sheet, Klean-Strip Naked Gun Spray Gun Paint Remover," Klean-Strip, April 17, 2014.

65 Kellogg, *Plain Facts for Old and Young*, 383–84.

66 他搞不好是開膛手傑克本尊，這件事非常值得探究。這位維多利亞時代惡名昭彰的連環殺手至今身分未明，他最為人熟知的事蹟是一八八八年殘殺多名倫敦妓女，有證據顯示他可能是外科醫生（至少有三名受害者的器官遭到摘除），而且唯一倖存的目擊證人說凶手是外國人。來自美國的家樂醫生當時三十六歲，他既有技術也有動機，說不定也有機會，因為他曾於一八八〇年代前往倫敦研讀外科醫學。（"Who Was Jack the Ripper?," *National Geographic*, October 29, 2008; Markel, *The Kelloggs.*）

67 例如他曾寫道：「女學生通常非常疏忽……立刻紓解腸道與膀胱壓力的自然生理需求」，以及「想要口氣清新的女性（應該沒有女性不想要）應切記宿便是口臭極為常見的原因。臭味會從腸道進入血液，再從肺部向外排出」。接著他引述一位蘇格蘭醫生的看法：「敬畏上帝，腸道就會暢通。」（Kellogg, *Plain Facts for Old and Young*, 88-89.）

68 Markel, *The Kelloggs.*

69 「即使是最大膽的醫學歷史學家，也很難解釋家樂醫生的骨盆按摩到底是用來治療什麼病症，」大膽的醫學歷史學家霍華德．馬克爾寫道。（同前註。）

70 同前註。

71 E. E. Kellogg, *Science in the Kitchen* (Battle Creek, MI: Health Publishing Company, 1892), 289.

72 Smith, *Food and Drink in American History*, 161.

73 Markel, *The Kelloggs.*

74 Sanitas Nut Food Company, *Sanitas Nut Preparations and Specialties.*

75 同前註。

76 Gitlin and Ellis, *The Great American Cereal Book*, 14–18.

77 Markel, *The Kelloggs.*

78 Gitlin and Ellis, *The Great American Cereal Book.*

79 Smith, *Food and Drink in American History*, vol. 1, 1351.

80 一九〇五年《柯里爾》雜誌（*Collier's*）拒絕刊登這些健康功效，以免危害讀者生命。波斯特在《柯里爾》雜誌的競爭刊物上登廣告做為反擊，指控他們製作聳動新聞、勒索與新聞濫用。不過《柯里爾》雜誌控告波斯特誹謗，審判為期十天，陪審團判決《柯里爾》雜誌勝訴，波斯特必須支付五萬美元賠償金。（同前註，1351－54。）

81 Jonathan Black, *Making the American Body: The Remarkable Saga of the Men and Women Whose Feats, Feuds, and Passions Shaped Fitness History* (Lincoln, NE: University of Nebraska Press, 2013), 8.

82 遺憾的是，這不是種族刻板印象最後一次被用來推銷早餐穀片。一九六〇年代，波斯特的糖霜脆米花（Sugar Rice Krinkles）包裝上，畫著瞇瞇眼華人男孩「蘇亥」（So-Hi）用人力車運送脆米花。（Gitlin and Ellis, *The Great American Cereal Book*, 163.）

83 *The Delineator: A Magazine for Woman* 69, no. 1 (January 1907): 151.

84 Markel, *The Kelloggs*.

85 John Harvey Kellogg, *The Health Question Box: Or, a Thousand and One Health Questions Answered* (Battle Creek, MI: Modern Medicine Publishing Company, 1920), 144.

86 Markel, *The Kelloggs*.

87 George Howe Colt, *Brothers: On His Brothers and Brothers in History* (New York: Simon & Schuster, 2012), 162.

88 Markel, *The Kelloggs*.

89 Gitlin and Ellis, *The Great American Cereal Book*, 26.

90 Amy Trang, "Giving Back," Northwestern University Kellogg School of Management, December 21, 2010, www.kellogg.northwestern.edu/news_articles/2010/giving-back.aspx.

91 Markel, *The Kelloggs*.

92 "Our Brands," Kellogg's, www.kelloggs.com/en_US/ourfoods.html.

93 Marion Nestle, *What to Eat* (New York: Farrar, Straus and Giroux, 2010), Apple Books ed.

94 Andrew F. Smith, ed., *The Oxford Encyclopedia of Food and Drink in America*, vol. 1 (New York: Oxford University Press,

2004), 80.
95 “Cereal,” General Mills, www.generalmillscf.com/products/category/cereal.
96 Smith, *Food and Drink in American History*, vol. 1, 248.
97 “About Quaker,” Quaker Oats Company, https://contact.pepsico.com/quaker/about-us.
98 “Products,” Quaker Oats Company, www.capncrunch.com.
99 Smith, *Food and Drink in American History*, vol. 1, 162.
100 “Explore Our Cereals,” Post Consumer Brands, https://www.postconsumerbrands.com/explore-our-cereals/.
101 barbel，鯉魚的親戚。barbel有魚鬚的意思，鲃是一種嘴邊有鬍鬚的魚。
102 一種歐洲比目魚。
103 MacClancy, *Consuming Culture: Why You Eat What You Eat*, 77.
104 Peter James and Nick Thorpe, *Ancient Inventions* (New York: Ballantine, 1994), 183.
105 MacClancy, *Consuming Culture*, 78–79.
106 Plato, *The Republic*, translated by Desmond Lee (New York: Penguin Classics, 2003), 327.
107 Beth Kempton, *Wabi Sabi: Japanese Wisdom for a Perfectly Imperfect Life* (New York: Harper Design, 2019), Kindle ed.
108 Jean Anthelme Brillat-Savarin, *The Physiology of Taste; or, Meditations on Transcendental Gastronomy*, translated by M.F.K. Fisher (New York: Knopf, 2009), Apple Books ed.
109 Quoted in William Wallace, *Epicureanism* (London, Society for Promoting Christian Knowledge, 1880), 48.
110 Quoted in Cyril Bailey, *Epicurus: The Extant Remains* (Oxford: Clarendon Press, 1926), 131.
111 Quoted in Wallace, *Epicureanism*, 48–49.

4

玉米之子
Children of the Corn

因此，英格蘭文明藉由玉米這種植物向前邁進，一開始顫顫巍巍、腳步猶豫，後來則是充滿自信、邁開大步……[1]

——亞瑟·帕克（Arthur C. Parker），歷史學家

信不信由你，說到玉米寫下的精采歷史，玉米片傳奇搞不好只能墊底。雖然玉米片將早餐產業從即食的酷刑，演變成把牛奶染成粉紅色甜食，但它只是玉米歷史長河上的一個小漣漪，影響力敬陪末座，因為玉米影響的可不只是現代早餐穀片的發展，更影響了整個現代文明。

事實上，玉米跟火都是人類史上的轉捩點，只不過火的馴化後來證明是個幸運的機遇，而玉米的馴化是好是壞目前尚無定論，因為玉米是相對現代的發明。說玉米是一項發明，這句話完全正確。沒有人類，就沒有玉米——同樣地，人類或人類依賴的多數東西，若少了玉米也無法存在。

請想一想，距今大約一萬或一萬兩千年前還沒有玉米這種東西〔2〕，農業亦尚未出現。〔3〕在那之前，每個曾經在地球上生活的人，都靠狩獵和採集為生：在自然環境裡漫步，在野外覓食，尋找植物的根、穀物、橡實、蝸牛和當季漿果來吃。〔4〕

我們很容易把這些早期人類想像成不文明的野蠻人，因為他們無知到不懂得住在擁擠的城市裡，把拋棄式容器全部扔進海洋，在沒有麻醉的情況下切掉動物的鳥喙、獸角和睪丸，再把牠們養在陰暗擁擠的籠子裡而且不清理糞便。〔5〕如果不居住在有固定建築、遵守公民法律和義務的城市就不叫文明，那麼他們確實不文明，但這並不代表他們很笨——其實從許多方面來說，他們的生活品質超越後來取代他們的農耕社會。

還記得上一章提到，大學航空炸彈客說工業革命「對人類來說是一場災難」，還有伊比鳩魯擔憂短暫的快樂反而帶來更多問題嗎？從狩獵採集變成在固定地點耕作的農業生活，可說為這些論點提供了大量彈藥。舉例來說，農業通常會導致食物品質下降、攝取的營養減少。〔6〕原因是隨著人類只仰賴少數幾種主要作物，食物種類變少了；人類攝取的蛋白質也變少了，因為他們現在花較少時間打獵、設置陷阱和尋覓肉類。以營養程度來說，他們食用的動植物通常都比不上野生動植物，原因是農地土壤貧瘠，而且養殖動物吃的作物同樣來自貧瘠的土壤；在封閉的空間養殖動物助長了寄生蟲和疾病傳播。除此之外，定居在同一個地方對人類也不是好事，因為受汙染的食物、供水系統和公共廢棄物處理系統（或是缺少廢棄物處理系統）都會散播病菌。

另外，擁有土地和資源，意味著人類必須抵禦外來者侵犯，因此必須興建圍牆、組建軍隊、建立政治制度、開始繳稅為這些事提供經費，還得忍受剛搬到對街的鄰居——也就是伊比鳩魯警告過的各種不適。

農夫也比游牧的狩獵採集者辛苦，而且大致上比較沒有閒暇時間，因為把整地、播種、灌溉、採收等因素都納入考量後，農耕提供的熱量只有採集的三分之一。〔7〕請想一想，教孩子採集堅果跟漿果比較容易，還是教孩子耕種比較容易？你們全家人（包括幼兒、孕婦跟老人）都在耕種食物，和全家人都在採集食物，哪一種生活會讓你吃得比較好——而且過得比較好？

一九六〇年代，植物學家傑克・羅尼・哈蘭（Jack Rodney Harlan）問了自己這個問題[8]，並決定親自找出答案。他帶著一把原始的石鐮刀，跑到土耳其採集野生小麥。結果他「每小時就能採集到相當於兩磅多的去殼野生一粒小麥（einkorn）」，也就是說，「一個家庭僅需花費大約三週，就能採集到一整年也吃不完的穀物」。[9]反過來想，農耕三週只會使你長出水泡。

從許多角度看來，農業相當失敗。

「狩獵不再是大眾消遣，」英國歷史學家菲立普・費南德茲—阿梅斯托（Felipe Fernández-Armesto）寫道，「而是成了菁英的特權，掌權的人才能享受多元飲食。隨之而來的是各種文明進步——犧牲大眾以滿足菁英的卓越成就——對多數人來說，這些進步意味著生活更加勞苦，並承受更加嚴苛的統治。女人被鐐銬鎖在這條食物鏈上。耕地的農夫變成一個種姓階級，他們再怎麼勇敢無畏也無法擺脫階級，除非是在戰爭時期」。[10]

看來，那些不文明的狩獵採集者其實也沒那麼不文明。

分析他們為什麼開始農耕的理論很多，但普遍的共識是：人類祖先從未刻意決定「定下來」和「不再朝三暮四」，而是盡可能維持原本的生活方式，卻漸漸屈服於他們無法控制的力量。舉例來說，最早的農耕行為出現在上一個冰河期末尾可能不是巧合〔11〕，隨著氣溫上升、冰川融化，原本不適合居住（也不適合耕種）的地方露出大片土地，動物忽然有了更多空間能夠跑來跑去、躲避獵人，捕捉動物來吃變得更加困難。歷史學家希格曼說：「人類不得不改變，他們覺得維持原狀會餓死，只能希望改變能帶來更好的生活。這是迫於無奈，而非追求進步。」〔12〕

與此同時，農耕肯定也讓土地變得更蔥鬱、更富饒，進而提高採集食物的成果，人類可能因此開始大量收集種子與根莖，然後儲放在地洞裡。〔13〕食物在這裡能維持較低的溫度，而且多數動物無法靠近。

久而久之，有些儲糧受潮並開始發芽，於是人類突然變成農夫。

好吧，也許沒這麼突然，但至少他們有理由不要跑去太遠的地方，也會經常回來。必然有些受潮的儲糧（例如小麥和大麥）讓人類發現了發酵作用跟啤酒〔14〕，這大概也是助力——說不定還是更大的定居誘因。

經過環環相扣的發展，人類有了更多閒暇，早上沒有非去不可的地方，還有酒精相伴。他們挖了地洞存放食物[15]，甚至可能用地洞來埋葬屍體和做為房屋的地基。他們開始生育更多孩子，所以需要更多作物來養孩子，也需要更多孩子來耕種作物。不知不覺中，他們在同一個地方讓作物落地生根，也讓自己落地生根，沒辦法像以前一樣隨時打包走人。這過程跟學會用火差不多。

最能代表人類與植物脣齒相依的東西就是玉米。類似的馴化幾乎同一時期在世界各地發生，人類文明紛紛耕種後來成為當地主食的原生禾草，例如亞洲的稻米[16]、歐洲的小麥，以及北美洲一種叫做大芻草（teosinte）的玉米遠祖（與原生稻米和小麥不同的是，大芻草和現代玉米的相似度近乎於零[17]，也幾乎無法食用）。

我們甚至不確定第一次吃大芻草的人類到底是怎麼吃的。首先，一穗只有五到十二顆穀粒，現代玉米一穗就有五百到一千兩百顆玉米粒[18]；其次，每顆穀粒的重量只有現代玉米粒的十分之一。[19]所以大芻草的大小應該跟香菸差不多，可能比香菸更短。

大芻草沒有穗軸[20]，所以沒辦法像玉米筍那樣一次整根吃下。[21][22]你只能吃分散的迷你穀粒，而且這些穀粒包裹在幾乎無法破開的外殼裡。請想像五、六顆米粒包在玉米殼裡，再用熱溶膠黏在一片草葉上，大芻草差不多就是這副模樣——味道很可能也相去不遠。第一個拿大芻草來吃的農夫大概會怎麼做，我們只能盡量猜測[23]：像爆米花一樣加熱爆開大芻草；用牙齒咬碎穀粒後吸一吸；做成發酵飲料；或是先用石頭磨一磨，接著泡水剝掉外殼，再將穀粒磨成粉，做成麵團，擀成原始的墨西哥玉米餅。

總之出於某種原因，人類祖先認為這種不起眼的禾草大有可為，所以持續栽種，而且只挑選特質最討喜的種子來種[24]，比如說高度、周長、軟硬程度、抗病性，直到種出瘦瘦高高、品質穩定、他們能夠賴以為生的穀物。很像高中生挑選約會對象。

這和第一章提到將野狼馴化成狗，其實是一樣的過程。法國鬥牛犬特別適合用來當例子[25]，因為牠們是系統化繁殖（以及近親繁殖）的結果，留下來的是人類偏好的特質，而不是天生對牠們有利或順應自然的特質。皺皺的臉皮容易感染黴菌，短鼻子會阻礙呼吸，也容易導致睡眠呼吸中止症。但是很可愛，對吧？這使得法國鬥牛犬無法在野外生存，甚至必須動手術才能活下去。超過八十%的法國鬥牛犬必須剖腹生產[26]，因為牠們的頭大得不成比例——矛盾的是，這顆大頭對牠們的腦來說其實不夠大，會造成流口水與行動障礙等神經問題，更不用說心臟病、生殖問題、皮膚病、潰瘍、肺炎和中風，這些都是法國鬥牛犬的常見疾病。[27]

我們干擾玉米的手法大同小異。還記得大芻草堅硬的外殼嗎（後來被我們逐漸改造成柔軟易剝的玉米殼）？原來大芻草的外殼那麼硬是有原因的：它能保護穀粒承受風吹雨打和動物的消化系統，盡量維持穀粒完好以利繁殖，達成它們身為種子的生態目的。

穀粒少和沒有穗軸[28]同樣有利於繁殖。大芻草的穀粒成熟後，會自動脫落掉在地上[29]，在堅硬外殼的保護下，穀粒落地後會自己發芽生長。反觀沒有受到保護的玉米粒則附著在穗軸上，野生玉米就算沒有爛掉或被吃掉，依然無法繁殖，因為每根穗軸上有多達五百到一千兩百顆玉米粒，發芽的玉米粒互相爭搶養分，最後一起餓死。此外，大芻草叢原本長得寬寬胖胖，自然而然與彼此保持距離，但人類把玉米莖變得又瘦又高，緊挨在一起生長，玉米穗就算落地也會變成疊羅漢，無異於集體自殺。這使得玉米成為地球上唯一無法自行播種的禾草。

即使在播種後，玉米仍須仰賴人類。幾百年前，玉米對人類沒有現在這麼依賴。易洛魁原住民（Iroquois）將玉米、豆科植物和南瓜種在一起[30]，這種耕種方式叫做間作。玉米會吸光土壤裡的氮，可是高高的玉米莖可供豆子攀爬，豆子的根瘤可為固氮的根瘤菌（rhizobia）提供住處，根瘤菌把空氣裡無法使用的氮，轉化成可生物利用的氨送進土壤。[31]最後，匍匐地面的南瓜可抑制雜草生長，同時提供防止土壤水分蒸發的重要遮蔭。[32]沒有人知道，易洛魁人是怎麼想出這個好主意的。與此同時，「文明的」殖民者正因為挨餓而忙著用平底鍋撈魚，還煮自己的狗來吃。[33]

但那些都是過往雲煙了。現在北美洲的玉米種植面積，高達三十五萬平方英里[34]（約九千萬公頃），為了滿足這樣的種植規模，我們必須放棄自然的共生週期，以冰冷的機械效率取而代之。將玉米跟互利共生的豆子和南瓜種在一起，等待大自然每季自己恢復養分，這種作法已不復存在。現在我們必須把人工化肥注入土壤[35]，例如無水氨和磷，這兩種物質都被美國國土安全部列為「關注化學品」（chemicals of interest）[36]，因為都有可能用於恐怖攻擊（無水氨也是製造甲基安非他命的關鍵成分[37]，所以經常成為盜竊目標）。這樣的環境是雜草和昆蟲的樂園，所以我們必須噴灑人工殺蟲劑和除草劑。問題是雜草和昆蟲對這些毒藥不斷產生抗藥性，所以我們必須持續開發新配方，並且想出可行的替代方案，例如散播實驗室研發出來的性病讓寄生蟲喪失生殖能力[38]，或是把不孕的雄性昆蟲灑在農田裡[39]，因為這招在《侏儸紀公園》（*Jurassic Park*）裡看起來很有效。

再想想該怎麼處理燃料與灌溉。美國的玉米田超過九千三百萬英畝[40]，分布在德州、加州與科羅拉多州等地[41]，都不是水量豐沛的地方。因此玉米田除了肥料使用量居全美作物之冠[42]，每年用量約一百九十億磅[43]（約八十五．五萬公噸），每英畝用水量更高達四十萬加侖[44]，外加每英畝一百四十加侖的燃料用於運輸、加工和設備。[45]別忘了，這還只是美國而已，面積將近一億英畝——而且仍在擴大。這些肥料也會汙染地下水[46]，所以我們還得花費數十億美元，抽出我們放進土壤裡的化學物質。

可怕的是這一切已經無法踩煞車，因為玉米依賴人類，人類也同樣依賴玉米——幾乎可以說，少了玉米，人類自己也無法繁衍。

當然，大多數開發國家或許可以發誓，再也不吃整穗玉米、罐頭玉米，甚至玉米片和墨西哥玉米餅等食物[47]，但是我們吃的每一樣東西幾乎都離不開玉米。我們也必須發誓再也不吃肉類、魚肉跟雞肉才行，因為玉米產量有超過三分之一用來生產飼料[48]，這表示我們連奶蛋製品也不能吃。

由於我們廣泛使用高果糖玉米糖漿等玉米製甜味劑（一九九九年，高果糖玉米糖漿用量達到高峰，每人每年四十九．一磅[49]（約二十二．二公斤）；二〇一九年下降至每人每年三十一磅，依然高得可怕），我們也必須捨棄軟性飲料、糖果、調味料、麵包、早餐穀片（和棉花糖）、口香糖、零食、嬰兒食品，或至少開始購買品質更好的品牌。此外，玉米澱粉和玉米粉[50]也大量使用於烘焙預拌粉、即食食品、油炸食品（麵包粉與麵糊)、冷凍食品與某些平底鍋塗層。

少了玉米，墨西哥食物全部不能吃，許多無麩質食品也是，因為它們得用玉米模仿麩質的黏彈性[51]；很多啤酒、威士忌、琴酒與伏特加的製程中[52]，都會用到各種發酵玉米產品。更別提中國菜會用玉米澱粉勾芡，非發酵醬油的材料則是水解植物蛋白、玉米糖漿和焦糖色素。[53]

喔喔，還要注意任何含有發粉、焦糖、纖維素、檸檬酸、糊精、葡萄糖、肌醇、麥芽、麥芽糊精、味精（MSG）、粗粒小麥粉、異抗壞血酸鈉、山梨醣醇、澱粉、香草精、黃原膠與木醣醇的東西。[54]這些東西不一定含有玉米，但是不無可能。這幾樣東西只是冰山一角，如果你對玉米過敏，切勿把這張清單當成醫療參考。如果你真的對玉米過敏，我只能說你很不幸，法律要求食品製造商揭露潛在過敏原[55]，例如奶、蛋、魚、貝類、堅果、花生、小麥與黃豆，玉米不在此列。就算真的包括玉米──我們將在第十章討論這件事。（想知道食品標示為什麼是一場無意義的騙局，請翻到第二八三頁）。

美國人平均每天攝取含有玉米或玉米製品的食物約三磅[56]（約一．三六公斤），通常是在不知情的情況下。例如蘋果皮上有一層食品級的蠟[57]，可讓蘋果看起來更漂亮，並防止蘋果流失水分，這種蠟含有玉米。起司漢堡的牛肉跟起司，極有可能來自吃玉米飼料的牛；麵包含有玉米粉；番茄醬和醃黃瓜裡有玉米糖漿；番茄裡有以玉米為原料的乙烯（用來催熟）〔58〕；鹽含有玉米葡萄糖（做為安定劑）〔59〕；如果牛肉是冷凍肉，外面會塗上一層玉米澱粉預防凍燒。〔60〕當然還有許許多多以玉米為原料的黏合劑、乳化劑、色素、香料、甜味劑、防腐劑、抗凝劑和脫毛劑。〔61〕（你或許還記得二〇一一年的一則頭條新聞，連鎖餐廳塔可貝爾〔Taco Bell〕承認，他們的牛肉裡只有八十八%是牛肉，剩下的十二%是玉米的副產品，例如麥芽糊精與玉米變性澱粉。）〔62〕

即使含有這些成分的產品都標示為「草飼」，也不代表做為原料的動物沒有吃玉米飼料。二〇一八年，消費者對凱瑞高德奶油（Kerrygold butter）的製造商提告〔63〕，原因是他們宣稱奶油是以「草飼牛」的牛乳製作，實際上飼料裡也有玉米、黃豆和其他食物。加州聯邦地區法院將此案駁回，裁定消費者期待乳牛只吃青草並不合理。

其實人類食用的玉米僅占產量的十%〔64〕，玉米也是一種工業原料〔65〕，基本上無所不在：黏著劑、抗生素、阿斯匹林、輕鋼架天花板、粉筆、軟木、化妝品、蠟筆、消毒劑、乾電池、發動機燃料、煙火、墨汁、塑膠、橡膠輪胎、肥皂、壁紙、壁紙膠。這本書使用的紙張與裝訂膠很可能也含有玉米。〔66〕

如果你點了起司漢堡外帶，包裝袋大概也含有玉米，發票的紙跟墨汁也是。如果你把漢堡帶回家、放在烤架上，你用的木炭跟火柴裡也含有玉米。

我們甚至還沒說到乙醇呢，這是一種以玉米為原料的生質燃料，用量多達幾十億蒲式耳[67]，約占美國玉米產量的三分之一。[68]二〇〇七年的《能源自主與安全法》規定，美國的運輸燃料必須混入特定數量的生質燃料，逐步從二〇〇八年的九十億加侖，增加到二〇二二年的三百六十億加侖，目的是減少美國對進口石油的依賴。[69]這些生質燃料約有九十四%是乙醇[70]，而這些乙醇約有九十八%來自玉米[71]，因此你去加油站購買的汽車燃料裡，約有十%是玉米製品。[72]

全部加起來，就成了我們無法擺脫的數兆美元投資：由農夫、牧場業者、出口商、煉油廠、食品和飲料製造商，以及肥料產業的勞工組成的全球經濟體；從食物實驗室到家具製造廠，每年使用的玉米原料多達十一億公噸[73]；玉米是兩億三千萬人和大約兩百億隻養殖動物[74]的主要食物來源[75]（不包括擅自偷吃玉米作物的無數昆蟲、蠕蟲和囓齒動物）。

即使我們可以在無須擔心外貿依存度、就業和物流等因素的前提下設法擺脫玉米，政策制定者也一定會百般阻撓，因為過去二十年來，農業說客已花費超過二十五億美元[76]捍衛農民的利益（這些利益包括每年五十億美元的玉米補助款[77]）與農業副產品，而食品和飲料製造商、工業製造商、製藥公司、乙醇生產商等相關產業的遊說力度更是不在話下。

消費者也不會同意。一九八五年可口可樂改變配方，推出新版可口可樂（New Coke），憤怒不已的消費者公然將可口可樂倒進水溝[78]，還打了四萬多通抗議電話癱瘓可口可樂的總機。[79]粉絲威脅提出集體訴訟，還成立了各種互助團體，例如「保留原味組織」（Society for the Preservation of the Real Thing）[80]和「美國可樂老行家」（Old Cola Drinkers of America），後者據說每天會接到四千兩百通來自憤怒支持者的電話。[81]最後可口可樂讓步，短短七十九天就改回原本的配方[82]，這則新聞重要到電視台中斷影集《杏林春暖》（*General Hospital*）插播快報。[83]阿肯色州參議員大衛・普萊爾（David Pryor）說這是「深具歷史意義的決定……證明有些美國傳統永遠不會改變」。[84]（事實上這次推出新版之前，可口可樂公司早就偷偷改過配方，用玉米糖漿取代了蔗糖。）[85]

這是網路與社交媒體出現之前發生的事。

如果今天消費者熟悉的每種飲料跟零食瞬間從貨架上消失，大家會做何反應？或是突然間他們只能吃百分之百的牛肉，不能繼續吃八十八%的牛肉，會怎麼樣呢？

更值得深思的是，玉米根本不是理想的食物來源，因為它缺乏離胺酸與色胺酸[86]等人體無法製造的必需胺基酸。玉米含有一種無法生物利用的菸鹼酸，這種菸鹼酸人體也能製造[87]，但前提是要有色胺酸才行。

這也是易洛魁人把玉米跟豆子和南瓜種在一起的原因之一：人體需要九種必需胺基酸，玉米、豆子和南瓜都不是九種全包[88]，所以三者一起吃才能提供較適當的平衡，就像它們平衡土壤裡的養分一樣。易洛魁人還會用加了灰燼的水烹煮玉米，這種水是鹼性溶液，可藉由化學反應釋放玉米中與蛋白質相結合的菸鹼酸，讓玉米變得更好消化，這個過程稱為「鹼法烹製」（nixtamalize）[89]，源自阿茲特克語，前半部的nextli意指灰燼，後半部的tamalli意指玉米麵團，也是西班牙語tamale（墨西哥粽）的字源。[90]

同樣地，沒人知道易洛魁人怎麼知道該這麼做——不過鹼法烹製確實可讓玉米粒變得更容易磨碎[91]；讓果膠從細胞壁內釋放出來，更容易揉成有彈性的麵團製作玉米餅[92]；催化某些揮發性化合物，使玉米散發更適口的風味與香氣。[93]他們或許是為了上述目的才這麼做，平衡攝取胺基酸只是美好的意外。

無論出於何種意圖，易洛魁人在當時可謂獨步全球。他們處理玉米的方式，既能使玉米成為主食，又能維持飲食均衡。與此同時，吃玉米沒有使用鹼法烹製的其他世界文明（包括歐洲、非洲與南美洲的許多地區）[94]，就很悲慘了；菸鹼酸攝取不足使他們面臨致命的流行病，例如糙皮病（pellagra）。這個病名出現於一七七一年[95]，是義大利語的pelle（皮膚）加上agra（粗糙）組合而成。糙皮病除了足以致命，也會造成腹瀉、失智、失眠、攻擊行為、畏光以及過度角化症[96]，也就是皮膚變得像鱗片般粗糙脫皮。這些症狀流行了好幾百年才被發現跟玉米有關。由於當時的醫療知識非常落後，菸鹼酸攝取不足的症狀有可能造就了吸血鬼傳說，因為吸血鬼傳聞開始出現的時間與地點，都和糙皮病大致吻合——部分資料來源顯示，先後相差不到一年。[97]

傑佛瑞與威廉．翰波（Jeffery and William Hampl）在《皇家醫學會期刊》（*Journal of the Royal Society of Medicine*）發表的研究中說明，糙皮病的症狀與吸血鬼傳說極為相似：

吸血鬼必須避開陽光才能維持體力和防止腐爛，同樣地，糙皮病患者也對陽光極其敏感，而且皮膚炎患部的邊緣界線明顯。皮膚受到陽光照射後，一開始會變紅，並且因為過度角化而變厚，像鱗片一樣粗糙脫皮。接著是發炎和水腫，最終導致皮膚有些地方色素脫失、色淺有光澤，有些地方粗糙脫皮、呈現褐色。由於紅斑反覆發作，糙皮病患者的皮膚會變得很薄，質地類似羊皮紙。[98]

糙皮病的症狀還包括舌頭與嘴唇乾裂發紅，容易被誤認為流血；脖子長出紅疹或成串的皮膚病變（又稱為卡薩爾項鍊〔Casal's necklace〕[99]，紀念一七三五年於西班牙率先記錄這種症狀的蓋斯帕．卡薩爾醫生〔Gaspar Casal〕），這或許能用來解釋吸血鬼脖子上有明顯咬痕的傳言。此外，失智、失眠與攻擊行為，也許能解釋糙皮病的流行和十八世紀歐洲的夜間「吸血鬼」攻擊事件有關，尤其是在波蘭、俄羅斯與馬其頓（也就是外西凡尼亞鄰近地區）。[100]

這樣的假設並不誇張。去找糙皮病患者的照片來看一下，然後問問自己如果這些人晚上腳步蹣跚地闖進你家，你會不會想用木樁刺穿他們的心臟。

二〇一七年有研究發現，倉鼠缺乏菸鹼酸，與同類相食行為之間存在著關聯[101]，而且缺乏菸鹼酸的倉鼠也有舌頭發黑與失智跡象。[102]此事絕非巧合，這項研究專門追蹤歐洲倉鼠，牠們之所以處於極度瀕危狀態，主要是因為玉米的地區優勢，以及棲地缺少富含菸鹼酸的替代食物來源。換句話說，牠們步上十八世紀人類的後塵。

科學家花了大約兩百年，才揪出缺乏菸鹼酸是糙皮病的罪魁禍首。[103]一九三七年，美國化學家康拉德．艾維詹姆（Conrad Elvehjem）發現，補充菸鹼酸能治癒狗身上的糙皮病，後來也成功治癒了人類。時間往前推二十年，約瑟夫．戈德堡醫生（Joseph

Goldberger）一度非常接近謎底〔104〕，他抽絲剝繭發現問題出在飲食上，他讓有糙皮病的美國南方孤兒與囚犯吃新鮮食物（而不是玉米粥、糖蜜和肥豬肉），成功治癒他們的糙皮病。但是他沒有發現病因是玉米或菸鹼酸，結果遭到其他科學界人士嘲笑；當時科學界相信，糙皮病是藉由汙水系統〔105〕或飲用水散播的疾病，並且嘗試用砷與電擊來治療。〔106〕為了證明糙皮病不是傳染病，戈德堡不但給自己、妻子和幾個朋友注射糙皮病患者的血液〔107〕，還舉辦了「汙染派對」，讓賓客把患者的血液、皮屑、糞便、尿液與鼻腔分泌物吃進肚子裡〔108〕，無奈科學界還是不相信他。

人類受了這麼多苦，只因為一種對我們沒多大好處的植物。

其實玉米的歷史讀起來很像莎士比亞的《馴悍記》，一個男人同意娶一個因為太任性和獨立所以沒人敢娶的女人——然後讓她餓肚子、虐待她，直到她意志崩潰，變得乖順聽話。（當然有些人會說，是妻子後來明白懷柔才是上策，所以「假裝」順從丈夫。）只是我們很難說人類跟玉米哪個才是悍婦。我們真的馴化了玉米嗎？還是玉米馴化了我們？是我們馴服了這種野草，借助它的力量到全世界開枝散葉？還是正好相反呢？

《馴悍記》畢竟是一齣輕鬆喜劇，玉米的歷史應該更像《羅密歐與茱麗葉》，一對青少年情侶展開悲戀，因為他們都以為對方跟自己是天生一對，實際上對彼此一無所知[109]，最後還拖累一堆人因此喪命或陷入痛苦。

用一九五六年的黑白電影《天外魔花》（*Invasion of the Body Snatchers*）來比擬，說不定又更加貼切：外星豆莢悄悄入侵地球，占據人類的身體並且混入人群，目的是殖民地球、耗盡地球資源，等到人類發現時為時已晚，外星孢子無處不在——種子早已進入我們體內……

註釋

1 Arthur C. Parker, "Iroquois Uses of Maize and Other Food Plants," *New York State Museum Bulletin* 144, no. 482 (1910): 15.
2 Kenneth F. Kiple and Kriemhild Coneè Ornelas, eds., *The Cambridge World History of Food*, vol. 1 (Cambridge, UK: Cambridge University Press, 2000), 100.
3 Martin Elkort, *The Secret Life of Food: A Feast of Food and Drink History, Folklore, and Fact* (Los Angeles: Tarcher, 1991), 11.
4 Ken Albala, *Food: A Cultural Culinary History*, transcript book, The Great Courses, 2013, 20.
5 "Animals Used for Food," PETA, www.peta.org /issues/animals-used-for-food.
6 Albala, *Food*, 19.
7 同前註，20。
8 Theodore Hymowitz, "Dedication: Jack R. Harlan Crop Evolutionist, Scholar," in *Plant Breeding Reviews*, vol. 8, edited by Jules Janick (Portland, OR: Timber Press, 1990), 1–6.

9 同前註。
10 Felipe Fernández-Armesto, *Food: A History* (New York: Macmillan, 2001), 93.
11 Albala, *Food*, 33–34.
12 B. W. Higman, *How Food Made History* (West Sussex, UK: Wiley-Blackwell, 2012), 9.
13 Kristen J. Gremillion, *Ancestral Appetites: Food in Prehistory* (Cambridge, UK: Cambridge University Press, 2011), 45.
14 Tom Standage, *A History of the World in Six Glasses* (New York: Bloomsbury, 2006), 14–15.
15 Gremillion, *Ancestral Appetites*, 45.
16 Gregory McNamee, *Movable Feasts: The History, Science, and Lore of Food* (New York: Praeger, 2007), 66.
17 Sherry A. Flint-Garcia, "Kernel Evolution: From Teosinte to Maize," in *Maize Kernel Development*, edited by Brian A. Larkins (Oxfordshire, UK: CABI, 2017), 1–15.
18 Sergio O. Serna-Saldivar, ed., *Corn: Chemistry and Technology*, 3rd ed. (Duxford, UK: Elsevier, 2018), 150.
19 Flint-Garcia, "Kernel Evolution."
20 同前註。
21 玉米筍（baby corn）名實相符，就是提早採收的玉米；事實上玉米筍是授粉之前的玉米，所以稱之為「未受精的玉米子房」或許更加正確，只是比較倒人胃口。
22 "The Selective Science of Baby Corn," All Things Considered, NPR, April 8, 2006, www.npr.org/templates/story/story.php?storyId=5332519.
23 Flint-Garcia, "Kernel Evolution."
24 Kiple and Ornelas, *The Cambridge World History of Food*, 101.
25 Kat Eschner, "The Evolution of Petface," *Smithsonian*, January 31, 2018, www.smithsonianmag.com/science-nature/evolution-petface-180967987.
26 Katy M. Evans and Vicki J. Adams, "Proportion of Litters of Purebred Dogs Born by Caesarean Section," *Journal of Small Animal Practice* 51, no. 2 (2010): 113–18.

27 人類干預自然選擇的著名例子還包括：黑白斑點的飛蛾為了融入工業化的煤煙，漸漸變得以黑色為主；現代貓頭鷹為了適應氣候變遷與降雪減少，從白色漸漸變成棕色；城市的鳥類翼展變短，方便閃避路上的車輛（在這之前牠們已適應在明明有樹可築巢的情況下，選擇在橋梁和公路底下築巢）；大西洋鱈魚因為漁業捕撈體型變小，繁殖的時間也提早了；玉米成為地區優勢作物和異常巨大的玉米粒，使老鼠的頷骨變得愈來愈大。（William Feeney, "Natural Selection in Black and White: How Industrial Pollution Changed Moths," *The Conversation*, July 15, 2015; Helen Thompson, "Ten Species That Are Evolving Due to the Changing Climate," *Smithsonian*, October 24, 2014; Beth Marie Mole, "Swallows May be Evolving to Dodge Traffic," *Nature*, March 18, 2013; Cornelia Dean, "Research Ties Human Acts to Harmful Rates of Species Evolution," *New York Times*, January 12, 2009; John W. Doudna and Brent J. Danielson, "Rapid Morphological Change in the Masticatory Structures of an Important Ecosystem Service Provider," *PLOS ONE*, June 10, 2015.）

28 Flint-Garcia, "Kernel Evolution."

29 Andrew F. Smith, ed., *The Oxford Encyclopedia of Food and Drink in America*, vol. 1 (New York: Oxford University Press, 2004), 341–44.

30 Marcia Eames-Sheavly, *The Three Sisters: Exploring an Iroquois Garden* (Ithaca, NY: Cornell University Press, 1993), 3.

31 Robert Flynn and John Idowu, "Nitrogen Fixation by Legumes," Guide A-129, College of Agricultural, Consumer and Environmental Sciences, New Mexico State University, https://aces.nmsu.edu/pubs/_a/A129.

32 Bill Price, *Fifty Foods That Changed the Course of History* (New York: Firefly, 2014), 51.

33 James Trager, *The Food Chronology: A Food Lover' s Compendium of Events and Anecdotes, from Prehistory to the Present* (New York: Henry Holt, 1995), 113.

34 Smith, *The Oxford Encyclopedia of Food and Drink in America*, 341–44.

35 Margaret Visser, *Much Depends on Dinner: The Extraordinary History and Mythology, Allure and Obsessions, Perils and Taboos of an Ordinary Meal* (New York: Grove Press, 1986), 28.

36 "Appendix A: Chemicals of Interest (COI) List," The Chemical Facility Anti-Terrorism Standards (CFATS) Chemicals of

Interest List, Cybersecurity and Infrastructure Security Agency, 2019.

37 "Anhydrous Ammonia Thefts and Releases Associated with Illicit Methamphetamine Production—16 States, January 2000–June 2004," *Morbidity and Mortality Weekly Report* 54, no. 14 (2005), 359–61.

38 Katie Pratt, "UK Researchers One Step Closer to Corn Earworm Control," University of Kentucky College of Agriculture, Food and Environment, March 26, 2016, https://news.ca.uky.edu/article/uk-researchers-one-step-closer-corn-earworm-control.

39 Serna-Saldivar, *Corn*, 12.

40 Brooke Barton and Sarah Elizabeth Clark, "Water & Climate Risks Facing U.S. Corn Production: How Companies & Investors Can Cultivate Sustainability," *Ceres*, 2014, 15.

41 同前註，8。

42 同前註，45。

43 同前註，9。

44 同前註，34。

45 "Ethanol Fuel from Corn Faulted as 'Unsustainable Subsidized Food Burning' in Analysis by Cornell Scientist," *Cornell Chronicle*, August 6, 2001, https://news.cornell.edu/stories/2001/08/ethanol-corn-faulted-energy-waster-scientist-says.

46 Barton and Clark, "Water & Climate Risks Facing U.S. Corn Production," 44.

47 許多開發中國家，例如撒哈拉以南的非洲，南亞和南美洲等，做不到這件事，因為玉米仍是主要的熱量來源。（Serna-Saldivar, *Corn*, 436.）

48 同前註，19。

49 "Corn Sweeteners: Per Capita Availability Adjusted for Loss." "Loss-Adjusted Food Availability: Sugar and Sweeteners (Added)," US Department of Agriculture, January 5, 2021, https://www.ers.usda.gov/data-products/food-availability-per-capita-data-system.

50 "A Tale of Two Corns," National Corn Growers Association, January 2018.

51 Serna-Saldivar, *Corn*, 447.
52 同前註，461。
53 "Commercial Item Description, Soy Sauce," U.S. Department of Agriculture, April 28, 2006.
54 "Corn Allergy," American College of Allergy, Asthma and Immunology, March 8, 2019.
55 Food Allergen Labeling and Consumer Protection Act of 2004, Pub. L. 108–282, Title II, 20 August 20, 2004, US Food and Drug Administration, www.fda.gov/food/food-allergens-and-gluten-free-guidance-documents-and-regulatory-information/food-allergen-labeling-and-consumer-protection-act-2004-falcpa.
56 Visser, *Much Depends on Dinner*, 24.
57 Sarah Zhang, "What Life Is Like When Corn Is off the Table," *The Atlantic*, January 18, 2019, www.theatlantic .com/science/archive/2019/01/what-its-like-be-allergic-corn/ 580594.
58 同前註。
59 同前註。
60 Martin Elkort, *The Secret Life of Food: A Feast of Food and Drink History, Folklore, and Fact* (Los Angeles: Tarcher, 1991), 146.
61 Title 9, Animals and Animal Products, Chapter III, Food Safety and Inspection Service, Department of Agriculture, Subchapter E, Regulatory Requirements Under the Federal Meat Inspection Act and the Poultry Products Inspection Act, Part 424, Preparation and Processing Operations, Subpart C, Food Ingredients and Sources of Radiation.
62 Eliza Barclay, "With Lawsuit Over, Taco Bell's Mystery Meat Is a Mystery No Longer," National Public Radio, April 19,2011, www.npr.org/sections/health-shots/2011/04/22/135539926/with-lawsuit-over-taco-bells-mystery-meat-is-a-mystery-no-longer.
63 Michael Duvall and Bety Javidzad, " 'Grass-Fed' Case Dismissed: Reasonable Consumers Would Not Expect Cows to Be Fed 'Only' Grass," JDSUPRA, April 2, 2019, www.jdsupra.com/legalnews/grass-fed-case-dismissed-reasonable-76511.
64 Elkort, *The Secret Life of Food*, 147.
65 "A Tale of Two Corns."

66 Visser, *Much Depends on Dinner*, 23–24.
67 Barton and Clark, "Water & Climate Risks Facing U.S. Corn Production," 19.
68 同前註。
69 Energy Independence and Security Act of 2007, Alternative Fuels Data Center, US Department of Energy, December 19, 2007, https://afdc.energy.gov/laws/eisa.
70 "U.S. Bioenergy Statistics," US Department of Agriculture Economic Research Service, www.ers.usda.gov/data-products/us-bioenergy-statistics/us-bioenergy-statistics.
71 "Monthly Grain Use for Ethanol Production," Renewable Fuels Association, https://ethanolrfa.org/statistics/feedstock-use-co-product-output.
72 "How Much Ethanol Is in Gasoline, and How Does It Affect Fuel Economy?," US Energy Information Administration, May 14, 2019.
73 "World Agricultural Production (Table 04: Corn Area, Yield, and Production)," US Department of Agriculture, February 2019, 18.
74 "Global Livestock Counts: Counting Chickens," The Economist, July 27, 2011, www.economist.com/graphic-detail/2011/07/27/counting-chickens.
75 Serna-Saldivar, *Corn*, 436.
76 "Ranked Sectors: Agribusiness," Open Secrets, www.opensecrets.org/federal-lobbying/ranked-sectors.
77 "Corn Subsidies in the United States," Environmental Working Group Farm Subsidy Database, https://farm.ewg.org.
78 "New Coke," *Encyclopaedia Britannica*, www.britannica.com/topic/New-Coke.
79 David Treadwell, "New Formula Woes: Coke Furor May Be 'the Real Thing,' " *Los Angeles Times*, June 27, 1985.
80 "The Story of One of the Most Memorable Marketing Blunders Ever," Coca-Cola Company, www.coca-colacompany.com/news/the-story-of-one-of-the-most-memorable-marketing-blunders-ever.
81 Russel Sackett, "Thirsting for Days When the Fizz Was Familiar, Gay Mullins Crusades to Can the New Coke," *People*, June

24, 1985, https://people.com/archive/thirsting-for- days- when- the- fizz -was- familiar- gay- mullins- crusades- to- can-the- new- coke- vol- 23-no-25.
82 James B. Cobb, "What We Can Learn from Coca-Cola's Biggest Blunder," *Los Angeles Times*, July 10, 2015, https:// time.com/3950205/new-coke- history- america.
83 "Was the 'New Coke' Fiasco Just a Clever Marketing Ploy?," Snopes, May 2, 1999, www.snopes.com/fact-check /new-coke-fiasco.
84 Jube Shiver, Jr., " 'Classic' to Be Sold Along with Widely Resisted New Formula: Coca-Cola to Bring Back 'the Real Thing,' " *Los Angeles Times*, July 11, 1985.
85 Pamela G. Hollie, "Advertising; Coke Held Not to Be Real Thing," *New York Times*, August 15, 1985, www.nytimes.com/1985/08/15/business/advertising-coke-held-not-to-be-real-thing.html.
86 Albala, *Food*, 293–94.
87 Tsutomu Fukuwatari and Katsumi Shibata, "Nutritional Aspect of Tryptophan Metabolism," *International Journal of Tryptophan Research* 6 (suppl. 1) (2013): 3–8.
88 Jane Mt. Pleasant, "Food Yields and Nutrient Analyses of the Three Sisters: A Haudenosaunee Cropping System," *Ethnobiology Letters* 7, no. 1 (2016): 87–98.
89 Simon Quellen Field, *Culinary Reactions: The Everyday Chemistry of Cooking* (Chicago: Chicago Review Press, 2012), 192.
90 Cynthia Clampitt, *Midwest Maize: How Corn Shaped the U.S. Heartland* (Champaign: University of Illinois Press, 2015), 7.
91 Smith, *The Oxford Encyclopedia of Food and Drink in America*, vol. 1, 341–44.
92 Paul Adams, "Transforming Corn," *Cook' s Illustrated*, August 14, 2016, www.cooksillustrated.com/science/789-articles/feature/transforming-corn.
93 同前註。
94 Kiple and Ornelas, *The Cambridge World History of Food*, vol. 1, 108.
95 Trager, *The Food Chronology*, 160.

96 R.P.P.W.M. Maas and P.J.G.M. Voets, "The Vampire in Medical Perspective: Myth or Malady?," *QJM: An International Journal of Medicine* 107, no. 11 (2014): 945–46.

97 Jeffrey S. Hampl and William S. Hampl III, "Pellagra and the Origin of a Myth: Evidence from European Literature and Folklore," *Journal of the Royal Society of Medicine* 90, no. 11 (1997): 636–39.

98 同前註。

99 D. Segula et al., "Case Report—A Forgotten Dermatological Disease," *Malawi Medical Journal* 24, no. 1 (2012): 19–20.

100 Katharina M. Wilson, "The History of the Word 'Vampire,'" *Journal of the History of Ideas* 46, no. 4 (1985): 577–83.

101 Mathilde L. Tissier et al., "Diets Derived from Maize Monoculture Cause Maternal Infanticides in the Endangered European Hamster Due to a Vitamin B3 Deficiency," *Proceedings of the Royal Society B: Biological Sciences* 284, no. 1847 (2017): 20162168.

102 Jason Daley, "Diet Deficiency Can Lead to Cannibal Hamsters," *Smithsonian*, February 2, 2017, www.smithsonianmag.com/smart-news/corn-diet-turns-french-hamsters-cannibals-180961987.

103 Brian A. Larkins, ed., *Maize Kernel Development* (Oxfordshire: CABI, 2017), viii.

104 Daniel Akst, "The Forgotten Plague," *American Heritage* 51, no. 8 (2000), www.americanheritage.com/forgotten-plague.

105 Giulio Alessandrini and Alberto Sala, *Pellagra*, translated by E. M. Perdue (Kansas City: Burton, 1916), 318.

106 Akst, "The Forgotten Plague."

107 同前註。

108 如果你覺得這一看就是漫畫裡的故事，你沒想錯。一九四三年七月的《真實人生漫畫》（*Real Life Comics*）收錄了這個故事：「與此同時——緩慢的死亡悄悄在美國南方蔓延！」（*Real Life Comics*, Nedor Publishing Company, no. 12, July 1943.）

109 譯註：作者在這裡玩了一個文字遊戲：「…they don't know each other from Adam (or, in Romeo's case, from Rosaline, the other girl he falls madly in "love" with right before Juliet)…」。don't know somebody from Adam 意指與對方「素未謀面」、「素不相識」，作者刻意用「亞當」這個名字帶出羅密歐以前單戀的對象羅莎琳（Rosaline）。

5

不能說的祕「蜜」
Honey Laundering

我們選擇用蜜與蠟填滿蜂巢，而不是泥和毒；藉此我們給予人類世上兩種最了不起的東西：甜美與光明。〔1〕

——強納森．史威夫特（Jonathan Swift），愛爾蘭作家

把自己變成蜂蜜，就會被蒼蠅吞噬。〔2〕

——塞凡提斯（Miguel de Cervantes Saavedra），西班牙作家

「想吃水果的人必須爬到樹上去摘」：
但想吃的若是蜂蜜，就得先把樹砍了。〔3〕

——羅伯特．卡爾頓（Robert Carlton），美國作家

蜂蜜雖甜美，但蜜蜂有尖刺。〔4〕

——班傑明．富蘭克林（Benjamin Franklin），美國開國元勛

幾千年來，人類不僅把蜂蜜當成甜味劑和重要的食物來源，也用蜂蜜來比喻純潔、愛、同情、甚至虔誠。我們告訴孩子，蜂蜜比醋更容易吸引蒼蠅；用「蜂蜜派」（honey pie）、「蜂蜜麵包」（honey bun）或「蜂蜜」（honey）來呼喚心愛的人；用「蜜月」來慶祝婚姻的結合。

古巴比倫和蘇美祭司用蜂蜜驅除惡靈〔5〕，他們將蜂蜜倒在廟宇的牆壁或地基上進行聖化〔6〕；早期基督徒用蜂蜜受洗〔7〕；中世紀的猶太人把蜂蜜塗在經文平板上讓孩子舔拭，要他們把學習（和經文）跟甜蜜聯想在一起〔8〕；希臘人、羅馬人和中國人把蜂蜜放在遺體旁邊，祝願亡者來世幸福無憂〔9〕；傳統印度教婚禮會把蜂蜜抹在新娘身上的……幾個孔洞上，確保婚姻甜甜蜜蜜。〔10〕

希特勒送蜂蜜給受傷的士兵，並且附上一張貼心小紙條〔11〕，上面寫著：「**Ein Gruss des Führers an seine Verwundeten**」（元首送給傷兵的問候）——其實那只是甜菜糖漿加上黃色食用色素的廉價假蜂蜜，頗符合元首的假意問候。古代德國父親弒子並不違法，但前提是孩子尚未嘗過蜂蜜的味道〔12〕——蜂蜜神奇地幫孩子逃過死劫。

可是，沒人談過蜂蜜的陰暗面：蜂蜜如何殺死嬰兒，如何引發幻覺，還有蜂蜜之所以永遠不會腐壞〔13〕，是因為它碰到的東西都會窒息而死。這意味著「蜂蜜」比較適合用來暱稱恐怖的、不應該跟孩子相處的前任情人。

查一下「蜜月」的字源，會發現這個詞不是為了慶祝夫妻從此幸福美滿而誕生，真正的原因恰恰相反。這裡的「月」並非暗喻魔法、童話裡的願望或性福一整晚，而是愛情像月亮一樣有陰晴圓缺，「才剛月圓，就要開始月缺」。〔14〕

Honie-moone〔15〕：意指一開始很恩愛，後來沒那麼恩愛，如同月亮一樣變化。

——約翰．明舒（John Minsheu），《語言指南》（*Guide into Tongues*），一六一七年

Hony-moon〔16〕：意指已婚的雙方原本很恩愛，後來感情逐漸消退：現在甜美如蜜，但會如同月亮一樣變化。

——湯瑪斯．布朗特（Thomas Blount），《詞集》（*Glossographia*），一六五六年

仔細檢視「蜂蜜比醋更容易吸引蒼蠅」這句諺語，你會發現事情沒那麼簡單。這種說法可追溯到十七世紀，源自義大利語的 **Il mele catta più mosche, che non fà l' aceto**（跟醋相比，蜂蜜吸引的蒼蠅更多）。〔17〕但實際操作可追溯到更久以前的埃及法老佩皮

二世（Pepy II，2278-2184 BC）[18]，據說他會在赤裸的奴隸全身塗滿蜂蜜，讓他們像人體捕蠅紙一樣站在他的周圍，這樣蒼蠅就會去騷擾奴隸，不會來煩他。

但是卓克索大學（Drexel University）的生物多樣性、地球與環境科學系（剛好簡稱BEES）的尚恩．歐唐納教授（Sean O'Donnell）表示，吸引蒼蠅的科學原理相當複雜。[19]成年蒼蠅的壽命不長，所以不需要攝取很多營養。從誕生的那一刻開始，蒼蠅就不停消耗能量、迅速衰老，因此牠們基本上只需要糖分為耗能的飛行提供熱量，而且是持續提供熱量。從這個角度來說，蜂蜜是更吸引蒼蠅的食物沒錯。

不過母蒼蠅肩負為下一代覓食、以及找地方產卵的責任，孑孓需要的營養與爸媽完全不同，牠們需要的是爛水果，因此母蒼蠅被構成醋的化學物質吸引不是為了自己，而是為了寶寶——公蒼蠅有時候也會被這些食物吸引，因為那裡是泡妞的好去處。但事情沒這麼單純，過度腐爛的水果可能含有太多細菌，對孑孓來說足以致命，所以蒼蠅會尋找此類化學物質含量有點多、又不會太多的食物，過猶不及都不行。[20]

也就是說，蜂蜜跟醋哪一個比較吸引蒼蠅，取決於蒼蠅的年齡、性別、性慾、交配狀態和醋的濃度，或許也跟季節[21]、蒼蠅的口渴和壓力程度[22]以及時間有關，只是這些原因並不值得探究。如果非常想要吸引蒼蠅又不知道這些資訊，最好的作法大概是將蜂蜜跟醋混合在一起[23]，產生加乘效應；也可以考慮多加一包Truvia代糖，裡面含有玉米製的低卡甜味劑赤蘚醇（erythritol）。[24]赤蘚醇不會吸引蒼蠅，但是會導致蒼蠅絕育和死亡。[25]

你也可以試試啤酒或精液，有證據顯示，這兩種東西吸引蒼蠅的效果更好。基於顯而易見的原因，相關研究並不多，不過有一系列可追溯到一九一三年的實驗發現，啤酒的表現超越爛香蕉、新鮮香蕉、糖、醋以及糖醋混合物。[26]刑事鑑識專家安娜莉莎．杜德爾（Annalisa Durdle）以蒼蠅對犯罪現場常見體液（例如血液、精液跟唾液）的食物偏好為主題做了實驗，她的研究時間與現在較為相近。她形容精液是「蒼蠅界的快克古柯鹼」。[27]（巧合的是，跟蜂蜜相比，啤酒與精液對人類的吸引力也比較強大，那句諺語真的得改一改了。）

歷史習慣說蜂蜜的好話不僅僅是因為很甜，更是因為蜂蜜單純不複雜。即使在古代，蜂蜜也不是唯一的甜味劑。美洲原住民稱蜜蜂為「白人的蒼蠅」[28]，在殖民者將蜜蜂引進北美洲前，原住民會用戰斧劈開楓樹取楓糖漿。[29]中東人滾煮葡萄乾、葡萄和長角豆，製作一種叫做dibs的糖漿。[30]羅馬人將葡萄滾煮成叫做sapa或defructum的濃縮糖漿[31]；他們也吃鉛糖，也就是醋酸鉛，外觀和味道都與冰糖相似，可是含有劇毒，吃鉛糖無異於吃牆上斑駁的含鉛油漆碎片。（其實sapa跟defructum也沒有比較安全，因為它們通常是用鉛鍋滾煮，含鉛量是現代瓶裝水法定上限的十七萬倍。）〔32〕〔33〕

蜂蜜出類拔萃之處在於它不但很甜，而且簡單方便、立即可食。不用過濾、去皮、滾煮、發酵，也不用殺生。仔細想想在有記載的人類歷史裡，吃東西是特別血腥的事，一定會造成傷害：宰殺動物，在死掉的動物身上覓食，從土裡拔出今天的晚餐食材，或是從牛羊的乳腺裡擠出乳汁（或許還會把乳汁倒進另一隻動物的乾燥胃袋裡，等待乳汁變質成乳酪）。甚至連麵包也含有磨製麵粉時混入的土壤、昆蟲與石頭碎片。所以吃東西是一件血淋淋、費力氣、仰賴自然條件的活動，當然你也需要使用工具清潔食材、生火、切除腐爛的部位。

這時候，你轉頭看見蜂蜜——這種閃耀金色光澤的糖漿神奇地出現在森林裡，而且裝在一排排可愛的六角形蜂蠟容器中。

飲食史學家碧．威爾森（Bee Wilson）寫道：「蜂蜜如此超凡、如此方便，與其他基本食材截然不同——跟一束小麥、一頭豬或一頭牛比起來，一塊蜂房吃起來容易許多，又能立即提供營養——此物只應天上有。」〔34〕

蜂蜜是在蜂巢裡製造出來的，過程很神祕，因此更加深了這種想法。我們說的可不是尼安德塔人或不識字的村夫，而是像亞里斯多德這樣的偉大思想家，他相信「蜂蜜來自天上，主要與星辰升起有關，在彩虹觸地時隨之落下。」[35]老普林尼（Pliny the Elder）描述得更具體，他堅信蜂蜜「主要是在星座升起時落下，尤其是天狼星閃閃發光時；絕對不會在威耳癸利埃星團（Vergiliae）升起之時，而是在黎明破曉時分」。[36]蜂蜜可能是「天空的汗水」、「星宿產生的唾液」，或「空氣自我淨化時滲出的汁液」。[37]

當時沒人真正知道蜂蜜從何而來，這為蜂蜜贏得猶太教的潔食地位（kosher），儘管蜂蜜來自不符合潔食定義的「有翅膀的物」。他們的邏輯是生產蜂蜜的是花，而不是蜜蜂，蜜蜂只是搬運和改造了花蜜[38]，並非生產蜂蜜。照這邏輯說來，乳牛只是把草搬運和改造成牛奶、乳酪跟漢堡。此外，自然狀態的蜂蜜裡通常會有蜜蜂的身體殘骸，這是不潔淨的昆蟲肉，蜂蜜本就不該納入潔食——但學者認為，理論上這些殘骸屬於蜜蜂的外骨骼[39]，所以嚴格說來是蜜蜂骨，不是蜜蜂肉。看得出他們真的非常希望蜂蜜是潔食。

總之，重點是蜂蜜複雜得驚人，而且沒有你想得那麼完美無瑕。它或許永遠不會壞掉，卻也絕對沒有大眾文化認為的那麼美好。在蜂蜜裹著糖衣的歷史裡，每一個愛與虔誠的涵義背面，都有一個死亡、痛苦或陰森恐怖的涵義。

例如古埃及人用蜂蜜治病療傷，也用蜂蜜浸泡屍首。超過半數的早期埃及藥物含有蜂蜜。[40]雖然關於蜂蜜與蜂蜜副產品（例如蜂花粉與蜂王漿）有益健康的說法，很多都誇大不實，但蜂蜜的藥用價值確實不僅是舒緩喉嚨痛而已。二〇〇七年，美國食品藥物管理局（FDA）核准使用醫療級蜂蜜治療糖尿病潰瘍與動脈性潰瘍、一級與二級燒燙傷，以及創傷和手術傷口[41]——有進一步的證據顯示，蜂蜜既能夠加速癒合，也能夠減少疼痛、發炎與疤痕形成。[42]二〇〇四年的一項研究甚至發現，蜂蜜治療生殖器皰疹與唇皰疹的速度比阿昔洛韋（Acyclovir，一種重要的抗病毒藥物）更快，止痛和結痂的效果也比較好。[43]另外也有研究指出，蜂蜜治療咳嗽的效果優於主流咳嗽藥[44]，還能殺死有抗生素抗藥性的細菌。[45]

以上這些效果，主要歸功於讓蜂蜜看似永遠不會腐壞的特性。例如蜂蜜天然的酸性[46]與吸濕性（會吸收周遭的水分），能像鹽一樣能創造出令細菌和微生物難以生存的環境，基本上就是把它們燒死和悶死。正因如此，果醬和果凍（或殖民時期的派）等高糖食物可以保存得比較久[47]，將食物鹽漬、風乾或浸泡鹵水也是同樣的原理。蜂蜜還含有一種叫做葡萄糖氧化酶的蜂酶[48]，它會自然產生少量的（雙氧水成分）過氧化氫，你媽媽很可能在廚房水槽下常備一罐雙氧水，用來消毒切傷與擦傷。

埃及人將蜂蜜入藥可說是劃時代的創舉。但另一方面，他們也相信啤酒、煮熟的母狗外陰部、雕像的灰塵、精液以及陰莖水[49]都具有藥用價值（其中陰莖水包括尿液和清洗陰莖的水；精液則主要做為醫療級調味料[50]，但緊急時刻也能用來拔除扎進皮膚裡的尖刺）。因此他們把蜂蜜當成藥物大概純屬偶然，如果我們把蜂蜜治療燒燙傷的智慧歸功於埃及人，別忘了他們也用碎糕餅和貓毛治療燒燙傷。[51][52]

埃及人還有一件事要扣分：他們餵嬰兒吃蜂蜜，卻沒發現這可能導致嬰兒肉毒桿菌中毒——雖然平心而論，人類直到一九七〇年代才知道這件事。[53]（肉毒桿菌孢子喜歡無氧環境[54]，蜂蜜使其他微生物窒息而死的特性，剛好適合肉毒桿菌孢子生長。健康的成年人吃了通常沒問題，嬰兒吃了卻有致命風險，肉毒桿菌孢子可能會感染嬰兒的消化道，所以未滿十二個月的嬰兒不應餵食蜂蜜。）

不過埃及人用蜂蜜防腐是正確作法，雖然他們誤以為防腐是魔法和超自然力量的功勞。考古學家在埃及墓穴裡發現三千年前的蜂蜜，依然可以食用，只是最好先檢查一下裡面有沒有頭髮。有個老故事流傳已久[55]：幾個盜墓者打開一罐古代蜂蜜後，直接用手吃了起來，吃到一半有人發現嘴裡有根頭髮，接下來頭髮愈吃愈多……他拿起手電筒一照，發現罐底有一顆防腐處理的孩童頭顱。沒人知道這個故事的真假，但是埃及人確實會用蜂蜜保存遺體〔56〕，所以不無可能。

用蜂蜜防腐不是埃及人的專利，巴比倫人、希臘人、甚至連英格蘭人都用蜂蜜做為防腐劑，青銅器時代墓葬遺址的骨頭上仍有微量蜂蜜〔57〕（以及「保存狀態驚人完好的」四千三百年前的漿果），十六世紀的英格蘭棺木也有蜂蜜滲出的痕跡。〔58〕

這些文化之中，有不少把蜂蜜同時當成愛與戰爭的工具。例如丘比特的箭既沾了蜂蜜，也沾了動物的膽汁〔59〕，象徵愛與苦形影不離。丘比特的母親維納斯說，他是個口蜜腹劍、不誠實的野蠻頑童〔60〕，因為他會在夜裡偷偷溜進別人家，將沾了蜂蜜的箭射向已婚夫妻，煽動他們出軌，破壞他們的婚姻。〔61〕畫家老盧卡斯．克拉納赫（Lucas Cranach the Elder）一五二〇年代以此為主題，創作了偉大的系列作品《維納斯與盜蜜賊丘比特》。〔62〕畫裡赤身裸體的丘比特偷蜂房時慘遭蜂螫，並附上題詞：「丘比特偷採蜂蜜／蜜蜂螫了盜蜜賊的手指／如同我們尋求短暫而危險的歡愉／夾雜著悲傷，也帶來痛苦。」〔63〕這段文字源自一首更古老的詩，作者是希臘詩人忒奧克里托斯〔64〕（Theocritus，c. 300-260 BC），描述丘比特偷蜂蜜慘遭蜂螫，跑去向母親訴苦，但母親說他罪有應得，因為幼小的他既為世人帶來美好，也為世人製造深刻的痛苦〔65〕——就像蜜蜂一樣。

更具體的例子是蜂蜜曾取代利箭，被用來製造傷害。昆蟲學家傑佛瑞．洛克伍德

（Jeffrey A. Lockwood）在著作《六腿士兵：昆蟲武器》（*Six-Legged Soldiers: Using Insects as Weapons of War*）中說，人類用蜂巢當砲彈可以追溯到石器時代。[66]穴居人用泥巴裹住蜂巢，扔進敵人的洞穴。[67]羅馬軍隊把蜂巢裝填到投石機裡。[68]中世紀的英格蘭人在圍城戰役時將蜂巢扔過城牆，甚至在自己的城牆內側為蜂巢打造固定空間方便取用，稱為「蜂龕」（bee bole）。[69]馬雅人不但會向敵人扔擲蜂巢手榴彈，還用空心葫蘆製造假人戰士，一旦遭擊中就會釋出成群蜜蜂。[70]在砲彈問世前，海上船隻開戰也會朝彼此的甲板投擲蜂巢。[71]洛克伍德說，英語的bombard（轟炸）源自希臘語的bombos[72]，意思正是「蜜蜂」。

古代波斯人與美洲原住民還會用蜂蜜來施虐，他們將蜂蜜塗在施虐對象的身上，再把這個人扔到船上或蟻丘上吸引會螫人的昆蟲；波斯人偶爾會給施虐對象強灌蜂蜜引發腹瀉，進而吸引蒼蠅在他們的肛門與潰爛的叮咬傷口上產卵。[73]

兩千年前，波斯人曾在羅馬人的入侵路徑上設置陷阱：美味誘人的大塊「瘋狂蜂房」[74]，吃了會引發嘔吐與幻覺，然後趁他們大吐特吐時痛下殺手。[75]（這些蜂蜜是在杜鵑花茂密的地方採集製作的，花蜜有毒，因此蜂蜜也有毒，還會引發幻覺。現在這種蜂蜜在黑市一磅要價約一百六十六美元[76]，除了迷幻效果，也是一種包山包海的天然療法，例如據稱可治療勃起功能障礙、癌症跟掉髮。）[77]

雖然《聖經》說的「奶與蜜之地」的「蜜」指的是棗蜜（將棗子搗碎製成的棗泥），「奶」則是山羊或綿羊奶〔78〕，但是真正的蜂蜜在許多宗教裡同樣占有一席之地：佛陀在悟道的路上吃過猴子送他的蜂房〔79〕；猶太人會在猶太新年期間吃蘋果沾蜂蜜，期待來年一切順利；北歐的奧丁神（Odin）喝的蜜酒以敵人的頭顱盛放並且由處女獻上〔80〕，而他的英靈戰士們則是直接從蜜乳山羊海德倫（Heidrun）的乳頭啜飲蜜酒。

除此之外，蜂農和基督教會可謂關係密切，因為蜂蠟是蠟燭的原料。飲食史學家碧．威爾森說：「無論基督教傳播到歐洲的哪個地方，蜂農與蠟燭製作都如影隨形。隨著教會儀式中愈來愈頻繁使用蠟燭，基督徒也對蜜蜂和蜜蜂的作品愈來愈崇敬，這有點循環論證的意思。蜜蜂是神聖的動物，因為牠製作神聖的蠟；蠟是神聖的，因此蜜蜂也是神聖的。」〔81〕蜂蜜在教會眼裡成了純潔與貞操的象徵〔82〕，因為蜂蜜很純粹、無添加（自然的狀態即可食用），而且蜜蜂還是一群勤勞的處女，所以蜂蜜用來象徵禁慾和社會秩序真是再適合不過——直到大家發現蜜蜂社會由一隻蜂后主宰〔83〕，牠有一整個雄蜂後宮任其交配，有時甚至一次與多隻雄蜂交配，交配結束後還會扯斷雄蜂的生殖器。〔84〕

基於「蜜蜂遭剝削」這個道德原因而不吃蜂蜜的純素食者，也陷入類似的邏輯悖論：如果蜂蜜不是純素，這世上沒有東西是純素。

「沒有蜜蜂，就沒有杏仁——當然也不會有酪梨、蘋果、櫻桃跟紫花苜蓿[85]，」《紐約時報》專欄作家史黛芬妮・斯楚姆（Stephanie Strom）寫道。她還指出，全球有將近四分之三的作物需要蜜蜂授粉[86]，相當於世界糧食的九十％。

加州的杏仁授粉每年須仰賴一百五十萬個蜂箱[87]；光靠當地的野生昆蟲，不足以為面積一百二十六萬英畝的杏仁樹授粉[88]，因此農民會租用放在拖車上的商業蜂箱，一次租好幾個月。[89]這種蜂箱放在拖車上運到全國各地，而蜜蜂吃的飼料當然是——玉米糖漿。

光是在北美洲，仰賴（野生與人工養殖的）蜜蜂授粉的植物就有將近一千八百種[90]：龍舌蘭、紫花苜蓿、杏桃、藍莓、甘藍、胡蘿蔔、芹菜、玉米、蔓越莓、黃瓜、葡萄、啤酒花、萵苣、萊姆、薄荷、芥末、秋葵、橄欖、洋蔥、柳橙、歐芹、歐防風、桃子、南瓜、蘿蔔、覆盆莓、迷迭香、鼠尾草、高粱、美洲南瓜、草莓、百里香、蕪菁、西瓜、絲蘭。

我們總是想像，蜜蜂在野花和觀賞用的花園裡嗡嗡嗡地採蜜。其實只要是能夠製作蜂蜜的東西，蜜蜂都喜歡[91]，包括毒櫟和菸草等植物的花蜜，甚至工業廢棄物。住在旅遊景點附近的蜜蜂，會從丟棄的汽水罐裡吸取糖分，製作出可樂口味的蜂蜜。[92]住在巧克力工廠附近的蜜蜂，會做出巧克力口味的蜂蜜。住在紐約的都會區蜜蜂曾傳出製造出綠色蜂蜜的案例[93]，經調查原因是牠們吃了防凍劑；還有紅色蜂蜜，因為牠們吃了黑櫻桃利口酒工廠的紅色食用色素。

一九六九年，路易斯安納州立大學的一名研究生，為她的植物學博士論文分析了五十四款市售蜂蜜[94]，發現八十％的樣本含有微量毒漆藤花蜜[95]，並且指出蜂農「似乎不願意承認……在分泌花蜜的植物中，毒漆藤的占比可能很高」[96]，原因不言自明。

有些養蜂職人專門生產非傳統蜜源的少量蜂蜜[97]，例如亨利．史托奇（Henry Storch），他經營的老藍原蜜（Old Blue Raw Honey）位於俄勒岡州菲羅瑪斯（Philomath），花蜜來源包括南瓜、香菜和毒櫟（據說有醇厚的奶油糖香氣）。這些花蜜來源跟「瘋狂蜂蜜」可不一樣，完全可以安心食用。不過看見成分裡有「毒」這個字，心裡難免會怕怕的。

許多蜂蜜賣家並不知道自己的蜂蜜來自那些植物。范恩．布萊恩（Vaughn Bryant）是蜂蜜產業界的傳奇人物，曾協助美國中情局鑑識恐怖分子的武器、手機和鞋帶上的花粉殘留物[98]，藉此搜尋賓拉登的蹤跡。布萊恩花了四十餘年分析蜂蜜樣本[99]，他對市售蜂蜜的評語是：「成分表裡寫的東西八成都是錯的。」[100]「蜂農與蜂蜜製造商將產品賣給商店，或是在路邊擺攤販售，」他說，「他們知道自己的蜂蜜跟成分表完全不同時，通常也相當驚訝。」[101]

當然，這不是他們的錯。「規範蜂蜜標示的聯邦法律少之又少，」布萊恩說。[102]檢驗要求基本上並不存在。就算真的要求檢驗，現行的檢驗方法既昂貴又費時[103]，而且未必可靠。比如DNA檢驗能告訴你蜂蜜的來源，卻驗不出每一種來源的比例，所以你那罐超貴的麥蘆卡蜂蜜（Manuka honey）到底是九十九％麥蘆卡加上一％野花，還是正好反過來，實在很難說。

有些蜂蜜製造商會造假，事實上，造假是蜂蜜產業的一大問題。前面討論了很多蜂蜜在比喻用法和宗教涵義上不符事實的情況，但或許更加不符事實的，是蜂蜜產品標示。美國二〇〇一年提高了中國蜂蜜的進口關稅[104]，此後為了鑽關稅漏洞，國際蜂蜜貿易紛紛合謀洗產地，將貨物先運到馬來西亞、台灣和印尼，來隱匿真實產地。為了進一步掩蓋足跡，以躲避像布萊恩這樣、能用花粉特徵追蹤蜂蜜來源的鑑識專家，他們利用寬鬆的聯邦法規將蜂蜜過度過濾，把蜂蜜裡的花粉全部濾乾淨——就是銷毀證據。[105]

過濾蜂蜜不一定是惡意行為，很多製造商過濾蜂蜜是出於善意，目的是濾掉蜂蠟和蜜蜂殘骸等無用雜質。〔106〕而且濾掉花粉還能抑制蜂蜜結晶化，提升產品的賣相。過濾蜂蜜不會害死你，但是會造成經濟影響，因為美國的蜂蜜市場七十五％（約四億五千萬磅）來自進口〔107〕，其中將近一億磅是以非法手段進入美國。〔108〕

過濾也經常用來隱藏以簡陋製程生產的蜂蜜，蜂蜜會在這樣的製程中接觸到重金屬（例如鉛）〔109〕、具有潛在危害的化學物質〔110〕與殺蟲劑。例如中國蜂蜜經常含有微量的氯黴素〔111〕，這是一種有致命風險的抗生素禁藥，中國蜂農用它治療經由細菌感染蜂群的幼蟲病（foulbrood）。（二〇一一年，稽查人員在將近四分之一的印度出口蜂蜜裡，發現了鉛與抗生素。）〔112〕

有些蜂蜜製造商的造假更加過分〔113〕，產品裡一滴蜂蜜也沒有，只用玉米糖漿加黃色食用色素充數。

幸運的是，美國國內的產業與貿易組織一直在攜手對抗假蜂蜜。北美洲銷售的蜂蜜，約有三十％通過「真源蜂蜜」認證（True Source Honey）〔114〕，這是由蜂農、蜂蜜包裝業者與供應商組成的聯盟，提供非強制的第三方檢驗認證，一方面保護消費者，一方面鼓勵道德採購（ethical sourcing）。包括加州、威斯康辛州與佛羅里達州在內的部分地方已通過州法，規定透明標示且禁止濾掉蜂蜜裡的花粉。〔115〕可是寬鬆的聯邦法規會導致州法失去效力——加上FDA業務過於繁重，也沒有足夠經費執行檢驗，可以說只能仰賴蜂蜜產業的良心。

總結一下：蜂蜜永遠不會腐壞，但它會洩漏恐怖分子的情報，是純素食主義與猶太潔食的悖論，是反包圍武器，是可以防腐屍體的醫療級殺菌劑，是與希特勒和人類獻祭有關的古老刑具。丘比特的蜂蜜是毀人婚姻的神話春藥，雖然蜜月期過後，婚姻的甜蜜本來就會自然消退。蜂蜜是奴役昆蟲和國際造假集團的產物，含有致幻劑、禁用的殺蟲劑、重金屬、蜜蜂與人類木乃伊的部分殘骸，是吸引蒼蠅和人類的天然引誘劑，但魅力略輸啤酒、精液和醋。

不是說蜂蜜不好。這世上肯定有更糟糕的甜味劑（例如鉛糖），再說既能治療皰疹、又能讓茶水變甜的甜味劑，應該也只有蜂蜜了。只是，我們或許不該繼續用蜂蜜來指涉心愛之人。

如果我們堅持要用「蜂蜜」來稱呼他們，至少要知道這不是因為他們又貼心又純潔，而是因為愛情很複雜——就像蜂蜜一樣，需要不斷付出努力，而且苦樂參半。

註釋

1 "Jonathan Swift," *Oxford Essential Quotations*, 6th ed. (New York: Oxford University Press, 2018).

2 W. Gurney Benham," *Cassell' s Book of Quotations, Proverbs and Household Words* (London: Cassell, 1914), 738.

3 Jennifer Speake, ed., *Oxford Dictionary of Proverbs*, 6th ed. (Oxford: Oxford University Press, 2015), 89.

4 Benjamin Franklin, *Poor Richard' s Almanack* (Waterloo: U.S.C. Publishing, 1914), 48.

5 Hilda M. Ransome, *The Sacred Bee in Ancient Times and Folklore* (New York: Dover, 2004), 36.

6 Bodog F. Beck, *Honey and Health* (New York: Mc- Bride, 1938), 201.

7 Bee Wilson, *The Hive: The Story of the Honeybee and Us* (New York: Macmillan, 2014), Apple Books ed.

8 Ivan G. Marcus, *Rituals of Childhood: Jewish Acculturation in Medieval Europe* (New Haven, CT: Yale University Press, 1996).

9 Beck, *Honey and Health*, 228.

10 同前註，224－25。

11 Judith Sumner, *Plants Go to War: A Botanical History of World War II* (Jefferson, NC: McFarland, 2019), 127.

12 Beck, *Honey and Health*, 223.

13 蜂蜜放久了會結晶或變得混濁，尤其是存放在華氏五十到七十度（約攝氏十到二十一度），或是採自葡萄糖含量較高的花朵，例如紫花苜蓿。結晶的蜂蜜完全可以食用，有些情況下反而更方便食用，例如奶油狀蜂蜜（creamed honey）。只要慢慢隔水加熱至華氏一四〇到一四九度（約攝氏六十到六十五度），蜂蜜就會恢復原狀。（"Honey Crystallization," Honey Hotline Fact Sheet, National Honey Board Food Technology, Product Research Program; "Composition of American Honeys," Technical Bulletin no. 1261, US Department of Agriculture, Agricultural Research Service, April 1962, 3, 11.）

14 Ernest Weekley, *Words Ancient and Modern* (London: John Murray, 1965), 53.

15 同前註。

16 同前註。

17 "Honey," *OED Online*, Oxford University Press, December 2020, www.oed.com/view/Entry/88159.

18 Maggy Saldais, Tony Taylor, and Carmel Young, *Oxford Big Ideas History 7 Australian Curriculum* (South Melbourne: Oxford University Press, 2011), 128.

19 Personal interview with Sean O'Donnell, October 7, 2019.

20 Hany K. M. Dweck et al., "The Olfactory Logic Behind Fruit Odor Preferences in Larval and Adult Drosophila," *Cell Reports* 23, no. 8 (2018): 2524–31.

21 Rik Clymans et al., "Olfactory Preference of Drosophila suzukii Shifts Between Fruit and Fermentation Cues over the Season: Effects of Physiological Status," *Insects* 10, no. 7 (2019): 200.

22 Wolf Huetteroth and Scott Waddell, "Hungry Flies Tune to Vinegar," *Cell* 145, no. 1 (2011): 17–18.

23 A. W. Morrill, "Experiments with House-Fly Baits and Poisons," *Journal of Economic Entomology* 7, no. 3 (1914): 268–74.

24 Brooks Hays, "Popular Artificial Sweetener Also Works as Pesticide and Insect Birth Control," UPI, May 23, 2017.

25 美國ＦＤＡ認為人類可安全攝取赤蘚醇，而歐唐納教授也正在評估用赤蘚醇製作安全的人類與寵物殺蟲劑。

26 Morrill, "Experiments with House-Fly Baits and Poisons."

27 Quoted in Erika Engelhaupt, "Flies Could Falsely Place Someone at a Crime Scene," *National Geographic*, February 22, 2016, www.nationalgeographic.com/science/phenomena/2016/02/22/flies-could-falsely-place-someone-at-a-crime-scene.

28 Gilbert Waldbauer, *Fireflies, Honey, and Silk* (Berkeley: University of California Press, 2009), 140.

29 Harold McGee, *On Food and Cooking: The Science and Lore of the Kitchen* (New York: Scribner, 2004), 668.

30 Alan Davidson and Tom Jaine, *The Oxford Companion to Food*, 3rd ed. (New York: Oxford University Press, 2014), 787.

31 Darra Goldstein, *The Oxford Companion to Sugar and Sweets* (New York: Oxford University Press, 2015), 397.

32 有些學者相信，鉛糖在羅馬帝國殞落一事中，扮演舉足輕重的角色，因為鉛糖導致大批羅馬菁英鉛中毒。（Milton A. Lessler, "Lead and Lead Poisoning from Antiquity to Modern Times," The Ohio Journal of Science 88, no. 3 (1988): 78–84; "Lead Toxicity: What Are Possible Health Effects from Lead Exposure?," Agency for Toxic Substances & Disease Registry, June 12, 2017.）。同樣地，美洲殖民地製作麵包使用醋酸鉛做為甜味劑，蘭姆酒與蘋果酒使用含鉛設備

蒸餾，或許能解釋塞勒姆審巫案（Salem witch trails）被告的某些怪異行為。（Linnda R. Caporael, "Ergotism: The Satan Loosed in Salem?," *Science* 192, no. 4234 (1976): 21–26.），例如嚴重扭曲抽搐，暴躁易怒和攻擊他人，這些都是鉛中毒的症狀。（另有一說是麥角症，麥角是LSD的前驅物〔Dieter Hagenbach and Lucius Werthmüller, "Turn On, Tune In, Drop Out—and Accidentally Discover LSD," *Scientific American,* May 17, 2013, www.scientificamerican.com/article/lsd-finds -its- discoverer.〕，是裸麥被真菌汙染後的產物，也會造成肌肉痙攣，幻覺與暴力行為。）

33 "Bottled Water Everywhere: Keeping It Safe," US Food and Drug Administration, April 1, 2019, www.fda.gov/consumers/consumer-updates/bottled-water-everywhere-keeping-it-safe.

34 Wilson, *The Hive.*

35 Aristotle, *Aristotle' s History of Animals in Ten Books,* translated by Richard Cresswell (London: George Bell and Sons, 1887), 129.

36 Quoted in Tickner Edwardes, *The Lore of the Honey-Bee* (New York: Dutton, 1911), 9.

37 我們現在當然知道蜂蜜是一群昆蟲奴隸量產出來的，牠們住在複雜幾何形狀的房子裡，藉由咀嚼分解花蜜再吐進彼此口中，然後集體振翅降溫——這一切都是藉由跳舞來溝通協調，並且由警衛嚴格執行。看到製造麻煩的蜜蜂（例如老是喝掉太多發酵花蜜，醉醺醺來上班），警衛會咬斷牠的腿。跟亞里斯多德的從天而降論相比，這個版本聽起來大概更像虛構故事。（Christopher Lloyd, *What on Earth Evolved? . . . In Brief: 100 Species That Have Changed the World* (London: Bloomsbury, 2011).）

38 Dovid Heber, "Do Bee Don't Bee: A Halachic Guide to Honey and Bee Derivatives," STAR-K Kosher Certification, Fall 2010, http://www.star-k.org/articles/kashrus-kurrents/624/do-bee-dont-bee.

39 "Keeping Kosher: When Jewish Law Met Processed Food," Gastropod, July 25, 2016, https://gastropod.com/keeping-kosher-jewish-law-met-processed-food-transcript.

40 Martin Elkort, *The Secret Life of Food: A Feast of Food and Drink History, Folklore, and Fact* (Los Angeles: Tarcher, 1991), 197.

41 "K053095-Derma Sciences API-MED Active Manuka Honey Absorbent Dressing," US Food and Drug Administration, July 12, 2007.

42 James Austin Stewart, Owen Lane McGrane, and Ian S. Wedmore, "Wound Care in the Wilderness: Is There Evidence for Honey?," *Wilderness & Environmental Medicine* 25, no. 1 (2014): 103–10.

43 同前註。

44 同前註。

45 Paulus H. S. Kwakman et al., "Medical-Grade Honey Kills Antibiotic-Resistant Bacteria In Vitro and Eradicates Skin Colonization," *Clinical Infectious Diseases* 46, no. 11 (2008): 1677–82.

46 Natasha Geiling, "The Science Behind Honey's Eternal Shelf Life," *Smithsonian*, August 22, 2013, www.smithsonianmag.com/science-nature/the-science-behind-honeys-eternal-shelf-life-1218690.

47 Mickey Parish, "How Do Salt and Sugar Prevent Microbial Spoilage?," *Scientific American*, February 21, 2006, www.scientificamerican.com/article/how-do-salt-and-sugar-pre.

48 Geiling, "The Science Behind Honey's Eternal Shelf Life."

49 同前註，18。

50 Cyril P. Bryan, trans., *Ancient Egyptian Medicine: The Papyrus Ebers* (Chicago: Ares, 1930), 23, 32, 73, 155.

51 Bryan, *Ancient Egyptian Medicine*, 33, 69, 102, 112.

52 其他值得注意的療法包括：將貓子宮浸在加了gabgu鳥蛋的油裡加熱，然後拿來摩擦頭部可使白髮變黑；用蜂蜜跟鵝卵石磨擦牙齒，可使牙齒變堅固；用蜂蜜跟蝙蝠血按摩皮膚可防止毛髮向內生長，尤其是睫毛倒插。

53 Lucy M. Long, *Honey: A Global History* (London: Reaktion, 2017), 105–06.

54 "Botulism," World Health Organization, January 10, 2018, www.who.int/news-room/ fact-sheets/ detail/botulism.

55 Wilson, *The Hive*.

56 同前註。

57 Paul Salopek, "Honey, I'm Dead," *National Geographic*, May 13, 2015, www.nationalgeographic.org/projects/out-of- eden-walk/ articles/2015-05-honey-im- dead.

58 Eva Crane, *The World History of Beekeeping and Honey Hunting* (New York: Routledge, 1999), 510.

59 Walter K. Kelly, trans., *The Poems of Catullus and Tibullus, and The Vigil of Venus* (London: George Bell and Sons, 1887), 82.
60 Beck, *Honey and Health*, 212.
61 Lucius Apuleius, *The Very Pleasant and Delectable Tale of Cupid and Psyche, translated by Walter Pater* (San Francisco: Taylor, Nash and Taylor), 1914.
62 *Venus with Cupid the Honey Thief*, Metropolitan Museum of Art, www.metmuseum.org/art/collection/search/459077.
63 原文是DVM PVER ALVEOLO FVRATVR MELLA CVPIDO,/FVRANTI DIGITVM SEDVLA PVNXIT APIS./SIC ETIAM NOBIS BREVIS ET MORITVRA VOLVPTAS/QVAM PETIMVS TRISTI MIXTA DOLORE NOCET
64 "Theocritus," Encyclopaedia Britannica, www .britannica.com/biography/Theocritus.
65 *Venus with Cupid the Honey Thief.*
66 Jeffrey A. Lockwood, *Six-Legged Soldiers: Using Insects as Weapons of War* (New York: Oxford University Press, 2009), 10.
67 同前註。11。
68 同前註。24。
69 同前註，22－23。
70 同前註，17。
71 同前註，24。
72 同前註。
73 同前註，36－37。
74 Abdulkadir Gunduz, Suleyman Turedi, and Hikmet Oksuz, "The Honey, the Poison, the Weapon," *Wilderness and Environmental Medicine* 22, no. 2 (2011): 182–84.
75 越戰期間，越共也曾進行類似的蜂巢攻擊，他們在叢林裡的蜂巢上裝設鞭炮。據稱美國軍方的反制手段是一項絕密計畫，專門攻擊身上有吸引蜜蜂費洛蒙的敵人。(Lockwood, Six-Legged Soldiers, 231.)
76 Vaughn Bryant, "Truth in Labeling: Testing Honey," *Bee Culture*, August 2014, 29.
77 杜鵑花不是蜂蜜迷幻藥的唯一成分。有些歷史學家說，馬雅人會在蜂蜜裡加入烏羽玉仙人掌（peyote）、牽牛花或迷幻蘑菇，在祭祀前讓祭品平靜下來。（Long, Honey, 108; Raymond Constant Kerkhove, "Explaining Aztec Human Sacrifice" (master's thesis, University of Queensland, 1994).）也有人說，這種作法為儀式獻祭埋下隱患，普遍造成藥物引發混亂以及迷幻藥致使瘋狂等現象，有點像前面提過，發生在羅馬和塞勒姆的麥角與鉛中毒理論。

78 Cyrus H. Gordon and Gary A. Rendsburg, *The Bible and the Ancient Near East*, 4th ed. (New York: Norton, 1997), 168.

79 Long, *Honey*, 59.

80 Beck, *Honey and Health*, 218.

81 Wilson, *The Hive*.

82 同前註。

83 同前註。

84 威爾森還指出，教會推崇為貞潔象徵的蜂蠟也「被妓院用來重建妓女的處女膜，為嫖客提供截然不同的處女體驗」。（Wilson, *The Hive*.）除此之外，蜂蜜也曾用來做為潤滑劑和春藥。（Jeremy MacClancy, Consuming Culture: Why You Eat What You Eat (New York: Holt, 1992), 80.）

85 Stephanie Strom, "A Bee Mogul Confronts the Crisis in His Field," *New York Times*, February 16, 2017, www.nytimes.com/2017/02/16/business/a-bee-mogul-confronts-the-crisis-in-his-field.html.

86 同前註。

87 "Fact Sheet: The Economic Challenge Posed by Declining Pollinator Populations," The White House, June 20, 2014.

88 "2020 California Almond Objective Measurement Report," US Department of Agriculture National Agricultural Statistics Service, July 7, 2020.

89 Heather Smith, "Bee Not Afraid: The Disappearance of the Honeybees Isn't the End of the World," Slate, July 13, 2007, https://slate.com/technology/2007/07/why-the-disappearance-of-the-honeybees-isn-t-the-end-of-the-world.html.

90 Frank C. Pellett, *American Honey Plants* (Hamilton, IL: *American Bee Journal*, 1920).

91 同前註。

92 Elkort, *The Secret Life of Food*, 198.

93 Ian Frazier, "The Maraschino Mogul," *The New Yorker*, April 16, 2018, www.newyorker.com/magazine/2018/04/23/the-maraschino-moguls-secret-life.
94 Meredith Elizabeth Hoag Lieux, "A Palynological Investigation of Louisiana Honeys" (PhD dissertation, Louisiana State University and Agricultural and Mechanical College, 1969).
95 同前註。74。
96 同前註。
97 Old Blue Raw Honey, www.oldbluenatural resources.com.
98 Molly Kulpa, "The Buzz on Pollen: A Q&A with Dr. Vaughn Bryant, One of the World's Prominent Palynologists," *Spirit Magazine*, Texas A&M Foundation, Fall 2017, www.txamfoundation.com/Fall-2017/Ask-Professor-X.aspx.
99 Vaughn Bryant, "Caveat Emptor: Let the Buyer Beward," *Bee Culture*, April 24, 2017.
100 Vaughn Bryant, "Truth in Labeling: Testing Honey," *Bee Culture*, August 2014, 29–32.
101 同前註。
102 Bryant, "Caveat Emptor."
103 Bryant, "Truth in Labeling."
104 Ben Schott, "Honey Laundering," *New York Times*, June 16, 2010, https://schott.blogs.nytimes.com/2010/06/16 /honey-laundering.
105 Bryant, "Truth in Labeling."
106 Bryant, "Caveat Emptor."
107 Personal interview with Jill Clark, October 11, 2019.
108 Bryant, "Caveat Emptor."
109 Andrew Schneider, "Asian Honey, Banned in Europe, Is Flooding U.S. Grocery Shelves," Food Safety News, August 15, 2011, www.foodsafetynews.com/2011/08/honey-laundering.
110 Long, *Honey*, 135.

111 Schneider, "Asian Honey, Banned in Europe, Is Flooding U.S. Grocery Shelves."
112 同前註。
113 同前註。
114 Personal interview with Clark, October 11, 2019.
115 Bryant, "Caveat Emptor."

6

香草，香草，我愛你
The Vanilla of Society

我用畢生精力研發各式各樣的口味，

但多數人一開口仍是：「我要香草口味。」[1]

——霍華德．強森（Howard Johnson），美國連鎖餐廳創始人

如果真的要用一個蜂蜜以外的烹飪相關詞彙來暱稱心愛之人，或許可以借法語來用一下，法國人會叫愛人mon chou（我的甘藍）[2]，聽起來有點可愛，卻又不免令人困惑，尤其是對荷蘭的乳酪商人來說，因為荷語的mon chou是指一種脂肪含量七十三%的軟質牛乳乳酪。[3][4]

或是ma fraise（我的草莓），不過草莓也是月經的委婉說法，例如la femme fraise des bois（草莓女性）[5]還有c'est la saison des fraises（現在是草莓季）。[6]看來用「草莓」暱稱女性也有機會引發困惑。

或許我們應該回頭以「香草」來暱稱愛人，這麼做最合理，因為至少在一八〇〇年代之前，「香草」這個暱稱一直被視為恭維[7]，意味著對方很珍貴且令人喜愛，是人人都喜歡的味道：

「啊，你使一切有了滋味；你是社會的香草（vanilla of society）。」[8]

——席尼・史密斯牧師（Reverend Sydney Smith），倫敦，約西元一八三七年

鹽也有過類似的涵義。過去鹽是珍貴的貿易商品，在製冷技術問世前，鹽是保存

食物的必需品。有個古老的英格蘭童話故事是這樣的：有個父親問女兒有多愛他，女兒說：「我愛您，如同新鮮的肉愛鹽。」[9]這名父親大發雷霆，還將女兒逐出家門，因為她竟然把他比擬為如此粗鄙、多到氾濫的東西。直到女兒祕密安排了一場完全不加鹽的宴席，父親才明白少了鹽的人生有多乏味，於是立刻原諒了女兒。時至今日，鹽變得很便宜、也很容易取得。形容詞 salty（鹹）被用來描述脾氣暴躁的人，這個詞義可追溯到水手強悍、滿嘴髒話且好勇鬥狠的刻板印象。[10]

香草的詞義之所以改變，不是因為流行程度、成本或需求發生變化，但一九七〇年代，美國的 LGBTQ 族群開始用香草來區分傳統（異性戀）夜店和同志或特殊癖好夜店[11]，至少發揮了部分作用——因為異性戀就像香草冰淇淋一樣，隨處可見、乏善可陳，屬於「常態」。後來異性戀族群也開始用香草泛指平凡或無趣，不過主要還是用在性愛和戀愛的情境。於是「香草」就這樣成為「普通」的同義詞。

可是，「普通」不會讓你成為世上最受歡迎的冰淇淋口味[12]兼價格排名第二的香料。[13]事實上，香草一點也不普通。

首先，香草是唯一生長在怪異蘭花上的可食用果實[14]（一般都稱之為香草豆或香草豆莢），要知道蘭花可是種類最豐富的開花植物，數量超過兩萬五千種。[15]蘭花可能好幾年才開一次花[16]，而且只在赤道以北和以南二十五度內的特定區域才開花[17]，例如墨西哥與馬達加斯加。此外蘭花只綻放短短數小時[18]，就會枯萎死去，除非能在這幾個小時內授粉。為了把握這異常短暫的機會，蘭花雌雄同體的性器官[19]中間只有一小片蕊喙，推開蕊喙就能授粉，問題是只有一、兩種動物知道如何幫忙授粉[20]，至少人類是這麼認為的。這兩種動物是馬雅皇蜂（melipona）與蘭花蜂（euglossine），兩者都瀕臨滅絕。[21]也就是說，若無外力協助，野生香草結出果實的機率大約只有一%。[22]

說到性器官，香草是少數以生殖器命名的冰淇淋口味[23]，這是因為十六世紀「發現」香草的西班牙征服者將它命名為*vanilla*，是拉丁語*vagina*（陰道）的西班牙語暱稱[24]，原因是取香草豆時，剝開的豆莢看起來很像陰道（他們可能很久沒跟妻子見面了）。[25]後來他們把這種植物帶回歐洲，花了三百年嘗試授粉卻徒勞無功，因為他們就是找不到蕊喙。（此處可置入陰蒂笑話。）

一八四一年，十二歲的奴隸艾德蒙·阿爾比斯（Edmond Albius）發現，用一根小棒子或一片葉子撥開蕊喙就能授粉[26]，這種作法延用到今日。（七年後法國廢除奴隸制，阿爾比斯獲得自由。後來他因為涉嫌盜竊珠寶入獄，他以前的主人請求法國政府寬恕他，表彰他對香草產業的貢獻，因為是他幫助法國成為世界最大香草生產國，所以他僅服刑五年後就獲釋。現在全球最大的香草產地是馬達加斯加。）[27]

香草蘭花通常一次只開一朵，因此想為一株蘭花授粉往往得等上好幾個月。[28]授粉六到九個月後才能採收[29]，採收同樣仰賴人工。剛採收的香草沒有味道，必須經過乾燥和處理[30]，工序包括用手搓揉、每天早上鋪在太陽底下曬乾，然後包裹在毯子裡、晚上蓋棉被出汗，這個過程需要再花九個月。香草從授粉到採收，比養一個幼兒園年紀的孩子還要麻煩。

若處理得當，香草的價格可高達每公斤六百美元[31]，比銀昂貴。但製作一公斤香草大約需要六百朵蘭花[32]，因為處理過程會使香草體積大幅縮減，而且乾燥後的香草豆僅剩大約二%可萃取風味[33]，換算下來，一朵花從種植、授粉、採收、搓揉、曬乾到銷售，只能賺一美元——運氣好的話。

而且前提是沒有因為真菌、害蟲、疾病或竊盜而造成損失。

在馬達加斯加，幾公斤香草豆的價值，就有可能超過人均年收入[34]，因此竊盜問題足以攸關生死。有些農民怕香草被偷，會提早幾個月採收[35]，但這樣的香草豆染病機率較高[36]，品質與價格也比較低。也有人用大砍刀捍衛香草[37]，或是用圖釘或印章給香草豆「紋上」自己的名字或識別標誌。[38]

其實許多形容香草很普通的人大概從沒嘗過香草的味道，因為食物中九十九％的香草味來自人工香料[39]，原料包括木漿[40]、樹皮、米糠、氯仿[41]或河狸香（castoreum）。[42]河狸香是北美河狸肛門腺體的天然分泌物。二〇〇六年甚至有位日本科學家證實，牛糞也可萃取出香草味。[43]老實說，你不太可能吃到用河狸香或牛糞調味的東西。就算吃過，食品製造商也不需要告訴你，因為ＦＤＡ對於「天然香料」的定義，包括取自植物與動物產品的香料[44]，例如水果、樹皮與河狸肛門腺體。

（以上警語只適用於刻意用牛糞調味的食物。[45]雖然美國農業部對糞便汙染肉類採取「零容忍」政策，但僅限於肉眼可察的明顯汙染。二〇一五年有一項研究在美國二十六座城市的超市購買四百五十八磅牛肉（約二〇七公斤），然後以科學儀器檢查，結果發現所有牛肉都含有糞便細菌。[46]此外，ＦＤＡ對於食物裡的哺乳動物排泄物、腐爛物、黴菌、昆蟲殘骸、嚙齒動物毛髮和蛆的含量，都有可接受的上限規定。[47]雖然這些規定不適用於肉類，但知道一下也不錯：你吃義大利麵的時候，可能吃一公克的麵就順便吃掉一小片昆蟲殘骸——嚙齒動物的毛髮則是平均每五十公克吃一根。）

至於那一％含有純正香草的食物，很可能是以酒精、水、葡萄糖、穩定劑和（你猜對了）玉米糖漿稀釋過的萃取物。[48]

所以香草不是那麼普通。它被貼上「普通」的標籤不是因為它很平凡，而是因為它廣受喜愛、隨處可見（或許也因為大家都以為香草是白色的，但其實香草豆是黑色的。香草冰淇淋通常是淺黃色，裡面有顯眼的黑點[49]，不像彩虹雪酪那麼繽紛，但肯定不是平淡無味）。

不過，香草之所以能用來暱稱心愛的人，最主要的原因是它能撫慰人心：跟一點鮮奶油和砂糖混合在一起，在足以形成冰晶的溫度（大約攝氏負三度）下攪拌，就能提供藥物等級的撫慰效果，幫助我們度過各種難關，例如撕破臉的分手、口腔手術和納粹法西斯主義的壓迫，看下去就知道。

當然，能夠撫慰人心的冰淇淋口味不只香草一種。各個文化的人們，對調味冰品與冷凍甜點的喜愛已長達數千年，我們為了吃冰可說是不遺餘力。古希臘人和羅馬人會爬到山上去採冰，將葡萄酒或蜂蜜與冰混合製作雪酪（sherbet）[50]，這個字源自阿拉伯語的sharba（飲料）[51]與sharbat（一種將冰雪混合各種香料和花朵製成的飲品）。[52]中國人製作雪酪的方式是混合牛奶跟米飯，再把雪和硝石（也是一種火藥原料）放進容器裡、蓋上蓋子，藉此降低冰點。[53]蒙古人則是把鮮奶油塞進動物的腸子裡，在氣溫低於冰點的時候，帶著這些腸子外出騎馬，隨著馬兒奔馳，鮮奶油會一邊冷凍、一邊

攪拌，最後變成冰淇淋。〔54〕

想吃冰淇淋得耐心等待暴風雪到來，或是有足夠的金錢與耐心，去山上或結冰的河裡採冰，存放在用木屑、稻草或動物皮毛隔熱的地窖裡〔55〕，這種作法甚至一直持續到十八世紀。

例如一七九四年住在維也納的貝多芬寫道：「維也納人都擔心很快就要吃不到冰淇淋了，因為今年冬天不夠冷，冰很少。」〔56〕喬治．華盛頓也曾為了避免陷入這種窘境，跑去蒙弗農（Mount Vernon）附近的河流收集冰和雪，沒想到早早就融光，這使他感到很「挫敗」，他在一七八四年寫給同僚羅伯．莫里斯（Robert Morris）的信中說：

P.S. 我的儲冰室沒有用——全部融光了——你能否請人繪製你的儲冰室設計圖——還有尺寸——建造方式與管理方法，然後寄給我——我會萬分感激——我的儲冰室儲存的主要是雪。你試過儲雪嗎？你覺得這是不是使我感到挫敗的原因？〔57〕

儘管有了莫里斯的指導，隔年華盛頓依然再次挫敗。他在一七八五年六月五日的日記中寫道，幾個月後他打開儲冰室的門，發現「連最小的冰塊都一顆不剩」。〔58〕幸好他有足夠的財富解決這個問題。一七九〇年夏天，他花在冰淇淋上的費用，是五十一英鎊六先令兩便士（相當於現在的兩百美元）。[59]不過他的冷凍實驗比哲學家法蘭西斯．培根（Francis Bacon）順利許多[60]，一六二六年培根把雪塞進雞肚裡想要將其冷凍，卻因此不幸感冒喪生。

難以取得冰不是唯一的問題。一七八九年，瑪莎．華盛頓（Martha Washington）曾用「發臭變質」[61]的查佛蛋糕（trifle）招待賓客，原因是她找不到新鮮奶油。這件事發生在紐約市，而且是發生在美國的第一夫人身上，不難想像九十九%的其他人面臨怎樣的情況。

想取得砂糖也是困難到哭天。安妮．庫柏．芬德柏格（Anne Cooper Funderburg）在《巧克力、草莓與香草：美國冰淇淋史》（*Chocolate, Strawberry, and Vanilla: A History of American Ice Cream*）一書中（較文雅地）提出說明：「市售精製糖是一整塊的椎狀糖塔，有各種大小，但是都非常堅硬。」廚師必須用小斧頭或木槌敲碎糖塔。

就算材料齊備，想製作冰淇淋仍舊不是件容易的事。湯瑪斯．傑佛遜（Thomas Jefferson）在法國拿到一個香草冰淇淋配方[62]，需要使用專門器材，而且有多達十幾個步驟：

冰淇淋

優質鮮奶油兩瓶
蛋黃六顆
砂糖二分之一磅（約二二六公克）

蛋黃與砂糖攪拌均勻
鮮奶油放入砂鍋，開火，放入一支香草莢
即將沸騰時關火，鮮奶油慢慢倒入砂糖蛋液中
再次放在火上加熱，一邊加熱、一邊用勺子徹底拌勻，防止沾鍋
即將沸騰時關火，用一條布巾過濾
倒進內桶裡〔63〕
放在冰桶內一小時才可舀出。冰塊裡灑一把鹽
把鹽鋪在內桶的蓋子上和冰塊上
靜置半刻鐘
轉動冰桶裡的內桶十分鐘

打開冰桶，用鍋鏟攪動內桶壁上的冰塊
關上內桶，把內桶重新放回冰桶裡
時不時打開內桶，把黏在內桶壁上的冰塊弄掉
完成後，用鍋鏟均勻攪拌
把冰淇淋舀進模子裡，用膝蓋的力量壓實
把模子放回同一個冰桶裡
食用前再取出
倒出模子裡的冰淇淋之前，先將模子浸泡溫水，充分搖晃直到冰淇淋鬆動，然後
　倒在盤子上

冰淇淋令人趨之若鶩的部分原因，正是它很稀有、很不切實際，就像香草一樣。芬德柏格寫道：「一般家庭為生活奔忙，沒辦法享受快速融化、使用珍貴食材、需要大量時間製作的奢侈食物。」〔64〕

但後來冰淇淋變得唾手可得、貼近生活，撫慰與冰淇淋之間的關聯也變得更加密切。

一九二〇年代，美國第十八修正案禁止販售、製造和運輸酒精，許多早期啤酒廠為求生存改做冰淇淋和汽水[65]，例如安海斯－布希（Anheuser-Busch）和雲嶺啤酒廠（Yuengling）[66]，因為這兩種產品的部分製程跟啤酒一樣，比如說裝瓶與冷藏；此外，冰淇淋的原料（脂肪、砂糖、香草）也是不錯的酒精替代品，能用來抒解愁緒。

「禁止販酒有一個顯而易見的重要影響，」一位記者在禁酒令剛實施時寫道：

已有數萬人因此從啤酒跟威士忌，轉而投向冰淇淋與汽水的懷抱。東部有個城市原本有三座啤酒廠，每年喝掉三十萬桶啤酒，零售收入約為四百二十萬美元。現在這個城市改吃三百萬加侖冰淇淋。過去每人每年喝掉一桶啤酒，現在每人每年大約吃掉八加侖冰淇淋。其中一家啤酒廠以前每年生產六萬五千桶啤酒，現在則是每年生產八十萬加侖冰淇淋，產值成長一五〇％。[67]

此時冰淇淋已取代酒精，成為美國人的撫慰與消遣，到了一九二九年，冰淇淋的消耗量每年增長超過一百萬加侖[68]，顛峰期的消耗量是每天一百萬加侖。但同年度股市崩盤後，冰淇淋消耗量隨之下滑。經濟大蕭條讓美國人吃了十年令人鬱悶的食物，例如芥末三明治和仿蘋果派[69]，後者是用餅乾取代蘋果片。[70]儘管如此，冰淇淋的地位依然屹立不搖——不是「雖然」日子難過仍要吃，而是「因為」日子難過才要吃。

關於是誰發明了「崎嶇之路」口味（Rocky Road，巧克力棉花糖冰淇淋）尚無定論，但我們知道是威廉．卓萊爾（William Dreyer）[71]和約瑟夫．艾迪（Joseph Edy）讓這種口味廣為人知。一九二九年，這兩位加州冰淇淋製造商，以一種飲食的比喻手法行銷這款冰淇淋，幫助人們度過經濟大蕭條。他們將配料送到零售店，然後直接灑在冰淇淋上面，當時棉花糖與堅果碎片拌入冰淇淋幾乎聞所未聞（最初使用的堅果是胡桃，後來改成杏仁，據說卓萊爾是借用老婆的縫紉剪刀來剪碎堅果）。Rocky Road融入日常用語，就像我們用Popsicle來泛指「冰棒」一樣，其實Popsicle是聯合利華公司的商標[72]，只有他們公司可以合法販售叫做Popsicle的冰棒。Rocky Road漸漸成為撫慰與堅忍的象徵——提醒人們生活儘管崎嶇艱辛，仍有甜美之處。

冰淇淋與香草撫慰人心的形象，最關鍵的推手出現於二次大戰期間。過去它們曾因原料稀少所以罕見，如今反而因為相同的理由而變得更加普及。戰爭期間，全球的砂糖、牛奶和蛋都很短缺，引發一場冰淇淋與乳製品的軍備競賽，進而使得冰淇淋進入大眾生活，鞏固它做為人人均可享用的療癒美食地位。

食物在戰爭裡占有一席之地當然不是什麼新鮮事。約翰・歐布萊恩（John O'Bryan）寫了一本書叫《武器史：十字弓、雞爪釘、投石機與那些能令你狼狽不堪的武器》（*A History of Weapons: Crossbows, Caltrops, Catapults & Lots of Other Things That Can Seriously Mess You Up*），他在書中提到「噁心變態的羅馬人[73]」會在豬身上點火，放出成群的燃燒「戰豬」破壞敵軍陣型，將培根的原料變成殺人武器。英格蘭人除了會從城牆上方的「殺人洞」（meurtrières）[74]拋出蜂巢來對抗圍城的敵人，也會拿滾燙的食用油與融化的動物脂肪潑敵人。大約在同一時期仍是封建社會的日本，他們會把跟辣椒一起煮過的沙子灑到敵人的眼睛裡，意圖弄瞎敵人。[75]

一次大戰期間，美國把果核與堅果殼變成製作防毒面具的碳[76]，效果顯然比其他原料或成分更好，僅次於椰子殼。二次大戰期間，美國成立了「脂肪回收委員會」（Fat Salvage Committee）[77]，目的是利用培根的油脂製成炸彈。迪士尼推出一部卡通支持這項行動，主角是布魯托和米妮，搭配充滿愛國情懷的旁白，呼籲美國家庭主婦回收廢棄食用油來製作炸藥。

> 不要丟掉培根的油脂！美國的主婦，你們能做的最重要的一件事，就是回收烹飪

廢油：培根油脂、肥肉、油炸後的剩油。我們與盟友需要數百萬磅脂肪來支援戰爭，因為脂肪能做甘油，甘油能做炸藥！每年有二十億磅烹飪廢油被丟棄——足以用來製造一百億枚速射炮彈，併排起來長達十五萬英里，可環繞地球六圈！一隻平底鍋的培根油脂，就是一個小小軍工廠，肥肉可擊沉軸心國的軍艦，油炸後的剩油可高速推送深水炸彈，摧毀軸心國的潛水艇。你提供的一磅廢油，可以讓前線的某個男孩多領一個彈匣。把烹飪廢油倒進乾淨的寬口罐裡。沒錯，不是玻璃罐，也不是紙袋。請先用篩子過濾廢油，放置在陰涼的地方，以免變質。廢油累積到至少一磅時，把它交給你家附近配合愛國行動的肉販。[78]

戰爭中更野蠻（也更有效）的食物作戰，當然不是用食物扔敵人，而是剝奪他們的食物。這種策略可追溯到西元四世紀時，羅馬的戰略家普布利烏斯·弗萊維厄斯·維蓋提烏斯·雷納特斯（Publius Flavius Vegetius Renatus），他說食物是最有效的戰爭武器，「因為餓死的軍人比戰死的還多，飢餓比劍更加凶殘。」[79]

維蓋提烏斯進一步解釋，飢餓之所以如此有效，是因為不同於培根炸彈或火焰戰豬，飢餓「從內部進攻，致使對方不堪一擊」。[80]雖然熱油和蜜蜂是不錯的圍城防禦武器，但致勝策略往往是保存糧食、靜靜等待，入侵者肚子餓了就會自己離開。

維蓋提烏斯並不孤單，後人紛紛仿效他的囤糧策略。據說華盛頓會帶一本維蓋提烏斯的註解版兵書上戰場。拿破崙則發揮典型的法式風格，誇口只要給他新鮮麵包[81]，他就能征服歐洲。他在一七九五年提供一萬兩千法郎獎金，尋找能夠改善軍糧運輸和保存方法的人[82]，等了十四年才找到，獲獎人是糖果糕點師傅尼古拉·阿佩爾（Nicolas Appert）。[83]阿佩爾後來成為罐頭食品之父，還寫了烹飪書《長期保存各種動植物的技術》（*L'Art de conserver, pendant plusieurs années, toutes les substances animals et végétales*）。[84]

同樣地，入侵的軍隊也能如法炮製，一方面避開對方的防禦攻擊，一方面切斷對方的糧食補給。如果你不想坐等敵人慢慢吃光糧食，可以搞破壞加快對方消耗糧食。例如一六三六年，法國人便摧毀自己的爐子跟磨坊[85]，拖延西班牙軍隊進攻；美國人（發揮典型的美式作風）在越南用火焰噴射器與戰術除草劑[86]，摧毀作物與地面植被。（最有名的戰術除草劑是橙劑[87]，之所以叫橙劑，是因為裝這種除草劑的五十五加侖圓桶上漆了一圈橙色標記。其實當時美國人使用的致癌毒藥色彩繽紛[88]，還有粉紅劑、綠劑、紫劑、白劑與藍劑。）

飲用水與灌溉用水也經常成為攻擊目標。二〇〇八年有一份化學武器報告指出：

「用穢物、人類屍體、動物屍體和傳染病物質直接汙染水源，包括軍隊與平民使用的水井和水庫，這種作法從古至今從未間斷。」[89]亞述人用麥角菌給敵人的水井下毒[90]，雅典人在飲用水裡丟毒花，德國人把汙水倒進敵人的水庫，南軍和北軍互相用動物死屍汙染對方的供水。[91]（美國也曾遭指控故意轟炸越南的堤壩與灌溉系統，但國務院否認了這些指控，僅承認「軍事目標附近的幾個堤壩被流彈擊中」[92]，並堅稱損害輕微，僅須不到五十人用手推車與手持工具就能「輕鬆修復」彈坑。）

數千年來，軍糧的主要考量是熱量，各地皆然：我方士兵的食物攝取量愈多愈好（他們的馬匹、妻子跟小孩也一樣，原本的勞動人口奔赴戰場後，往往將妻兒留在家中），敵方則是愈少愈好。但這種情況在一次大戰期間有所改變，當時赫伯特・胡佛（Herbert Hoover）用以團結美國人的，是食物帶來的撫慰，而不是食物的熱量。[93]他將冰淇淋正式列為戰時的「基本糧食」，於是從那時候開始，冰淇淋成為美國戰爭機器中不可分割的一部分。

胡佛在一九二九年成為美國第三十一任總統之前[94]（以及美國一九一七年參加一次大戰之前[95]）是個慈善家，當時比利時夾在德國與英國的衝突之間動彈不得，他在比利時組織了糧食救濟活動。基本上，一九一四年比利時全國上下都瀕臨餓死邊緣[96]，因為德國人在挺進法國的途中，一邊入侵、一邊吃光所有糧食。與此同時，英國海軍封鎖了糧食運輸，因為他們不希望糧食落入德國人手裡，也不相信德國人不會拿走比利時人的糧食。

幸運的是，當時住在倫敦的胡佛伸出援手，他說服英、德雙方，讓他以普通公民的身分組織糧食救濟行動，本質上就是建立他個人的海盜國家[97]，有自己的旗幟、海軍艦隊和鐵路。從一九一四到一九一九年，胡佛在比利時的救濟委員會，為被占領的法國和比利時約一千萬難民供應糧食，總共運送了四百九十九萬八千零五十九噸的麵粉、穀物、稻米、菜豆、豌豆、豬肉、牛奶、砂糖和各種主食雜糧[98]，價值超過八億六千萬美元（$861,340,244.21），約莫相當於現在的一百三十四億三千六百九十萬美元（$13,436,907,809.70）。

一九一七年美國宣布參戰，胡佛的中立地位就此告終，他的海盜組織持續以中立實體的身分，提供糧食救濟，而胡佛本人則自願領導新成立的美國食品管理局[99]，希望能像幫助比利時那樣，幫助自己的國家——他甚至自願無酬擔任這項職務。

他成了美國糧食供應的沙皇，對於糧食的價格、分配與採購實施集權控制。但控制不是胡佛的目的，他之所以堅持無酬出任，部分是為了向美國人示範犧牲小我、完成大我。因此當雙方陣營都為了保存糧食，而開始實施配給制時（這是戰時常態），胡佛認為這有違美國精神（「獨裁政權才這麼做」[100]），他呼籲美國人發揮「自我節制與自我犧牲[101]」的精神。

他不僅向美國人承諾「糧食將贏得這場戰爭[102]」，更保證勝利的代價不會是放棄他們堅守的自由與價值，包括享有簡單的快樂，例如可口的傳統美國冰淇淋，以及隨時購買冰淇淋原料的自由。

美國人紛紛響應。他在短短幾個月內，吸引到將近五十萬名志願者，並說服一千多萬個家戶簽署保證卡[103]，宣誓將「胡佛化」（Hooverize）一日三餐，也就是減少攝取小麥、脂肪與砂糖等主食。

美國企業也共襄盛舉。餐廳和公共餐館藉由像「無肉週二」和「無麥週三」這樣的活動[104]，省下了二．五億磅小麥、三億磅肉類和五千六百萬磅砂糖（可餵飽八百萬士兵一個月）。食品製造商把廣告預算用來宣揚愛國主義，鼓勵消費者減少購買自家商品。[105]報紙、零售商和廣告公司也自願提供專業服務與廣告空間，據估計，他們捐贈的服務和廣告總價值超過一千九百萬美元（$19,417,600[106]）。就連白宮也在前院的草坪上放養綿羊。[107]

結果，美國的糧食出口幾乎瞬間成長為原本的三倍，在美國參戰的第一年就出口了一千八百萬噸。〔108〕

不過，冰淇淋產業有更高的要求。《冰淇淋評論》（*The Ice Cream Review*）是密爾瓦基《奶油、乳酪與雞蛋雜誌》（*Butter, Cheese & Egg Journal*）的副牌雜誌，它在一九一八年五月的社論嚴詞批評海外冰淇淋供應不足（「如果英格蘭醫生知道美國醫生的作法，每家醫院都會為病患提供充足的冰淇淋」〔109〕），並且呼籲美國政府，補助協約國在歐洲各地的冰淇淋工廠：「幾乎所有營區的報告都顯示，人均冰淇淋消耗量將近全國平均值的兩倍。這些男孩跨出國門後，是不是將會錯過什麼？是的，很遺憾，沒有人想到為他們提供家鄉的撫慰……」〔110〕

冰淇淋產業想為軍人提供的不只是撫慰，還有健康與士氣：

> 美國的每家醫院都把冰淇淋視為糧食，少了冰淇淋，醫生不知道該怎麼辦。但是在法國受傷生病的美國士兵呢？他們是否只能躺在床上想念美味的傳統美式冰淇淋？目前法國仍有冰淇淋與冰品禁令。為海外士兵供應冰淇淋，醫務總監或其他官員顯然責無旁貸。〔111〕

可惜事情沒有這麼簡單。當時冰淇淋產業尚處於起步階段，主要的口味僅有巧克力、草莓與香草，冰棒還未出現；冰棒要到一九二三年才成為專利產品。[112]當時製冷技術也正在發展初期，而且許多技術仰賴氨、氯甲烷和二氧化硫等有毒氣體[113]（不同於一九三〇年代推出的氟利昂〔Freon〕，它破壞的僅是環境[114]）。製冷技術既昂貴又不夠有效，還有致命風險。

此外，砂糖的供應也沒有胡佛說的那麼充足。儘管採取了節約措施，美國的人均砂糖消耗量，依然遠高於海外盟友[115]——戰前美國的砂糖大多自德國進口[116]，這作法顯然不再可行。德國不但停止對美國出口砂糖，還開始從鄰國購買砂糖，導致市場競爭更趨激烈。

胡佛終究沒有在海外建立冰淇淋工廠，反而不得不要求國內工廠減少用糖量。一九一八年夏天，美國政府宣布：「冰淇淋不再被視為必需品，因此生產過程用糖不可毫無節制。」[117]

話雖如此，冰淇淋產業的景況仍比其他產業好，僅須減少二十五%的用糖量。巧克力、汽水和口香糖等「非必需品」的用糖量減少了五十%。胡佛的支持，加上戰後工業蓬勃發展，以及返鄉勞工戰時在營區和醫院對冰淇淋充滿懷念，使得冰淇淋產業在戰爭結束後突飛猛進。

其實冰淇淋在戰後大受歡迎，除了胡佛、雲嶺啤酒廠和巧克力棉花糖冰淇淋的功勞，還要感謝一戰老兵霍華德・強森。〔118〕他曾在法國服役，回國後買下一家破舊的藥局〔119〕，店裡有一台冷飲機。他用他向一名德國小販購買的冰淇淋配方，使這家店重獲新生〔120〕，這種配方使用兩倍乳脂〔121〕，做出來的成品口感更加滑順。冰淇淋很快成為這家店的主要收入來源，深受鼓舞的強森為同一個商標，開發出二十八種口味。〔122〕隨著公路系統擴建，強森沿著公路挑選合適的地點，設立同名連鎖餐廳，在餐廳內向大眾販售優質冰淇淋。現在霍華德・強森餐廳（縮寫為「Ho-Jo's」）不再是家喻戶曉的名字，他的「飢餓美國人的里程碑」概念慢慢衰退，後來由溫德姆集團（Wyndham）接手改造為連鎖飯店。不過霍華德・強森曾是美國規模最大的連鎖餐廳〔123〕，全盛時期分店超過一千家，每九天就有一家新分店開幕。

戰後一九二〇年代出現的冰品還包括愛斯基摩派（Eskimo Pie）〔124〕；冰棒（原本以發明人艾普森〔Frank W. Epperson〕的名字命名為「Epsicle」〔125〕，但艾普森的孩子喜歡叫它「Pop's Sicle」〔爸爸的冰〕，所以改名為「Popsicle」）；以及誕生於俄亥俄州揚斯敦（Youngstown）的雪糕，發明人是糖果師傅哈利・伯特（Harry Burt），他在裹了一層巧克力的香草冰淇淋裡插入一根棒棒糖棍〔126〕，命名為「好心情棒棒糖」（Good Humor Sucker），後來改名為「好心情雪糕棒」（Good Humor Bar）。這個產品大受歡迎的原因，不是外層巧克力和棍子（也不是在社區穿梭、叮噹作響的冰淇淋車，最初的鈴噹是伯特從兒子的雪橇上拆下來的雪橇鈴）〔127〕，而是深植人心的品牌行銷。

其實冰淇淋純粹、健康的印象，並非來自白色的香草冰淇淋，好心情冰淇淋的銷售員才是大功臣。他身穿潔白制服，開著潔白的卡車在大大小小的社區裡穿梭，逢人就有禮貌地脫帽致意，呈現伯特心目中乾淨純真的鄰家男孩形象。

「值班時，一定要隨時保持最佳狀態，」好心情訓練手冊裡寫道，「鬍子刮乾淨，髮型保持整潔；乾淨的白襯衫，黑色領結，閃亮的黑皮鞋，乾淨的白色制服、制服帽與零錢盒。冰淇淋車必須保持清潔，整齊有條理。」〔128〕

稍早幾年，大概是一九一六年左右，波蘭移民奈森．漢沃克（Nathan Handwerker）也用了類似的手法〔129〕，消除他的五美分康尼島熱狗含有狗肉與馬肉的謠言。他付錢雇用大學生穿上白色外套、戴上聽診器，在他的熱狗攤旁邊徘徊〔130〕，營造「奈森的知名熱狗」得到醫生背書的形象。（奈森的熱狗不一定廣告不實，但肉腸的歷史確實劣跡斑斑。一八六七年，也就是再往前回推幾十年，有一本食譜告誡讀者：「我的建議是，除非知道肉腸是誰做的，否則千萬不要吃，因為在所有造假食品之中，造假的肉腸最為噁心。這一點千真萬確，許多肉腸混入馬肉、豬肉和狗肉，加上病死動物跟一大堆你想都不敢想的碎渣……」〔131〕

「好心情」的純潔形象不只是宣傳噱頭。一九二九年，好心情公司拒絕支付保護費給芝加哥幫派，因而遭到報復，部分卡車與工廠被人炸毀。〔132〕傳言是如此。

一九二一年夏天，埃利斯島（Ellis Island）當局開始發放冰淇淋給新移民，他們成為美國人之後，吃的第一餐就包含冰淇淋。「埃利斯島當局用美味的冰淇淋三明治，溫柔引導移民體驗美國的優點，」〔133〕某則新聞開頭如此寫道。新聞標題是〈冰淇淋成為美國化的媒介〉，內容描述新移民會像塗奶油一樣，把冰淇淋塗在麵包上，並認為給新移民吃冰淇淋有助於遏止共產主義擴散：

> 新移民還沒走進紐約市的街道，就先嘗到這款美國特色食物，這對於冰淇淋產業的未來發展與規模擴張是件好事。近年來，有許多人抱怨新移民的生活方式不符美式標準，埃利斯島當局率先保證，至少在這件事情上，我們可以合理期待移民會立即接受美式標準。誰能夠想像，一個真心喜愛冰淇淋的人會變成布爾什維

克？[134]草莓冰淇淋不會引發潛在的無政府主義傾向，連最堅定的紅軍，也能在香草和桃子冰淇淋裡找到安慰。目前我們還沒看過，任何危險的陰謀是在吃冰淇淋的時候策畫出來的，冰淇淋溫度太低了，不利於陰謀孵化。[135]

到了二次大戰爆發時，冰淇淋已經與美式生活密不可分，成為撫慰、自由與民主的象徵（香草口味仍是大宗，市占率約八十％[136]）。世上另一些地方再次實施配給制，並下了冰淇淋禁令（英國政府宣布，插在棒子上的紅蘿蔔是戰時的雪糕替代品[137]，此舉無疑像在傷口上灑鹽）。[138]不過這次美國為了實踐承諾加倍努力，在前線設置了快閃冰淇淋工廠[139]，將散裝的盒裝冰淇淋送至前線的散兵坑。美國還斥資一百多萬美元，打造一艘冰淇淋駁船，這艘駁船巡航於太平洋，為無法自己製作冰淇淋的同盟國船隻運送冰淇淋。光是在一九四三年，這艘駁船就配送了一．三五億磅（約六〇七五〇公噸）的脫水冰淇淋。

我們最終贏得勝利實在沒什麼好意外的。

一九四二年，日本魚雷襲擊美國海軍第二大航空母艦列星頓號（USS *Lexington*），艦上人員紛紛棄艦逃生——但是逃生前他們撬開冷凍庫[140]，把冰淇淋一掃而空。倖存者說他們先把冰淇淋舀進頭盔，然後才跳到有鯊魚出沒的海面。美國轟炸機的機組人員也常常一邊飛越敵方領空，一邊製作冰淇淋[141]，因為他們發現，只要把混合好的冰淇淋原料裝進桶子，執行任務時把桶子綁在飛機外側，著陸時原料已經因為高空的低溫而結凍，同時也被引擎的震動和亂流（或機槍射擊與空中爆炸）攪拌得均勻滑順。地面的軍人則是把頭盔當成混合原料的大碗，用雪和融化的巧克力棒自製冰淇淋。[142]

冰淇淋與國民士氣息息相關。一九五〇年代，海軍陸戰隊最為功勳卓著的路易斯・普勒將軍（Lewis B. "Chesty" Puller）[143]說冰淇淋是「娘炮食物」[144]，並試圖說服海軍陸戰隊員在飲食方面應該陽剛一些，多喝啤酒跟威士忌。此番言論引發國民強烈反彈，五角大廈不得不出面發表官方聲明，承諾每週至少供應冰淇淋三次。

就連卡斯楚也感受到冰淇淋對美國精神發揮的那種影響力。一九五九年他造訪紐約時，被拍下在布朗克斯動物園舔霜淇淋的照片[145]，自此他對美國的冰淇淋和乳製品愛不釋口。美國人走私古巴雪茄到國內的同時，卡斯楚把霍華德・強森的二十八種口味冰淇淋全部走私到古巴，還在哈瓦那開了全球最大的冰淇淋店——一座名為葛佩莉亞的國營「冰淇淋大教堂」[146]（以法國芭蕾舞劇Coppélia命名）[147]，占據整個街區，每天為排隊長達數小時的一萬多名顧客，提供國家補助的冰淇淋。作家馬奎斯（Gabriel

García Márquez）甚至說，他親眼看過這位獨裁者「（吃完）一份豐盛的午餐後，又吃了十八球冰淇淋」。[148]

最後這句話聽起來頗符合馬奎斯的魔幻寫實風格，不過確實發生過比這更加離奇的事情。比如CIA想在卡斯楚每天都要喝的奶昔裡加入肉毒桿菌毒素，可惜殺手下毒之前把膠囊弄破了[149]；這膠囊藏在哈瓦那自由飯店（Havana Libre）的廚房裡，被冷凍在冷凍櫃的內壁上。卡斯楚曾與法國乳製品專家安德烈・瓦贊（André Voisin）激烈爭吵[150]，原因是瓦贊不肯說卡斯楚的乳酪比法國乳酪更好[151]——兩週後，瓦贊在他下榻的古巴飯店裡，死於突發心臟病。還有卡斯楚花了幾十年資助「超級乳牛」的基因改造計畫，目的是超越美國的牛乳產量，這項計畫失敗連連（包括培育一種體型像狗、可養在家裡當寵物的迷你乳牛[152]），直到一頭叫做烏布蕾・布蘭卡（Ubre Blanca[153]，意思是「白色乳房」）的母牛誕生，牠一天可以產奶兩百四十一磅[154]（約一〇九公斤），是普通美國乳牛的四倍以上。（卡斯楚說烏布蕾是「我們了不起的冠軍」[155]，安排牠住在有空調與保全的馬廄裡。一九八五年牠過世的時候，卡斯楚授予牠軍方榮譽[156]，還用一座一比一的大理石雕像紀念牠。）

卡斯楚至少公開認可乳製品與冰淇淋的貢獻，美國可沒有國家級的冰淇淋紀念碑。（聖克魯斯〔Santa Cruz〕郊外有科托尼海岸乳牛牧場國家紀念區〔Cotoni-Coast Dairies National Monument〕，但這是為了紀念一九〇〇年代的科托尼原住民與瑞士酪農。）〔157〕

說了這麼多，其實冰淇淋不是戰爭期間唯一的療癒美食——而且沒那麼容易取得。「一九四四或一九四五年去過歐洲的美國大兵，不可能看不見當地居民的悲慘境況，」〔158〕歷史學家李．肯尼特（Lee Kennett）寫道。根據他的描述，美國軍人會在放飯時重複排隊兩、三次，把多拿的食物送給貧困的當地人；食物和燃料無故消失時，守衛也會刻意視而不見。

與此同時，被囚禁在海外的美國戰俘，往往只能吃長蛆的米飯、不新鮮的麵包、腐爛的蔬菜等等〔159〕，而且食物極少、品質極差。療癒美食，如同一位戰俘所說：「像月亮一樣遙不可及。」〔160〕

「旁人可能會聽到我們在聊政治、運動或其他話題，」在日本戰俘營待了三年多的英國二戰老兵葛丁（Harold Goulding）回憶道，「但我想那些只是象徵意義的話題，我們真正在聊的一直都是食物。」〔161〕

葛丁說，其他象徵就沒那麼隱晦了，例如床位旁的牆上貼的不是美女海報，而是從舊雜誌上撕下來的食物圖片。〔162〕

第四海軍陸戰隊隊員傑根森（Jorg Jergenson）說：「或許是因為身體狀況愈來愈糟，總之差不多一年半後，戰俘的腦袋裡不會再出現女人和女性柔美特質之類的念頭。」〔163〕「肚子空了就想食物，肚子飽了就想女人〔164〕，」另一位戰俘說。

也有人打發時間的方式是分享食譜，還有在廢紙上詳細列出耶誕節要煮什麼菜，前提是如果真能回家的話。

「我當了四十三個月的戰俘，那段日子經常寫食物名稱和節慶菜單，幫助自己維持頭腦清晰與專注，」伙房士官路易斯（Morris Lewis）回憶道：

我不知道我這麼做是出於渴望食物，還是想做好伙房士官的任務……想像一下會有士兵來問我耶誕節將準備哪些菜色，雖然大家都知道這頓大餐永遠不會實現，但是他們一個個跑來問我，能不能把他們想吃的東西放進菜單。這確實喚醒我們最深刻的記憶，也給了我們繼續撐下去的意志力。我們不只是在規劃菜單，更是提供一種希望的感覺，希望有一天能回歸應有或將有的生活。〔165〕

雖然戰俘的菜單上，除了香草冰淇淋還有很多菜餚，卻看得出香草冰淇淋為什麼特別撫慰人心。

蘇・雪帕（Sue Shephard）的論文〈一片月亮〉（A Slice of the Moon）收錄這些菜單並將之分類，在牛津食品與烹飪研討會（Oxford Symposium on Food and Cookery）上發表。她說：「幾乎沒有人會去回憶在餐廳裡優雅吃扇貝和牡蠣、鰨魚、雉雞或夏特布里昂牛排。那不是他們想要記住的食物；代表無條件的愛、無憂無慮、沒有責任壓力的童年家常菜才是。」〔166〕

冰淇淋可說是最具代表性的食物。

飲食史學家瑪格麗特・維薩（Margaret Visser）在著作《一切取決於晚餐》（*Much Depends on Dinner*）〔167〕裡提到：

> 懷舊主要分為兩種，冰淇淋兩種都能呼應。第一種是回顧過往時光。冰淇淋是兒時的快樂，因此能喚起童年記憶；吃冰淇淋使人感到年輕，且至少能暫時感到安心與純真。冰淇淋攤子使用條紋遮雨篷與格子布裝飾，冰淇淋小販拿出小丑、填充娃娃、卡通人物和氣球，不只是為了取悅小孩子，也是為了讓成年人暫時享受兒時歡樂。〔168〕

至於第二種懷舊，她寫道，除了回顧往日時光，也回顧過往的理想及逝去的單純。賣冰淇淋的人也喜歡假裝自己是老派的人，他們的店面營造一種托兒所的氣氛，連裝潢也帶有十九世紀的風格……黑白地磚（而且磁磚最好是六邊形）、曲木椅、「蒂芙尼」檯燈、鏡子、軟墊卡座、大理石櫃台等等。

尤其是香草口味，它帶我們回到人生和冰淇淋都很簡單的年代——儘管製作冰淇淋的過程並不簡單：那是個沒有人工香料、色素、穩定劑、乳化劑和防腐劑的年代。臨床研究似乎證實了這一點。研究人員測試冰淇淋、巧克力與優格對神經系統的影響，發現只有冰淇淋抑制人類的驚嚇反應具有統計學意義。因此他們推論，除了脂肪、糖和低溫之外，冰淇淋的撫慰效果主要來自心理作用：經由後天學習，將冰淇淋的記憶與夏天、假期和友誼聯想在一起。〔169〕

我不想來佛洛伊德那一套，但是冰淇淋與香草帶來的撫慰記憶，或許可追溯到更久以前、我們這輩子吃到的第一口療癒美食。還記得我們在第一章提過，香草是人類母乳中常見的味道（據說羊水也有香草味），而母乳裡的各種味道，會影響我們一輩子的飲食偏好。除了沒有冰晶之外，其實母乳和香草冰淇淋的基本原料相去不遠，母乳比牛乳甜得多[170]，脂肪含量也比較高。[171]

母乳和香草分別經證實，能夠對腳後跟被刺痛的嬰兒發揮安撫與舒緩疼痛的效果。[172]另一項研究發現，哺乳期的母親在餵奶前吃香草，嬰兒「吸吮母親乳頭的時間顯著變長」[173]，吸吮的乳汁增加二十%；這項研究也發現，在配方奶中添加香草，嬰兒吸奶時會更加用力。

或許正因如此，至少在一座戰俘營裡，「冰淇淋」這個暗號代表「來自家鄉的消息」——前戰俘布萊登（Russel Braddon）寫道，因為那是「每個戰俘最強烈的渴望」。[174]

註釋

1 "Howard Johnson, 75, Founder of the Restaurant Chain, Dead," New York Times, June 21, 1972, www.nytimes.com/1972/06/21/archives/howard-johnson-75-founder-ot-the-restaurant-chain-dead-bought.html.

2 Michael Oates and Larbi Oukada, *Entre Amis*, 6th ed. (Boston: Cengage Learning, 2012), 283.

3 權威人士對mon chou的詞源有不同看法。有人認為它來自chou à la crème（奶油泡芙），也有人認為可追溯到動詞choyer（寵愛）。（Oates and Oukada, Entre Amis, 238; Evelyne Bloch-Dano, Vegetables: A Biography, translated by Teresa Lavender Fagan (Chicago: University of Chicago Press, 2012), 51.）

4 Barbara Ensrud, *The Pocket Guide to Wine and Cheese* (Dorset, UK: New Orchard Editions, 1981), 90.

5 Mary A. Knighton, "Down the Rabbit Hole: In Pursuit of Sh　jo Alices, from Lewis Carroll to Kanai Mieko," *U.S.-Japan Women' s Journal*, no. 40 (2011): 49–89.

6 "Top Euphemisms for 'Period' by Language," Clue, March 10, 2016, https://helloclue.com/articles/culture/top-euphemisms-for-period-by-language.

7 "Vanille," OED Online, Oxford University Press, December 2020, www.oed.com/view/Entry/221378.

8 Lady Holland, *A Memoir of the Reverend Sydney Smith*, vol. 1 (London: Longman, Brown, Green, and Longmans, 1855), 262.

9 "Cap o' Rushes," Jacqueline Simpson and Steve Roud, *A Dictionary of English Folklore* (Oxford: Oxford University Press, 2003).

10 "Salty," *OED Online*, Oxford University Press, December 2020, www.oed.com/view/Entry/170227.

11 "Vanilla," *OED Online*, Oxford University Press, December 2020, www.oed.com/view/Entry/221377.

12 Anne Cooper Funderburg, *Chocolate, Strawberry, and Vanilla: A History of American Ice Cream* (Bowling Green, OH: Bowling Green State University Press, 1995), 59.

13 Harold McGee, *On Food and Cooking: The Science and Lore of the Kitchen* (New York: Scribner, 2004), 430.

14 Patricia Rain, Vanilla: The Cultural History of the World's Most Popular Flavor and Fragrance (New York: Penguin, 2004), 5.

15 同前註，2。

16 同前註，10。

17 同前註。

18 同前註，6。

19 同前註。

20 同前註。

21 同前註。

22 Daphna Havkin-Frenkel and Faith C. Belanger, eds., *Handbook of Vanilla Science and Technology*, 2nd ed. (Hoboken: John Wiley and Sons, 2019), 15.

23 還有酪梨也是，avocado源自納瓦特語（Nahuatl）的ahuacatl（睪丸）。（Anju Saxena, ed., Himalayan Languages Past and Present (Berlin: De Gruyter, 2004), 364.）

24 Tim Ecott, *Vanilla: Travels in Search of the Ice Cream Orchid* (New York: Grove Press, 2004), 23.

25 orchid（蘭花）源自希臘語的órχis（睪丸），因為塊根的形狀很像睪丸，所以香草可說是集兩種性暗示於一身。（Anju Saxena, ed., *Himalayan Languages Past and Present.*）

26 Richard Bulliet et al., *The Earth and Its Peoples: A Global History*, 6th ed., vol. 2 (Stamford: Cengage Learning, 2015), 680.

27 Javier De La Cruz Medina et al., "Vanilla: Post-harvest Operations," Food and Agriculture Organization of the United Nations, June 16, 2009, 3.

28 Rain, *Vanilla*, 7.

29 同前註，8。

30 同前註，9。

31 Richard Gray, "Nine Surprising Things Worth More than This Shimmering Metal," BBC, May 31, 2018, www .bbc.com/worklife/article/20180530-nine-surprising-things-worth-more-than-this-shimmering-metal.

32 Melody M. Bomgardner, "The Problem with Vanilla," *Scientific American*, September 14, 2016, www.scientificamerican.com/article/the-problem-with-vanilla.

33 同前註。

34 Nancy Kacungira, "Fighting the Vanilla Thieves of Madagascar," BBC, August 16, 2018, www.bbc.co.uk/news/resources/idt-sh/madagascar_vanillla.

35 Lovasoa Rabary and Hereward Holland, "Madagascar Vanilla Crop Quality Suffers as Thieves Spark Violence," Reuters, July 18, 2019.

36 De La Cruz Medina, et al., "Vanilla: Post-harvest Operations."

37 Finbarr O'Reilly, "Precious as Silver, Vanilla Brings Cash and Crime to Madagascar," *New York Times*, September 4, 2018, www.nytimes.com/interactive/2018/08/30/world/africa/madagascar-vanilla.html.

38 Ecott, *Vanilla*, 36.
39 Bomgardner, "The Problem with Vanilla."
40 Iain Fraser, "Choosy Consumers Drive a Near 1,000% Spike in Vanilla Prices," The Conversation, February 27, 2017, https://theconversation.com/choosy-consumers-drive-a-near-1-000-spike-in-vanilla-prices-72780.
41 Simon Cotton, "Vanillin," Royal Society of Chemistry, February 29, 2008.
42 C. Rose Kennedy, "The Flavor Rundown: Natural vs. Artificial Flavors," Science in the News, Harvard University, September 21, 2015, http://sitn.hms.harvard.edu/flash/2015/the-flavor-rundown-natural-vs-artificial-flavors.
43 Cotton, "Vanillin."
44 Kennedy, "The Flavor Rundown: Natural vs. Artificial Flavors."
45 Kimberly Kindy, "Consumers Are Buying Contaminated Meat, Doctors' Group Says in Lawsuit," *Washington Post*, April 17, 2019.
46 Andrea Rock, "How Safe Is Your Ground Beef?," *Consumer Reports*, December 21, 2015, www.consumerreports.org/cro/food/how-safe-is-your-ground-beef.htm.
47 "Food Defect Levels Handbook," US Food and Drug Administration, September 7, 2018.
48 "CFR—Code of Federal Regulations, Title 21," US Food and Drug Administration, April 1, 2019.
49 「法國香草」指的不是產自法屬玻里尼西亞（也就是大溪地）的香草，而是用蛋黃做冰淇淋的「法式」作法，所以傳統的正宗法國香草冰淇淋是淺黃色。（有些劣質冰淇淋會添加焦糖、胭脂樹紅或薑黃等色素，來模擬蛋黃的顏色，有些還會加入未經乾燥處理的香草豆碎片，不會增添任何風味，純粹是視覺效果，也能讓製造商宣稱他們的冰淇淋「使用真正的香草豆」。）
50 Martin Elkort, *The Secret Life of Food: A Feast of Food and Drink History, Folklore, and Fact* (Los Angeles: Tarcher, 1991), 101–02; Maguelonne Toussaint-Samat, A History of Food, translated by Anthea Bell (Cambridge: Blackwell, 1992), 749.
51 "Sherbet," *OED Online*, Oxford University Press, December 2020, www.oed.com/view/Entry/177992.
52 "Hot Enough for You? Cool Off with a Brief History of Frozen Treats," National Public Radio, August 17, 2016, www.npr.org/sections/thesalt/2016/08/17/490386948/hot-enough-for-you-cool-off-with-a-brief-history-of-frozen-treats.

53 Mary Ellen Snodgrass, *World Food: An Encyclopedia of History, Culture and Social Influence from Hunter Gatherers to the Age of Globalization* (Armonk, NY: Sharpe Reference, 2013).
54 同前註。
55 Margaret Visser, *Much Depends on Dinner: The Extraordinary History and Mythology, Allure and Obsessions, Perils and Taboos of an Ordinary Meal* (New York: Grove Press, 1986), 289.
56 Ludwig van Beethoven, *Beethoven' s Letters: A Critical Edition with Explanatory Notes by Dr. A. C. Kalischer*, translated with preface by J. S. Shedlock, vol. 1 (London: Dent, 1909), 10.
57 George Washington, *The Papers of George Washington*, edited by W. W. Abbot, vol. 1, 1784 –July 1784, University Press of Virginia, 1992, 420–21.
58 George Washington, *The Diaries of George Washington*, edited by Donald Jackson and Dorothy Twohig, vol. 4, 1784–June 1786, University Press of Virginia, 1978, 148–49.
59 John F. Mariani, *The Encyclopedia of American Food and Drink* (New York: Bloomsbury, 2013), 264.
60 Visser, *Much Depends on Dinner*, 293–94.
61 Edgar Stanton Maclay, "The Social Side of Washington's Administration," *Daughters of the American Revolution Magazine* 52, no. 1 (1918): 209.
62 "Ice Cream," Thomas Jefferson's Monticello, www.monticello.org/site/research-and-collections/ice-cream.
63 Sabotiere，放在木桶裡的金屬容器，外面放置冰塊，內部可手動攪拌。
64 Funderburg, *Chocolate, Strawberry, and Vanilla*, 4.
65 同前註，111。See also "Milk Products," *The Western Brewer and Journal of the Barley, Malt and Hop Trades* 54, no. 4 (1920): 127.
66 有些啤酒廠改成製作乳酪，例如藍帶啤酒（Pabst Blue Ribbon）。（Kat Eschner, "How Some Breweries Survived Prohibition," Smithsonian, April 7, 2017.）
67 "Ice-Cream Instead of Beer," *The National Advocate* 54, no. 12 (1919): 2.
68 William H. Young and Nancy K. Young, *The Great Depression in America: A Cultural Encyclopedia*, vol. 2 (Westport, CT:

Greenwood Press, 2007), 253.

69 Julia C. Andrews, *Breakfast, Dinner, and Tea: Viewed Classically, Poetically, and Practically* (New York: Appleton, 1860), 174; Lisa Abraham, "Recipe: Ritz Mock Apple Pie—an Old Time Favorite," Seattle Times, June 23, 2009.

70 仿蘋果派至少可追溯到一八〇〇年代，主要是在蘋果產季以外的時間製作；之所以會在經濟大蕭條期間流行，主要是因為一九三四年麗滋餅乾（Ritz Crackers）上市，餅乾盒背面印有麗滋仿蘋果派的食譜。

71 "Dreyer's Grand Ice Cream," Oral History Center, Bancroft Library, University of California, www.lib.berkeley.edu/libraries/bancroft-library/oral-history-center/projects/dreyers.

72 Nathalie Jordi, "Don't Use the P Word: A Popsicle Showdown," *The Atlantic*, July 9, 2010, www.theatlantic.com/health/archive/2010/07/dont-use-the-p-word-a-popsicle-showdown/59412.

73 John O'Bryan, *A History of Weapons: Crossbows, Caltrops, Catapults & Lots of Other Things That Can Seriously Mess You Up* (San Francisco: Chronicle Books, 2013), 73.

74 Lise Hull, *Understanding the Castle Ruins of England and Wales: How to Interpret the History and Meaning of Masonry and Earthworks* (Jefferson, NC: McFarland, 2009), 52.

75 Heather Arndt Anderson, *Chillies: A Global History* (London: Reaktion, 2016), Apple Books ed.

76 Albert N. Merritt, *War Time Control of Distribution of Foods* (New York: Macmillan, 1920), 149.

77 Adee Braun, "Turning Bacon into Bombs: The American Fat Salvage Committee," *The Atlantic*, April 18, 2014, www.theatlantic.com/health/archive/2014/04/reluctantly-turning-bacon-into-bombs-during-world-war-ii/360298.

78 "Out of the Frying Pan into the Firing Line," Walt Disney, 1942.

79 N. P. Milner, *Vegetius: Epitome of Military Science* (Liverpool, UK: Liverpool University Press, 2001), 67.

80 同前註，84。

81 Tom Standage, *An Edible History of Humanity* (New York: Bloomsbury, 2009), Apple Books ed.

82 "Nicolas Appert," Encyclopaedia Britannica, www.britannica.com/biography/Nicolas-Appert.

83 同前註。

84 同前註。

85 Standage, *An Edible History of Humanity*.

86 Jeanne Mager Stellman and Steven D. Stellman, "Agent Orange During the Vietnam War: The Lingering Issue of Its Civilian and Military Health Impact," *American Journal of Public Health* 108, no. 6 (2018): 726–28.

87 同前註。

88 Committee to Review the Health Effects in Vietnam Veterans of Exposure to Herbicides, Board on the Health of Select Populations, Institute of Medicine, *Veterans and Agent Orange*: Update 2012 (Ninth Biennial Update) (Washington, DC: National Academies Press, 2014).

89 Brian J. Lukey et al., eds., *Chemical Warfare Agents: Chemistry, Pharmacology, Toxicology, and Therapeutics*, 2nd ed. (Boca Raton, FL: CRC Press, 2008), 53.

90 同前註。

91 "Water Conflict Chronology," Pacific Institute, www.worldwater.org/conflict/list.

92 "Text of Intelligence Report on Bombing of Dikes in North Vietnam Issued by State Department," New York Times, July 29, 1972, www.nytimes.com/1972/07/29/archives/text-of- intelligence- report- on -bombing- of- dikes- in- north-vietnam. html.

93 編註：胡佛在第一次世界大戰後期擔任美國食品管理局第一任總監。

94 "Herbert Hoover," The White House, www.white house.gov/about-the-white-house/presidents/herbert-hoover.

95 "Years of Compassion, 1914–1923," Herbert Hoover Presidential Library and Museum, https://hoover.archives.gov/exhibits/years-compassion-1914-1923.

96 George H. Nash, "An American Epic: Herbert Hoover and Belgian Relief in World War I," *Prologue* 21, no. 1 (1989), www.archives.gov/publications/prologue/1989/spring/hoover-belgium.html.

97 Seymour Morris, Jr., *Fit for the Presidency?: Winners, Losers, What-ifs, and Also-rans* (Lincoln: University of Nebraska Press, 2017), 183.

98 William Clinton Mullendore, *History of the United States Food Administration*, 1917–1919 (Stanford, CA: Stanford University Press, 1941), 39.

99 "Sow the Seeds of Victory! Posters from the Food Administration During World War I," National Archives, www.archives.gov/education/lessons/sow-seeds.

100 Mullendore, *History of the United States Food Administration*, 1917–1919, 52.

101 同前註，53。

102 "Sow the Seeds of Victory! Posters from the Food Administration During World War I."

103 Mullendore, *History of the United States Food Administration*, 1917–1919, 87.

104 同前註，97。

105 同前註，89。

106 同前註，89－90。

107 "Sow the Seeds of Victory! Posters from the Food Administration During World War I."

108 Jeff Lyon, "The Misunderstood President," *Chicago Tribune*, April 29, 1985.

109 The Ice Cream Review 1, no. 10 (1918): 2.

110 同前註。

111 同前註。

112 Jefferson M. Moak, "The Frozen Sucker War: Good Humor v. Popsicle," *Prologue* 37, no. 1 (2005), www.archives.gov/publications/prologue/2005/spring/popsicle-1.html.

113 Sam Kean, "Einstein's Little-Known Passion Project? A Refrigerator," *Wired*, July 23, 2017, www.wired.com/story/einsteins-little-known-passion-project-a-refrigerator.

114 同前註。

115 Mullendore, *History of the United States Food Administration, 1917–1919*, 169.

116 同前註，167。

117 "New Sugar Regulations," United States Food Administration, Food Conservation Notes, no. 15, July 6, 1918.

118 Anthony Mitchell Sammarco, *A History of Howard Johnson's: How a Massachusetts Soda Fountain Became an American Icon* (Charleston, SC: History Press, 2013).

119 "Howard Johnson, 75, Founder of the Restaurant Chain, Dead."

120 同前註。

121 "Howard D. Johnson," Rosenberg International Franchise Center, Peter T. Paul College of Business and Economics, University of New Hampshire, https://www.unh.edu/rosenbergcenter/howard-d-johnson.

122 強森坦言，香草口味仍是多數人的最愛。

123 "The Last Howard Johnson's Restaurant Is for Sale: The Demise of a Once-Great Food Chain," The Economist, February 16, 2017, www.economist.com/united-states/2017/02/16/the-last-howard-johnsons-restaurant-is-for-sale.

124 Moak, "The Frozen Sucker War: Good Humor v. Popsicle."

125 同前註。

126 "Good Humor Ice Cream Truck," Smithsonian Institution, June 21, 2011, www.si.edu/newsdesk/snapshot/good-humor-ice-cream-truck.

127 "100 Years of Good Humor," Good Humor, www.goodhumor.com/us/en/our-history.html.

128 "NMAH-AC0451– 0000012," Gold Bond–Good Humor Collection, National Museum of American History, Archives Center.

129 Peter Smith, "The Stunt That Launched Nathan's Famous Stand on Coney Island," *Smithsonian*, July 3, 2012, www.smithsonianmag.com/arts-culture/the-stunt-that-launched-nathans-famous-stand-on-coney-island-312344.

130 David Gerard Hogan, *Selling' em by the Sack: White Castle and the Creation of American Food* (New York: New York University Press, 1997), 17.

131 S. S. Schoff and B. S. Caswell, *The People's Own Book of Recipes* (Kenosha, WI: Schoff and Winegar, 1867), 189.

132 Ron Grossman, "Flashback: Good Humor Delighted Generations with Its Curbside Delivery of Ice Cream Bars—and Not

Even the Mob Could Stop It," *Chicago Tribune*, August 2, 2019.

133 "Ice Cream as Americanization Agent," The Soda Fountain 20, no. 7 (1921): 81.

134 譯註：Bolshevik，前蘇聯共產黨員。

135 同前註。

136 Mariani, *The Encyclopedia of American Food and Drink*, 518.

137 Jill Reilly, "In My Day, All We Got for Easter Was a Carrot on a Stick: Newsreel Reveals What Children Got Instead of Chocolate Eggs in WW2," *Daily Mail*, April 2, 2012, www.dailymail .co.uk/news/article-2123981/In-day-got-Easter-carrot-stick-World-War-Two-showreel-reveals-children-swapped-ice-cream-carrots.html.

138 其他的戰時替代品包括用馬鈴薯泥製作的仿牛奶糖。（Lee Edwards Benning, *The Cook' s Tales: Origins of Famous Foods and Recipes* (Old Saybrook: Globe Pequot, 1992), 119.）

139 Funderburg, *Chocolate, Strawberry, and Vanilla*, 143.

140 同前註，142。

141 McGee, *On Food and Cooking*, 43.

142 "Transcript of an Oral History Interview with Richard T. Meland, Communications, Anti-Aircraft Artillery, Army, World War II," Wisconsin Veterans Museum Research Center, 1995, 14.

143 "Gen. Chesty Puller Dies; Most Decorated Marine," *New York Times*, October 12, 1971, www.nytimes.com/1971/10/12/archives/cert-chesty-puller-diesi-most-decoralted-marine-commissioned-at-20.html.

144 Betty Cuniberti, "Celebrating 40 Years of 31 Flavors," *Los Angeles Times*, December 11, 1985.

145 Meyer Liebowitz, "Fidel Castro Eating Ice Cream," April 2, 1959, Getty Images, www.gettyimages.com/detail/news-photo/cuban-president-fidel-castro-eats-an-ice-cream-cone-as-he-news-photo/2967514.

146 Myles Karp, "The History of Cuba's Ongoing Obsession with Ice Cream," Vice, May 10, 2018, www.vice.com/en_us/article/mbkje8/history-of-ice-cream-cuba-fidel-castro-ubre-blanca-coppelia.

147 Jason Motlagh, "The Future of Cuba's Socialist Ice-Cream Cathedral," *The Guardian*, April 14, 2015, www.theguardian.

com/world/2015/apr/14/future-of-coppelia-cuba-socialist-ice-cream-cathedral.

148 Gabriel García Márquez, "A Personal Portrait of Fidel," in Fidel Castro, *Fidel: My Early Years*, edited by Deborah Shnookal and Pedro Álvarez Tabío (Melbourne: Ocean Press, 2005), 13.

149 Anthony Boadle, "Closest CIA Bid to Kill Castro Was Poisoned Drink," Reuters, July 5, 2007, www.reuters.com/article/us-cuba-cia/closest-cia-bid-to-kill-castro-was-poisoned-drink-idUSN0427935120070705.

150 Guillermo Cabrena Infante, *Mea Cuba* (New York: Farrar, Straus and Giroux, 1994), 324.

151 瓦贊的知名著作包括《理性放牧》(*Rational Grazing*) 和《土壤，青草與癌症》(*Soil, Grass and Cancer*)。

152 Peter Fritsch and Jose De Cordoba, "Castro Hopes to Clone a Famous Milk Cow," *Wall Street Journal*, May 21, 2002, www.wsj.com/articles/SB1021927734453270880.

153 "The History of Cuba's Ongoing Obsession with Ice Cream."

154 Fritsch and De Cordoba, "Castro Hopes to Clone a Famous Milk Cow."

155 Fidel Castro, "Fidel Castro Addresses Medical Students," Havana Domestic Television Service, March 12, 1982, Castro Speech Data Base, Latin American Network Information Center, http://lanic.utexas.edu/project/castro/db/1982/19820314.html.

156 Karp, "The History of Cuba's Ongoing Obsession with Ice Cream."

157 Samantha Clark, "Santa Cruz County Supervisors Support Cotoni-Coast Dairies as Name for Proposed National Monument," *Santa Cruz Sentinel*, June 23, 2015, www.santacruzsentinel.com/2015/06/23/santa-cruz-county-supervisors-support-cotoni-coast-dairies-as-name-for-proposed-national-monument.

158 Lee Kennett, *G.I.: The American Soldier in World War II* (Norman: University of Oklahoma Press, 1997), 197.

159 Sue Shephard, "A Slice of the Moon," in *Food and theMemory: Proceedings of the Oxford Symposium on Food and Cookery 2000*, edited by Harlan Walker (Devon, UK: Prospect, 2001), 226–29.

160 Quoted in ibid., 225.

161 同前註，223。

162 同前註，235。

163 Quoted in Jan Thompson, "Prisoners of the Rising Sun: Food Memories of American POWs in the Far East During World War II," in *Food and the Memory: Proceedings of the Oxford Symposium on Food and Cookery 2000*, edited by Harlan Walker (Devon, UK: Prospect, 2001), 274, 280.

164 Quoted in Shephard, "A Slice of the Moon," 235.

165 Quoted in Thompson, "Prisoners of the Rising Sun," 278–79.

166 Shephard, "A Slice of the Moon," 233.

167 譯註：《一切取決於晚餐》繁體中文版由博雅出版社翻譯出版。

168 Visser, *Much Depends on Dinner*, 315–16.

169 Peter Walla et al., "Food-Evoked Changes in Humans: Startle Response Modulation and Event-Related Brain Potentials (ERPs)," *Journal of Psychophysiology* 24, no. 1 (2010): 25–32.

170 Mark Kurlansky, *Milk!: A 10,000-Year Food Fracas* (New York: Bloomsbury, 2018).

171 Harold H. Williams, "Differences Between Cow's and Human Milk," *The Journal of the American Medical Association* 175, no. 2 (1961): 104–07.

172 Mahnaz Jebreili et al., "Comparison of Breastmilk Odor and Vanilla Odor on Mitigating Premature Infants' Response to Pain During and After Venipuncture," *Breastfeeding Medicine* 10, no. 7 (2015): 362–65.

173 Julie A. Mennella and Gary K. Beauchamp, "The Human Infants' Response to Vanilla Flavors in Mother's Milk and Formula," *Infant Behavior and Development* 19, no. 1 (1996): 13–19.

174 Russell Braddon, *The Naked Island* (New York: Doubleday, 1953), 159.

7

暢飲新瓶裝舊酒

The Ghosts of Cockainge Past

幾乎所有民族，不分野蠻人與文明人，都會為特殊日子安排特別的慶祝活動，並且喜氣洋洋地參加，這是一種人類本能。這種專注於特殊時刻的傾向，回應了跳脫平凡與日常的人類需求，使我們暫時逃離單調生活的重壓。〔1〕

——克雷門特・邁爾斯（Clement A. Miles），十九世紀作家

兩條醃培根肉的價值，抵得過參加五萬次衛理宗佈道會外加宗教傳單。儘管犯法將面對監獄船和絞刑架等可怕的刑罰，但看見醃肉掛在架子上，防止偷盜的效果勝過整部刑法。醃肉給人好心情，也是促進家庭和諧的聖品。〔2〕

——威廉・柯柏特（William Cobbett），十九世紀英國議員

除了喚起兒時的純真與回憶，療癒美食當然具備更多涵義。有些療癒美食呼應童年與家鄉的記憶，有些則呼應毫無節制與過度放縱（例如禁酒令期間用冰淇淋取代酒精），以一種帶有儀式意味、不被認同的方式，帶領我們逃離現實與成年後，壓得人喘不過氣的種種束縛。

前一章提過，戰俘的耶誕菜單上，有許多菜色正是這種「帶著罪惡感的享受」——每年十二月底聚在一起大啖美食的習俗，源頭可不是什麼貞潔的傳統或宗教教義，而是歡慶豐收的享樂（不是伊比鳩魯強調的那種均衡的快樂，而是美國重金屬樂團克魯小丑〔Mötley Crüe〕那種墮落的快樂，貪圖美食、獻祭牲禮、政治異議和放縱性慾）。

當然，現代耶誕節本身，也提供有益身心健康與懷舊的撫慰感，只是「耶誕假期」與禮物、放假，以及狂吃切片烤肉、塞滿餡料的火雞跟精緻酥皮糕點之間的關聯，早在基督教、撒旦、甚至耶穌誕生之前就已存在，背後除了實用的原因，另有重要的深意。自從農業和畜牧出現，十二月一直是吃療癒美食的高峰期，因為冬天快來了，所以得在白雪覆蓋季節性牧草前宰殺牲畜，新鮮的肉類和蔬菜必須趕緊吃掉，或是在冬季降霜前保存起來。[3]通常十一月是收割作物跟養肥牲畜的月份，十二月烘焙上個月採收的作物，並且在牲畜最肥壯時宰殺牠們。古代德語和盎格魯薩克遜語的十一月分

別是Slagmonat（屠宰月）和Blodmonath（血月）。〔4〕

雖然這些作法都是世俗傳統，但早期的基督教會沿用了這些作法，中世紀的教堂與畫了精美插圖的經文手稿裡，都有關於「每月勞動」的描述。〔5〕有些是圖畫，例如用斧頭劈開豬隻或放乾豬血；有些則是拉丁語月曆上的文字敘述：十月Semen humo jacto（我播種），十二月Mihi macto（我宰殺牲禮獻祭）。〔6〕恰好十二月也是雁鳥等野生禽類（以及後來的火雞）最適合宰殺的時候，因為春天破殼的雛鳥已成長得相當肥美成熟〔7〕；另外，此時還能暢飲秋收穀物發酵釀製的新酒。〔8〕因此在大部分的歷史記載中，十二月向來是儀式性團聚和慶祝的月份，人們聚在一起大吃大喝，甚至會把飲酒時的祝福與宰殺的牲畜獻給各種神祇或聖靈，表達對過往豐收的感恩心意，或是請求來年也得到庇佑，這些習俗散見於各種文化。順帶一提，「光明」的象徵意義與許多歲末聚會交織在一起，因為這段時間剛好碰到冬至，白晝愈來愈短，黑暗似乎戰勝了光明。為了確保光明不滅，羅馬人、異教徒和斯堪地那維亞人，都有使用油燈、燈籠和篝火的各種傳統儀式，向太陽或光明之神致敬。〔9〕除此之外，在世界步入冬天變得既陰暗又死氣沉沉之際，還有分別代表生命、好運和繁殖的槲寄生、花圈和樹木。〔10〕

不過歲末吃大餐還有另一個平凡的理由。如同我們現在的寒假與公司的節慶聚餐，飲食史學家肯．阿爾巴拉（Ken Albala）說，大餐的作用「類似安全閥：給大家一個機會釋放壓力後，今年餘下的時間能繼續安份工作」。[11]因此本質上，這是菁英階層提供的節日紅利，窮人獲准狂歡縱慾，體驗一次富裕的生活，這樣他們就不會心生反抗、殺死主人——跟現在企業舉辦的聚餐很像，只是在那個年代這種作法更有必要，因為當時的生活比較艱苦（大家也真的只能吃稀粥過日子）[12]，而且那是工會、有薪假與產假問世之前的年代，所以對平民階級來說，豐收慶典不僅是難得的享樂機會，甚至可能是唯一的機會。

農神節（Satrunalia）正是這樣的節日，它的字源是拉丁語的*sata*（種子）和*serere*（播種）[13]，這兩個字也是英語的season（季節）、semen（精液）、Saturday（週六）與sabbath（安息日）的字源。農神節是向掌管播種的神祇薩圖恩（Saturn）致敬的活動，時間是每年十二月十七日到二十三日這一週[14]，很接近冬至。農神節的目的，是重現神話裡薩圖恩統治的黃金時代[15]，據說他將農業這份禮物送給羅馬人，帶領羅馬人進入一段和平繁榮的理想國時期，有點像是羅馬版伊甸園。所以每年這個時候，大家都會更加和善待人，學校和商家關門休息，人們交換禮物、殺豬獻祭，奴隸暫時獲得自由，還可以借主人的衣服來穿。[16]這些活動主要由富人負擔，他們必須為奴僕舉辦宴席，為窮人敞開家門。如同我們逢年過節為了花錢而煩惱，那個年代的富人也一樣。

除了農神節，還有一個系列慶祝活動叫酒神節。希臘酒神節叫 Dionysia，羅馬酒神節叫 Bacchanalia，前者紀念希臘酒神戴歐尼修斯（Dionysus），後者紀念羅馬酒神巴克斯（Bacchus），酒神掌管葡萄採收[17]、葡萄酒、醉酒[18]、祭典狂熱、狂喜與富饒。酒神節的食物應該是比我們現在的節慶療癒美食原始一點，但也可能新鮮一點，據說可能含有獻祭動物[19]或甚至人類[20]的生肉。幸好人們可能因為喝得太醉，而嘗不出味道或是遺忘那種味道，因為酒神節慶典期間沒有喝醉是很失禮的[21]，甚至是犯罪，這表示你沒有對提供葡萄酒的神祇心懷感恩。

醉酒縱慾、身穿山羊皮腰布、男扮女裝還有陰莖塑像[22]……，這些慶祝方式看似與後來的基督教盛宴八竿子打不著，但仔細想想，其實吃生肉配葡萄酒，與現代基督教的聖餐禮沒有那麼大區別，因為現代聖餐禮的葡萄酒和聖餅象徵耶穌的血肉。有些學者認為，慶祝酒神節的人也相信自己在吃酒神的肉、喝酒神的血。[23]

此外，由於這些儀式通常是夜晚的祕密活動，有些學者相信，它們的視覺和聽覺效果，例如原始的吼叫，以及戴著動物面具的人群在火炬照明下進行儀式等，可能是淘氣的魔怪（gremlin）在耶誕十二夜裡到處搞破壞的神話源頭，它們會偷食物、破壞家具、嚇壞小朋友——進而帶來基督徒在耶誕夜點燃耶誕木柴（yule logs）[24]防止魔怪從煙囪進入屋內，以及為魔怪保留食物表達善意的習俗（這或許是為耶誕老公公準備餅乾的前身）。

值得注意的是，尤爾節（yule）[25]的起源是個未解之謎。有人說它源自條頓人或斯堪地那維亞人的節日，這些節日都與火焰、大餐和禮物有關[26]；有人說是源自薩克遜人紀念雷神索爾（Thor）的獻祭與宴飲儀式[27]；還有人認為yule的字源是hwéol[28]、iol或iul（輪子）[29]，象徵日出日落與季節更迭。無論尤爾節從何而來，總之它後來被基督徒用來紀念耶誕十二日與後來我們統稱的耶誕季。[30][31]另外還有一種說法是，yule的字源是斯堪地那維亞語的jól，慢慢演變成古法語的jolif，再演變成現代英語的jolly（歡樂）。[32]要是當初有更多人留下文字紀錄就好了……

總之，其他冬季饗宴基本上都像尤爾節一樣消失了。歷史學家瑪德琳・沙納翰（Madeline Shanahan）說：「從十一月到一月的這些節慶之中，沒有一個是耶誕節的直接源頭。」[33]但是它們一起奠定了耶誕節的基礎。

基督教一邊在歐洲散播，一邊把各種異教徒、斯堪地那維亞人、羅馬人與凱爾特人的傳統納為己用，選擇十二月二十五日為耶穌慶生就是一例[34]，因為這個日子原本就跟宴飲、聖餐禮和重生有關。於是火炬成了耶誕樹和耶誕木柴，太陽（sun）回歸變成聖子（son）重生，異教徒的靈魂鬼怪成了聖靈。克雷門特·邁爾斯在《基督教與異教的耶誕儀式與傳統》（*Christmas in Ritual and Tradition Christian and Pagan*）裡寫道：「基督教的象徵符號，只不過是將異教徒的習俗重新包裝。」〔35〕

其實早在西元六〇一年，教宗額我略一世（Pope Gregory I）就在信裡提過這件事，提供了將祭祀宴飲轉化為基督教節慶的基本架構：

> 他們習慣宰殺許多牛隻獻祭給魔鬼，應以莊嚴儀式取而代之。在為教堂奉獻的日子，或是放置殉教聖人遺骸的教堂為聖人慶生的日子，他們可以用樹枝在這些異教廟宇改造的教堂周圍搭建神龕，以宗教宴飲慶祝莊嚴的節日。不可再讓他們宰殺動物獻祭給魔鬼，而是以讚美上帝為目的，宰殺動物自己食用，並且因著自己的富足對賜予萬有的神心懷感恩；如此一來，他們可以在保有部分外在喜悅的同時，對內在喜悅產生更多回應。要冥頑不靈的人立刻革除舊習是不可能的，因為頂峰絕非一蹴可幾，循序漸進方有機會登頂。〔36〕

還有一種轉化手法是這封信裡沒有提及的，那就是用宗教齋戒來平衡這些狂歡宴飲，以特定時期的克己節制，做為抑制肉體歡愉和饕餮罪惡的正式手段——確保法律與社會秩序終將成為大眾的主流價值。

歷史學家布莉姬．安．翰尼施（Bridget Ann Henisch）寫道：

中世紀的年曆很像黑白方格棋盤。齋戒與宴飲交錯登場，各有各的特色與時間限制，卻也為彼此賦予意義和價值。為了達到真正的心靈提振效果，宴飲與齋戒必須像季節一樣輪番上陣。齋戒期結束後迎來宗教大餐，回報齋戒的不只是今生的一場大餐，更是來世天堂饗宴的希望。齋戒和宴飲都必須是個人與社會刻意為之的奉獻，如此才能發揮價值。富人毫無節制的輕率宴飲只是粗鄙的放縱；窮人擺脫不了長期飢餓，因為「缺乏食物，彷彿每天都是大齋期」，也只是單純的悲慘罷了。〔37〕

這種作法還有一個附加作用，那就是表明誰才是真正的掌控者。〔38〕宴飲不單單是慈善之舉，更是權力的展現，東道主（包括宗教的與世俗的東道主）藉此展示自己的財富、世故與特權，不只是熱量爆表（亦即食物數量龐大），食物的新鮮程度、種類多元、新穎性和外觀，也要誇張到令賓客驚訝。

這是因為食物保鮮在那個年代是一大考驗，平民在節慶宴飲之外的日常食物——肉類、蔬菜、甚至乳酪——都加了大量的鹽或是風乾保存。[39]尤其是冬季。「每年到了年底，」歷史學家芮伊．坦納希爾說，「他們會用鹽把牛肉、豬肉、野味和淡水魚醃起來，為灰暗的冬季做好準備，並且最後一次享用新鮮肉類，因為接下來將有好幾個月吃不到。」[40]就連相對簡樸的食物，例如中世紀農民的基本食物麵包[41]，也是每週只烤一次（多數人都是如此），因為研磨麵粉、生火和等待麵團發酵都很費工夫，減少烘焙大塊麵包的頻率符合整體經濟效益。別忘了，那是現代防腐劑尚未出現的年代，同樣是擺放六天，那時候的麵包（平均而言）比現在的麵包更硬、更難吃。有文字紀錄顯示，法國的農家麵包硬到必須用斧頭劈開。[42]

相對而言，上層階級不但有能力天天享用新鮮食物，包括新鮮麵包，還能吃到「上層麵包皮」（upper crust）[43]，這個詞後來衍伸為「上流社會」正是由此而來。現在的切片麵包很便宜，麵包皮更是不值一提，這實在很可惜，因為正統麵包的上層麵包皮通常是最好吃的部位，除了口感之外，那裡通常也是灑上香料的地方。

食物種類多元也是展現特權的方式。即使到了今日，對大部分的人來說，多道菜餚（multiple courses）輪番上桌的一餐仍屬於奢侈享受，但中世紀的菜餚沒有最誇張，只有更誇張。歷史學家瑪德蓮・佩爾納・科斯曼（Madeleine Pelner Cosman）寫道：「中世紀的course比現代的course在詞義更接近拉丁語字源currere，意思是奔跑、時間順序的流動和流淌。」[44]因此中世紀的course既是指動作迅速，也意指動作的順序（Follow the course〔遵循流程／方向〕），同時也有事件依序發生的意思（Dinner has run its course〔晚餐從頭到尾順利結束〕）。當時的一道菜很可能動用十幾個盤子盛放，由侍者動作迅速地依序端上餐桌。

以一三九九年亨利四世的加冕筵席為例[45]，雖然只有三道肉類菜餚，卻足足用了四十幾個盤子，內容包括胡椒醬肉、帶牙野豬頭、小天鵝、肥閹雞、雉雞、蒼鷺、鱘魚、鹿肉、填餡豬肉、孔雀、鶴肉、兔肉、小母雞、白鷺、麻鷸、鷓鴣、鴿子、鵪鶉、田鷸和老鷹。一四二四年，巴斯與威爾斯主教尼可拉斯・鮑布威思（Nicholas Bubwith）的喪禮筵席只上了兩道肉和兩道魚[46]，菜色包括nomblys de roo（一種鹿內臟做的umble pie[47]〔簡陋的派〕）、豬排、閹雞、天鵝、天鵝頸肉布丁、蒼鷺、雉雞、丘鷸、鷓鴣、鴴、田鷸、雲雀、鹿肉和yrchoun（填滿餡料的豬胃外面用杏仁裝飾，模擬海膽或刺蝟）[48]、鰻魚、鯡魚、大西洋鱈魚和鮃鱈、鮭魚、狗魚、鱈魚、黑線鱈、褐鱈、鰈魚、鯛魚、鱸魚、炸米諾魚以及螃蟹。

香料也能用來炫耀財富，不但是「炫富的絕佳展示品」[49]，也是「鋪張浪費的指標」。[50]宴客時拿出世界各地難以入手的香料，基本上就是在展現自己的商業觸角有多寬廣，握有較不為人知的香料貿易管道，知道怎麼接觸遙遠、甚至神祕的國度。

黑胡椒與肉桂是中世紀最常見（也最昂貴）的兩種香料。當時的香料商人經常捏造與香料產地有關的異國故事，藉此哄抬價格。有人說胡椒生長在毒蛇護衛的森林裡，必須先點火燒樹把蛇嚇跑，所以黑胡椒豆莢才是黑灰色的。[51]有人說肉桂取自巨大的鳥巢（可能是鳳凰或一種叫cinnamologus〔肉桂鳥〕[52]的生物），位在人類攀爬不到的高處，只能用重箭把鳥巢射下來。有一個故事說，肉桂只能用沒有槳、帆和舵的筏子運送，耗時五年穿越危險的水域，而且僅靠勇氣推動筏子[53]；還有一個故事說肉桂生長在湖裡[54]，看守湖水的生物長著翅膀，若是不用獸皮包裹全身上下，眼睛就會被這些生物挖出來。（順帶一提，與香料炫富相反的是：從歷史上看，每當香料跌價到人人都買得起，它們就會變得沒那麼受歡迎。[55]因此，當人們知道肉桂其實長在樹上後，肉桂就被拿去做甜點了，胡椒跟鹽更是淪為免費的餐桌裝飾品。有些中世紀紅極一時的香料，例如肉豆蔻皮和長胡椒，甚至直接從香料櫃裡消失。）

比較香料與黃金的重量單價，是現在量化香料成本的常見作法，但這種作法在中世紀毫無意義，因為中世紀的廚師會用真正的黃金給食物調味，此外還有珍珠粉和玫瑰水[56]等浮誇的香料。用意當然不是增添美味，而是為了炫富，因此添加香料通常並不考慮廚藝或味道上的平衡。威廉・愛德華・米德（William Edward Mead）在《英格蘭中世紀饗宴》（*The English Medieval Feast*）裡寫道：「這當然意味著做菜方式愈複雜愈好，就像醫師和藥劑師的處方箋一樣，廚師會在一道菜裡，盡量加入各種無法調和的食材，只要不是難吃到無法下嚥就好。」[57]所以糖會用來給牡蠣調味，不是因為好吃，也不是為了展現廚藝，而是因為只有富人才這麼做（這道菜叫做「劣質肉汁煮牡蠣」〔oysters in gravy bastard〕[58]，真是貼切）。

如同節慶本身，中世紀筵席上的許多食物也顛覆了秩序——至少表面上是如此。呈現征服自然的感覺是地位的終極象徵，所以廚師要在廚房裡扮演上帝，施展可食用的神奇魔法，例如用蛋白製作人造雪，這道菜叫「雪滿盤」（dyschefull of snowe）[59]，有點類似蛋白糖霜；裸體雕像裡噴出葡萄酒或玫瑰水[60]；用食用色素和染劑改變食物的顏色：血可以把食物染成褐色或黑色[61]，薄荷與歐芹用來染綠，蛋黃、番紅花和蒲公英用來染黃。（有些學者認為，現代的復活節彩蛋源自這種作法，在大齋期結束後妝

點雞蛋，慶祝雞蛋回歸。）〔62〕

有一種受歡迎的擺盤技術是把不同的動物縫在一起，挖出裡面的肉煮熟後再塞回去，基本上就是可以吃的動物標本。例如把公雞或母雞烤熟並填滿後，在牠頭上戴一頂頭盔，翅膀底下塞一枝銀葉或金葉長矛，再把牠放在烤乳豬背上，彷彿烤雞正要騎著烤豬上戰場——這道菜叫 coqz heaumex（盔雞）。〔63〕另外有道菜是先剝了天鵝的皮，烤熟天鵝肉後再把皮套回去，用烤肉叉撐起天鵝，做出一副活生生的模樣，這就是經典名菜 cignes revestuz（天鵝再穿衣）。〔64〕同樣的工法也用在孔雀身上，只是多了個步驟：把一個泡過酒精的布團塞進孔雀嘴裡，上菜前點火燃燒，營造孔雀噴火的效果〔65〕——類似現在鐵板燒餐廳的洋蔥火山，只不過是暗黑版本。還有一道菜叫 cokagrys（cok 是「雞」，grys 是「豬」），也就是把豬頭縫在雞的身體上，雞頭縫在豬的身體上：

取一隻老雞，拔光雞毛，洗乾淨，體內全部挖空，只保留雞腿，把內餡填回去；取一隻豬，體內全部挖空，把內餡填回去，緊緊縫合，雞豬入水滾煮；滾煮一段時間後，取出，插在烤肉叉上炙烤；邊烤邊塗抹蛋黃與番紅花；烤熟之後淋上醬汁，灑上金銀箔。〔66〕

或許這些料理的最佳集體典範——也是耶誕大餐演化過程中的另一個里程碑——是大齋期開始前的狂歡節（Carnival），字源是拉丁語的carne levare（把肉移開）。法國歷史學家埃曼紐・勒華拉杜里（Emmanuel Le Roy Ladurie）說，狂歡節是大齋期齋戒之前「最後一次異教徒式的放縱」。[67]基督徒大齋期戒食肉類與動物產品，目的是紀念耶穌曾在荒野禁食四十天，而狂歡節則是基督教盛行前各種豐收慶典的綜合體，用基督教的懺悔重新包裝後再出發。除了前面提過的各種附加功能：消除社會壓力的安全閥、浮誇的權力展示、性慾和味覺的放縱，現在又多了一個人為問題，那就是必須在為期六週的禁食開始前，吃光這些東西[68]，所以更有理由暴飲暴食，不像過去的冬季宴飲只是為了抵擋寒冬。順帶一提，為了減少浪費，人類也發揮創意善用食材。例如有些歷史學家認為，法式土司（pain perdu）是源於必須在大齋期之前把蛋吃光。

狂歡節的重頭戲，是結尾會有擬人化的大齋期與狂歡節，在舞台上假裝持劍打一架[69]，大齋期的形象通常是瘦弱的女性，帶著魚和蔬菜從混亂人群中登場，狂歡節則是胖胖的男性，武器是肉類與代表陰莖的香腸。有時大齋期會拿麵包或木製的麵包鏟（從烤爐中取出麵包的巨大鍋鏟）當武器，身上穿著韭蔥、魚鱗或淡菜殼做的盔甲[70]；狂歡節會騎在雄鹿背上，頭上戴著野豬頭當頭盔。[71]無論如何裝扮，勝利永遠屬於大齋期，象徵回歸正常，並且提醒大家，混亂和脫序並非長久之計：正義與秩序必勝，罪惡與肉慾必敗〔72〕，享樂的時間結束了，大家必須回去工作，明年同一時間再見。也有其他中世紀慶典會重演亞當、夏娃和伊甸園的墮落〔73〕，以恐懼為手段提醒人們，若不循規蹈矩就會惡運臨頭。有點像耶誕節那種恩威並施的手段，如果沒有乖乖聽話一整年，就會被寫進壞孩子名單裡。

中世紀的文學作品和寓言故事，也反映出相同的觀念，將這些主題的影響力擴及一年四季。例如在許多慶祝狂歡節的文化裡，也有與顛覆現實的神祕夢想世界有關的故事，「目的是讓悲慘的日常生活變得更容易忍受」。〔74〕就像戰俘列出想像中的耶誕大餐一樣，這些夢想世界也圍繞著食物。

極樂之地（Land of Cockaigne）應該是最有名的故事，**Cockaigne**發音類似英語的**cocaine**（古柯鹼），但字源是中世紀低地德語的**kokenje**（蛋糕）。〔75〕荷蘭人也有類似的樂土故事叫**Luilekkerland**〔76〕，由**leuzig**（懶惰）〔77〕和**likken**（舔拭）〔78〕組成；德國人的版本叫**Schlaraffenland**〔79〕，衍生自**schlaff**（放蕩）。〔80〕這些故事都可說是成人版的《糖果屋》（*Hansel and Gretel*），只不過糖果屋裡也有啤酒和蕩婦：屬於成人的夢幻世界，建立在懶散、肉慾和完全無需妥協的思維架構上，這是一個驕奢淫逸的世界，不會死、不用工作，也不用繳稅。

荷蘭文學歷史學家赫曼．普萊（Herman Pleij）說：「到了中世紀早就沒人相信世上真有這種地方，但這些故事仍持續在歐洲流傳好幾個世紀。能夠想像一個沒有日常煩惱的地方，理想人生以夢想的形式提供過度補償，對他們來說顯然極為重要。」〔81〕

夢想世界一年四季都是完美氣候，但偶爾會有派餅或卡士達醬像雨滴一樣從天而降〔82〕，雪是糖粉〔83〕，冰雹是糖衣杏仁。街道是由薑和肉豆蔻鋪設而成〔84〕，河水是葡萄酒、啤酒或甜甜的牛奶〔85〕，整棟建物都可食用。建材是培根、香腸和蛋糕〔86〕，固定建材的釘子是布丁或丁香；梁柱是奶油或豬肉〔87〕；屋瓦是鬆餅或水果塔。〔88〕

工作嚴格禁止，有時甚至會以監禁處罰；懶散則受到鼓勵。如果肚子餓了，只要張嘴就會有煮熟的鳥兒自動飛進嘴裡，燉煮得恰到好處，還灑上丁香和肉桂調味〔89〕；或是有一頭煮熟的豬自動跑到你面前，背上插著刀叉〔90〕，高喊：「吃我！」；或是一條烤魚從河裡直接跳進你手中。〔91〕熱騰騰的酥皮糕點從屋頂滑下；飽滿的櫻桃直接從地面長出來，不用伸長手去摘，而且連果核也是糖；樹上長出司康餅、派餅和甜甜圈；驢子、狗、牛和馬拉的屎分別是「甜美的無花果」〔92〕、肉豆蔻、鬆餅和水波蛋。〔93〕

享受性愛同樣很容易——最重要的是享受性愛無須感到羞恥，不會遭到批判，也沒有「必須結婚的負擔」。[94]

「蕩婦在那個國度備受尊敬，」一五四六年荷蘭版的樂土故事寫道，「她們愈淫蕩嬉鬧，就愈受人喜愛。據說養淫蕩的妓女很花錢，但在那個地方肯定是另一回事，因為那裡所有的肉體歡愉都唾手可得、完全免費。你只需要動動嘴，甚至只要起心動念，就可以心想事成：嘴巴，你想吃什麼？心，你想要什麼？」[95]

德國版的極樂之地有時會分區，不同的罪惡有各自的專屬領土。[96]例如妓女共和國（Republic of Venerea），地標包括墮胎（Abortiva）、慾望（Lustig）、野種（Bastarda）、情婦（Concubina）和狼窩（Lupanar），狼窩是中世紀對妓院的俗稱，起源於妓女被稱為母狼（lupae），因為她們是「性愛和經濟的掠奪者[97]」，會「凶猛地剝奪客戶的財富」。

此外還有一種青春之泉[98]，能使人永遠停留在三十歲；而且只要睡覺跟說謊就能賺錢。[99]

但如同豐收慶典（還有《糖果屋》與亞當夏娃的故事），你得先克服一個障礙：雖然這些烏托邦全年無休，問題是地點非常隱密，就算你真的知道在哪兒，也必須在豬糞大海裡游七年才能抵達[100]，或是吃掉厚達三英里的粥山——基本上就是告訴你，天下沒有白吃的午餐。

有些故事利用反向心理來突顯這一點。例如讚揚蕩婦的荷蘭版樂土故事最後再次強調，對墮落的流浪漢與大惡棍等想要浪費生命的人來說，那裡確實是個好地方：

> 生活在那個國度，最丟臉的事莫過於善良、合理、正直與可敬的行為，以及想要靠雙手自食其力。善良誠實的人會被眾人厭惡，最終遭到驅逐……相反地，粗鄙不堪和愚笨的人——以及沒有能力或意願學習的人——會被認為是高尚的人。最沒用、最不可靠、最粗魯、最愚鈍以及最懶惰的人，最墮落的流浪漢與大惡棍——這樣的人將受到國王般的稱頌。粗鄙愚笨的人可成為王子……最愛喝葡萄酒或狂飲啤酒的人，滿腦子只想牛飲、從日出喝到日落的人，將可加官進爵。愛做白日夢、成天都在睡覺的懶鬼，在那些地方被視為有教養的貴族。如果在這個國家有任何浪蕩子想要做出前述行為——放棄榮譽、美德、誠實和禮貌等虛偽舉止，當然還有智慧與知識——這些粗鄙笨拙的人應該前往那片樂土，他們肯定會立刻受到推崇與尊敬。〔101〕

如同狂歡節的戲劇，最後勝出的英雄不是追求冒險、財富、權力與個人自由的人，而是待在家裡吃稀粥的人——因為總得有人耕田播種、為下次豐收做好準備，包括實質意義和象徵意義上的豐收。

其實這是過去兩千年來唯一的變化。人類依然藉由交換禮物、生火、關閉學校、為窮人供應食物和聚餐來慶祝冬至——差別是：現在那個快樂的胖子不用在慶典結束時死去，彰顯克制與回歸平衡。現在我們都坐在他腿上，還會留餅乾給他吃。

註釋

1 Clement A. Miles, *Christmas in Ritual and Tradition, Christian and Pagan* (Detroit: Gale, 1968), 17.

2 William Cobbett, *Cottage Economy* (London, 1823).

3 Madeline Shanahan, *Christmas Food and Feasting* (Lanham, MD: Rowman & Littlefield, 2019), 36.

4 R. S. Ferguson, "Culvershouses," *The Archaeological Journal*, June 1887, 106.

5 "Labours of the Months: December," Victoria and Albert Museum, http://collections.vam.ac.uk/item/O7617/labours-of-the-months-december-panel-unknown.

6 Piero Camporesi, *The Magic Harvest: Food, Folklore and Society, translated by Joan Krakover Hall* (Malden, MA: Blackwell, 1998), 43.

7 Shanahan, *Christmas Food and Feasting*, 36.

8 同前註，10。

9 Joan P. Alcock, "The Festival of Christmas," in *Oxford Symposium on Food and Cookery 1990*, edited by Harlan Walker

(Devon, UK: Prospect, 1990), 27.

10 同前註。

11 Ken Albala and Trudy Eden, *Food and Faith in Christian Culture* (New York: Columbia University Press, 2011), 16.

12 譯註：作者在此處玩了文字遊戲：grueling有艱辛，艱苦的意思，gruel則是窮人吃的稀粥。

13 Anais N. Spitzer, *Derrida, Myth and the Impossibility of Philosophy* (London: Continuum, 2011), 107.

14 Frederick B. Jonassen, "Lucian's Saturnalia, the Land of Cockaigne, and the Mummers' Plays," *Folklore* 101, no. 1 (1990): 58–68.

15 同前註。

16 E. O. James, *Seasonal Feasts and Festivals* (New York: Barnes & Noble, 1961), 176.

17 Victor Shea and William Whitla, eds., Victorian Literature: *An Anthology* (West Sussex, UK: John Wiley and Sons, 2015), 749.

18 "Dionysus," in *The Oxford Classical Dictionary*, 3rd rev. ed., edited by Simon Hornblower and Antony Spawforth (Oxford University Press, 2005).

19 同前註。

20 William Smith, *Dictionary of Greek and Roman Antiquities* (Boston: Little, Brown, 1859), 413.

21 同前註，411。

22 同前註，410–414。

23 A.J.M. Wedderburn, *Baptism and Resurrection: Studies in Pauline Theology Against Its Graeco-Roman Background* (Tübingen, Germany: Mohr Siebeck, 1987), 323.

24 Clement A. Miles, Christmas Customs and Traditions: Their History and Significance (New York: Dover, 1976), 244–45.

25 譯註：尤爾節也叫耶魯節，是古代日耳曼民族慶祝的節日，耶誕節的前身。

26 Alcock, "The Festival of Christmas," 27.

27 W. F. Dawson, *Christmas: Its Origins and Associations* (Detroit: Gale, 1968), 15.

28 Miles, *Christmas Customs and Traditions*, 171–72.

29 Dawson, *Christmas*, 15.

30 我們現在仍用耶誕「季」來指稱耶誕節也算是歪打正著，對吧？

31 "Yule," in Jacqueline Simpson and Steve Roud, A Dictionary of English Folklore (Oxford: Oxford University Press, 2003).

32 "Jolly," OED Online, Oxford University Press, December 2020, www.oed.com/view/Entry/101618.

33 Shanahan, *Christmas Food and Feasting*, 10.

34 "The Festival of Christmas," 27.

35 Miles, *Christmas in Ritual and Tradition, Christian and Pagan*, 183.

36 同前註，179。

37 Bridget Ann Henisch, *Fast and Feast: Food in Medieval Society* (University Park: Pennsylvania State University Press, 1976), 28.

38 同前註，10－11。

39 Massimo Montanari, *Medieval Tastes: Food, Cooking and the Table, translated by Beth Archer Brombert* (New York: Columbia University Press, 2012), 155–56.

40 Reay Tannahill, *Food in History* (New York: Stein and Day, 1973), 209.

41 Montanari, *Medieval Tastes*, 58.

42 E. J. Kahn, Jr., *The Staffs of Life* (Boston: Little, Brown, 1984), 169.

43 Mary Ellen Snodgrass, *Encyclopedia of Kitchen History* (New York: Fitzroy Dearborn, 2004), 68.

44 Madeleine Pelner Cosman, *Fabulous Feasts: Medieval Cookery and Ceremony* (New York: George Braziller, 1976), 20.

45 同前註。

46 同前註，24。

47 Alex Johnson and Vincent Franklin, *Menus That Made History* (New York: Hachette, 2019).

48 同前註。

49 Cosman, *Fabulous Feasts*, 45.
50 同前註。
51 Marjorie Shaffer, *Pepper: A History of the World's Most Influential Spice* (New York: St. Martin's Press, 2013), 6–7.
52 W. Geoffrey Arnott, *Birds in the Ancient World from A to Z* (New York: Routledge, 2007), 97–98.
53 Andrew Dalby, *Dangerous Tastes: The Story of Spices* (University of California Press, 2000), 38.
54 同前註，37。
55 Ken Albala, *Food: A Cultural Culinary History*, The Great Courses, transcript book, 2013, 371–72.
56 同前註。, 282.
57 William Edward Mead, *The English Medieval Feast* (New York: Houghton Mifflin, 1931), 58.
58 同前註，55。
59 Albala, *Food*, 388-89.
60 Katherine C. Little and Nicola McDonald, eds., *Thinking Medieval Romance* (Oxford: Oxford University Press, 2018), 13.
61 Cosman, *Fabulous Feasts*, 61–63.
62 "A Hunt for Medieval Easter Eggs," *Medieval Manuscripts Blog*, British Library, April 14, 2017, https://blogs.bl.uk/digitised manuscripts/2017/04/a-hunt- for- medieval- easter- eggs. html.
63 Terrence, Scully, ed., *The Viandier of Taillevent: An Edition of All Extant Manuscripts* (Ottawa: University of Ottawa Press, 1988), 300.
64 同前註，303。
65 Richard Warner, *Antiquitates Culinariae, or, Curious Tracts Relating to the Culinary Affairs of the Old English* (London, 1791), xxiii.
66 同前註，66。
67 Emmanuel Le Roy Ladurie, *Carnival in Romans*, translated by Mary Feeney (New York: George Braziller, 1979), 307–08.
68 Henisch, *Fast and Feast*, 38.

69 Ken Albala, *Food in Early Modern Europe* (Westport, CT: Greenwood Press, 2003), 196.

70 Samuel Kinser, *Rabelais' s Carnival* (Berkeley: University of California Press, 1990), 48.

71 Terence Scully, *The Art of Cookery in the Middle Ages* (Woodbridge, UK: Boydell Press, 1995), 63.

72 當然，除非你很有錢。

73 Herman Pleij, *Dreaming of Cockaigne: Medieval Fantasies of the Perfect Life, yranslated by Diane Webb* (New York: Columbia University Press, 2001), 7.

74 同前註，6。

75 "Cockaigne," *The Oxford Dictionary of Phrase and Fable*, 2nd ed., edited by Elizabeth Knowles (Oxford University Press, 2005).

76 Pleij, *Dreaming of Cockaigne*, 77.

77 "Lazy," *OED Online*, Oxford University Press, December 2020, www.oed.com/view/Entry/106558.

78 "Lick," OED Online, Oxford University Press, December 2020, www.oed.com/view/Entry/108002.

79 Hans Hinrichs, The Glutton's Paradise (Mount Vernon, NY: Peter Pauper Press, 1955).

80 Anatoly Liberman, *An Analytic Dictionary of the English Etymology: An Introduction* (Minneapolis: University of Minnesota Press, 2008), 114.

81 Pleij, *Dreaming of Cockaigne*, 3.

82 同前註，34。

83 同前註，42。

84 同前註，35。

85 同前註，34、41。

86 同前註，40。

87 同前註，34、40。

88 同前註。

89 "The Land of Cockaygne," MS Harley 913, ff. 3r-6v, British Library, London.
90 Jonassen, "Lucian's 'Saturnalia,' the Land of Cockaigne, and the Mummers' Plays."
91 Pleij, *Dreaming of Cockaigne*, 3.
92 同前註，41。
93 Hinrichs, *The Glutton' s Paradise*, 7.
94 Pleij, *Dreaming of Cockaigne*, 39.
95 同前註，43。
96 Hinrichs, *The Glutton' s Paradise*, 21-27.
97 Carla Freccero, "A Race of Wolves," in *Animots: Postanimality in French Thought*, edited by Matthew Senior, David L. Clark, and Carla Freccero, Yale French Studies, no. 127 (New Haven, CT: Yale University Press, 2015), 121.
98 Hinrichs, *The Glutton' s Paradise*, 23.
99 Pleij, *Dreaming of Cockaigne*, 43-44.
100 Ben Parsons, "Fantasy and Fallacy in the Old French Cocaingne," *Viator* 46, no. 3 (2015): 173–93.
101 Pleij, *Dreaming of Cockaigne*, 43-44.

8

新世代的選擇
The Choices of a New Generation

你必須擁有太多，才能擁有足夠。[1]

——法國諺語

百事可樂，新世代的選擇。

——一九八〇年代百事可樂廣告

選擇人生，選擇工作，選擇事業，選擇家庭，選擇一台該死的大電視，選擇洗衣機、汽車、CD播放機和電動開罐器。選擇健康、低膽固醇與牙科保險。選擇固定利率房貸，選擇廉價首購房，選擇朋友，選擇休閒服飾和搭配的行李箱，選擇分期付款購入的三件式套裝家具該用哪種該死的布料。選擇DIY並在週日早上懷疑自己到底是誰。選擇坐在沙發上一邊看麻痺心智、摧毀心靈的遊戲節目，一邊把垃圾食物塞進嘴裡。選擇在一切結束時慢慢腐爛，在悲慘的家裡呼出最後一口氣，對你生出來取代自己的那幾個自私又沒用的屁孩來說，你是一個難堪的存在。[2]

——《猜火車》(*Trainspotting*)

時至今日，極樂之地已不再是幻想，農業與糧食生產技術進步使我們終年都能大吃大喝、放縱無度。飼料用馬鈴薯到了十七世紀已開始大量種植，人類能夠延遲每年宰殺牲畜的時間[3]，豬隻可以養到一月或二月再殺，從此畜牧業逐漸發展成不受季節影響，現在一年四季都能飼育和宰殺牲畜，也能買到非當季的蔬果，例如全年都能買到蘋果，貨架上永遠有柳橙汁。

我們過的生活無異於現代版的極樂之地，一個食物無限供應、選擇多到違反自然規律的夢幻烏托邦。

雖然沒有派餅從屋頂滑下來，也沒有背上插刀的烤豬跑來跑去，但是我們有食物外送**app**、超市定期訂購服務、得來速和免洗餐具。不用下車就能買到全天候供應的早餐、用炸雞胸肉或糖霜甜甜圈取代漢堡麵包，也買得到去核櫻桃、無籽西瓜，以及裝在拋棄式塑膠袋裡的切塊蘋果。

美國作家葛雷格·伊斯特布魯克（Gregg Easterbrook）寫道：

> 現在美國和歐洲老百姓過的生活，不但超越古往今來九十九％的人類，甚至超越歷史上大多數皇室成員……康乃爾大學經濟學教授羅伯·法蘭克（Robert Frank）

指出，加油站超商販售的卡本內紅酒與夏多內白酒「品質大大超越過去法國國王喝的葡萄酒」。現代超市販售的低價商品，對大部分曾在地球上生活的人來說，都是難以企及、一輩子沒有機會品嘗的珍饈。〔4〕

雖然許多低收入社區仍屬於食物沙漠，新鮮蔬果不容易買到，或是就算有也買不起，因此生鮮食材尚未完全普及，但是新鮮的加工食品隨處可見。有超過三十六％的美國人每天吃速食〔5〕，每個月吃速食的比率上升為八十％〔6〕，每年則是九十六％。

亞當・錢德勒（Adam Chandler）在《大西洋》雜誌裡寫道：「從圖書館、健身房到集體禮拜的場所，沒有哪個機構能如此受歡迎。就連網際網路的群眾忠誠度和參與度，也遠遠比不上速食店。美國人心目中若有一個必然性排名，應該會是這個樣子：死亡、婚前性行為、速食與所得稅。」〔7〕

此外，速食變得愈來愈快速、愈來愈聰明，也愈來愈便利。除了透過行動app和簡訊點餐，麥當勞等連鎖餐廳也開始利用人工智能與機器學習，根據時間、天氣和交通模式，來客製化得來速菜單。〔8〕這還只是開始而已。想像一下得來速會用偵測器掃描人臉，並依照你的體重、脈搏和呼吸提供客製化點餐建議。也許你想點加大薯條來配合你的頸圍？或是今天諸事不順，想來杯巧克力奶昔？還有連鎖速食店正在嘗試用車牌辨識器，來記住顧客的餐點。[9]（有誰想打賭牌照稅貼紙過期與不負責任的食物選擇，或是浮誇的車牌與浮誇的濃縮咖啡飲料之間存在著關聯？）

現在我們只要開口點餐，就會面臨排山倒海而來的客製化選擇。這很諷刺，因為速食產業原本建立在有系統的專職化以及「少即是多」的觀念之上。以麥當勞為例，他們的早期成功[10]來自於菜單上只有三個品項[11]：十五美分的漢堡、二十美分的奶昔與十美分的薯條，出餐快、品質穩定，而且經濟實惠。以前麥當勞不允許客製化的選擇[12]，因為這樣會拖慢速度，而麥當勞的食物之所以賣得那麼便宜，正是因為賣得很快（減少等待時間[13]，每位顧客僅需等待二十秒）。不用準備客製化餐點、沒有桌邊服務、無須擔心翻桌率，這樣每小時就能賣出更多漢堡、奶昔跟薯條。流程既簡化又單一。

社會人類學家傑瑞米．麥克蘭西寫道：

> 麥當勞不是一家「餐廳」，而是運作順暢的組裝線，製作出一模一樣、品質穩定的產品。這裡沒有廚師，甚至連快餐店的廚子也沒有，因為不需要「煮東西」。這裡只有商人所說的「食物管理系統」。這種標準化作業是麥當勞的成功關鍵。

一切都很合理：產品、服務、烹調過程、座位安排、分店地點與軟硬體技術，都是依照唯一的「最佳作法」黃金原則來設計規劃……每一個細節都經過仔細思量：櫃台大小、收銀台的數量、收銀台之間的距離、收銀台附近的站立空間、銀台與桌子之間的距離、桌子大小、椅子的數量與位置。這能確保生產空間獲得充分利用，有足夠的排隊空間和正確的站坐比。為了不讓顧客在店內逗留，刻意使用坐久了不舒服的固定式硬座椅。如此一來，客人享有快速的食物，餐廳享有快速的翻桌率。〔14〕

麥當勞極為重視一致性與效率，他們甚至在炸物的油裡加入一種矽基聚合物，來減少噴濺〔15〕，進而減少清潔的時間。這種聚合物叫做聚二甲基矽氧烷，也用來製造殺頭蝨的藥〔16〕、保險套潤滑劑和隆乳填充物。〔17〕很酷吧？

但後來速食業漸漸轉向增加選擇與提供客製化餐點。光是立即供餐還不夠，現在我們還要餐點照我們的方式製作。客製化運動的分水嶺發生於一九七四年〔18〕，漢堡王的「你選你味」(Have it your way) 廣告歌傳遍大街小巷，主要是為了回應一九六〇和一九七〇年代的反文化（counterculture）、父權社會的壓迫、因為不信任企業和政府而追求個體性，以及二戰後誕生的軍事工業複合體：

來點酸黃瓜，來點萵苣
特製餐點不會讓我們不高興
只求你能讓我們幫你選你味！
你的現做華堡烤牛肉
想加什麼配料任你選
只要你ＯＫ，任你選你味！〔19〕

在某種程度上，客製化漢堡成了速食版本的留長髮、燒掉胸罩表態，或是在福斯汽車後座做愛：是抗議主流理念、激怒父親、告訴全世界你不是乖乖牌上班族的方式。

在那之後，食物品牌愈來愈迎合顧客，藉由增加選擇使顧客感受到權力與自由，連極樂與放蕩之地的那些食物都相形失色。其實有不少速食店的廣告會模仿這些夢幻世界，最有名的，當屬漢堡王二〇〇五年的「夢幻農場」廣告（Fantasy Ranch）〔20〕，由歌手戴利斯．路克（Darius Rucker）伴唱，背景裡有衣著暴露的牧場女工、農夫的女兒與啦啦隊員，將「你選你味」的觀念衍生出更多涵義：

我的肚子開始咕嚕咕嚕叫
很想吃點好吃的
閉上眼睛等待驚喜
來到嫩脆培根切達乳酪牧場

我愛嫩脆培根切達乳酪牧場
雞胸肉就長在樹上
培根田園沙拉醬流淌
滿溢到你的膝上

這裡有培根風滾草
切達乳酪鋪滿街道
不會有人擋道，因為你有力道

翹臀女郎列隊夾道
永遠不會惹禍，也不需要藉口
這就是嫩脆培根切達乳酪牧場

我愛嫩脆培根切達乳酪牧場
沒有人嘮叨不休
再瘋狂的幻想也能實現
達拉斯啦啦隊員幫你修面
紅洋蔥帶來歡笑
薯條遍地似雜草
耍廢一整天，樂透都中獎
有個國王希望你選你味
就在嫩脆培根切達乳酪牧場

凱莉・派克伍德・費里曼（Carrie Packwood Freeman）與黛博拉・莫斯金（Debra

Merskin）的論文〈他選他味：速食廣告裡的男性雄風〉（Having it His Way: The Construction of Masculinity in Fast-Food TV Advertising）指出，很多廣告似乎也在暗示一種沒有「嘮叨的妻子、女友和老媽」〔21〕的生活方式，例如完全不呈現這些人際關係，或是把妻子跟女友描繪成男性爭取自由的障礙。至於貓頭鷹（Hooters）和雙峰（Twin Peaks）之類的「波霸餐廳」就更不用說了。

食物品牌在做的事，基本上跟那些中世紀的東道主差不多，差別是：後者宴客時，為貴族提供部位最優質的肉與「上層麵包皮」，而現在人人都能享受這些尊榮待遇。我們不但可以選擇來點酸黃瓜和萵苣，購買「快樂兒童餐」還能得到限量版玩具（當然是仿效家樂氏玉米片附贈品的作法）。

對照一下漢堡王二〇一四年的廣告文宣，在經過四十年之後，「你選你味」變成了「做自己」（Be your way）：

不完美又何妨。表達自我最重要，我們的差異使我們成為獨立個體，而不是機器人。一直以來，漢堡王餐廳就是這樣的地方，張開雙臂歡迎真實的你，吃你想吃的、用你想要的方式、跟你想要的人一起，然後走出標準化的世界。標準化的世界說，

與眾不同可能會引人側目。漢堡王品牌說：「想看就盡量看吧。」〔22〕

可以說，漢堡王販售的產品從漢堡變成自尊。

同一篇新聞稿進一步解釋，華堡的客製化種類高達「二十二萬一千一百八十四種，再加上火烤印記，這表示每一個華堡都獨一無二」。〔23〕這句話很有意思，因為用輸送帶製作漢堡維持品質一致，是漢堡王引以為傲的作法〔24〕——但至少火烤印記不是畫上去的。這是速食業界常見的手法，能讓預製的冷凍漢堡看起來像新鮮手作。

邁向客製化的餐廳並非只有漢堡王與麥當勞。配合顧客需求、快速出餐的休閒餐廳背後，也有相同的動機，例如墨西哥餐廳奇波雷（Chipotle）。（麥當勞曾是奇波雷持股九十%的大股東〔25〕，此事並非巧合。）我們消費者基本上就是在扮演國王（或古代的豐收神祇），命令服務人員「照我們的意思」做事，享受著豐富多元的食物選擇。

澳洲散文作家伊麗莎白・法瑞里（Elizabeth Farrelly）寫道：

> 我們小時候想像自己是國王與皇后，穿著貂皮大衣，永遠住在雄偉的宮殿裡，這種渴望似乎從未離去；個人的富貴奢華，似乎仍是我們對人生最宏大、最光明的

想像……我們以為——姑且稱之為城堡假設（castle-premise）——民主把國王的權利交到每個人手中，像仙女灑出魔法粉一樣，將遙不可及的夢想輕鬆變成永續的現實。〔26〕

舉例來說，星巴克能提供的飲品組合超過八萬七千種〔27〕〔28〕，而且許多原料彷彿產自極樂之地。有鮮奶油、「香草」糖漿（成分是糖、水、天然香料、山梨酸鉀與檸檬酸）〔29〕、烤白巧克力摩卡醬、脫脂摩卡醬、黑巧克力屑、海鹽焦糖〔30〕（其實是糖、海鹽與二氧化矽）、煙燻牛奶糖、蒸蘋果汁、法式香草牛奶、節日彩糖顆粒、焦糖醬、巧克力餅乾碎片、雲朵冰奶泡、蜂蜜、「雲粉」、抹茶粉、凍乾火龍果、一種叫做「粉紅飲料」的東西、怡口糖、Splenda代糖、甜菊羅漢果糖——喔，別忘了他們也賣咖啡。說真的，星巴克的菜單讀起來跟埃及的醫書很像，只差沒有貓毛和陰莖水。

雖然現在我們不受季節限制，但我們有季節限定的拿鐵：南瓜香料拿鐵、薑餅拿鐵、蛋酒拿鐵和冰摩卡輪番上陣，放在星巴克專用尺寸的杯子裡——tall（中杯）、grande（大杯）、venti（特大杯）——杯子上還寫了我們的名字。因為普通的small（小杯）和medium（中杯）看起來都太平庸、太普通了。如果你購買的咖啡夠多，還可以收集虛擬星星跟勳章。

在工業消費主義與量產的年代，這樣的自由與個人化，使我們覺得自己不那麼像機器裡的齒輪或是上班機器人。在一個早已被征服和均質化的世界裡，這是我們展現個人獨特命運的方式。

史丹佛大學的研究者金熙貞（Heejung Kim，音譯）與海瑟．蘿絲．馬可斯（Hazel Rose Markus）認為：「當一個人在舊金山的咖啡館點了低咖啡因脫脂牛奶卡布奇諾，可能會因為自己的偏好不那麼尋常而沾沾自喜。」[31]

這也能解釋用個性對抗「大廠牌啤酒」的精釀啤酒為什麼受到喜愛，以及瓶裝水為什麼每年能在全球獲利一千億美元[32]，儘管會對環境造成明顯的影響（光是二〇一六年製造的塑膠就超過四十億磅〔約一八〇萬公噸〕）。[33]公共飲水機隨處可見，成本跟瓶裝水相比僅是九牛一毛[34]，而且大致上跟瓶裝水一樣安全潔淨[35][36]，更何況有許多瓶裝水與飲水機使用相同水源。[37]

耶魯大學的心理學家保羅．布倫（Paul Bloom）寫道，瓶裝水「是社會學家托斯坦．范伯倫（Thorstein Veblen）所說的炫耀性消費，能用來展現你擁有多少財富，或是更廣泛地說，用來炫耀你這個人的正面特質」，例如品味、令人信以為真的純粹，或是熱愛運動。布倫說：「如果瓶裝水是免費的，或是有顯著的健康益處，就無法傳遞諸如此類的訊息……也不會有那麼多人喝瓶裝水。」[38]

我們對於個人化與炫耀性消費的渴望，也反映在現代超市上。第一家自助超市出現於一九一六年[39]，在那之前，顧客必須在櫃檯等待店員取貨，就像現在購買刮鬍刀片與某些感冒藥時一樣，不過以前是為了防止竊盜，現在是為了防止我們用感冒藥製作甲基安非他命。此外，他們可能得跑好幾個地方購物：去麵包店買麵包，去肉舖買肉，去藥店買汽水或藥物。後來店員消失了[40]，取而代之的是購物推車——還有條碼機、快速結帳和自助結帳。到了一九四〇年代[41]，普通超市通常會供應三千種商品；現在許多超市供應的商品將近有九萬種。

現在光是奧利奧餅乾就有五十多種選擇[42]：薄片、低脂、金色、檸檬、漂浮沙士、水果酒、奶油花生醬、里茲奶油花生餅乾、巧克力、草莓巧克力、裹白色牛奶糖、可可碎片、杯子蛋糕、紅絲絨、肉桂捲、西瓜、香蕉船、開學日（四種不同的開學設計）、薑餅、辣薄荷、焦糖蘋果、南瓜香料、棉花糖、草莓奶油蛋糕、瑞典小魚軟糖、煙火（內餡含跳跳糖）、餅乾夾烤棉花糖、餅乾麵團、墨西哥萊姆派、布朗尼麵糊、密西西比泥巴派、鄧肯甜甜圈摩卡、生日蛋糕（有巧克力版與金色版）、萬聖節（內餡是橘色奶油[43]，再搭配嚇人的造型）、彩虹雪酪冰淇淋。

這還不包括國際版口味[44]，例如中國的辣雞翅與山葵。除此之外，還有各式各樣的內餡偏好（原味、雙倍夾心、超厚夾心、極厚夾心）與包裝偏好（國王號、家庭號、餅乾杯、隨手包、萬聖節限量幽靈螢光包）。

如同中世紀筵席和幻想中的極樂之地，許多食物選擇似乎藉由實現不可能，來顛覆自然：零脂肪冰淇淋、零卡汽水、無糖鬆餅糖漿、奶精、即時米飯、不含外皮與碳水化合物的麵包、素培根。食物被偽裝成另一種樣貌。中世紀把填滿餡料的豬胃打扮成刺蝟、或是孔雀假裝噴火的作法不復存在，但現在我們有恐龍形狀的雞塊，還有星際大戰的尤達與黑武士造型的乳酪通心麵——嚴格說來，它們已不算是通心麵。現在也沒有鑲金帶銀的食物，但是有彩糖顆粒與可食用亮粉、萬聖節的黑麵包華堡[45]，以及能把牛奶「神奇地」變成藍色的亮粉紅水果球穀片。[46]我們不再將食材縫合在一起，而是直接改造基因。[47]

飲食作家蘇菲・伊根（Sophie Egan）寫道：「僅是發明新產品已經不夠看了，現在還得創造衝擊才行。這種在營養方面屬於災難等級的東西，例如油炸奶油棒，過去只有在各州博覽會才有機會看到。但現在遍及全國的連鎖速食店，也販售這種不可思議

的組合，就在大家平常會去用餐的地方。」〔48〕

最近的例子包括星巴克的獨角獸星冰樂〔49〕，這款飲料猶如調色盤，原料包括芒果糖漿、藍色酸醬、「香草」鮮奶油、粉紅色糖粉與藍色酸粉，聞起來是紫色的強烈氣味，但喝起來是粉紅色的酸味；肯德基的雙層炸雞堡用炸雞取代漢堡麵包〔50〕，甜甜圈卡啦雞腿堡則是用香草糖霜甜甜圈取代漢堡麵包〔51〕；亨氏番茄醬（Heinz）推出限量版的紅髮艾德番茄醬〔52〕，標籤上有紅髮艾德的簽名與刺青圖案；此外還有各種聯名商品，例如漢堡王的香辣乳酪奇多〔53〕，還有塔可貝爾餐廳的多力多滋脆皮塔可餅。多力多滋脆皮塔可餅上市的第一年，就賣出超過十億份，據說顧客多到塔克貝爾必須雇用一萬五千名新員工，才足以應付需求。〔54〕

傳統觀念認為，如此多元的選擇應該會使我們變得更快樂，我們應該慶幸自己生活在一個人類祖先（或甚至小時候的自己）只能想像的世界裡，我們不僅享有無窮盡的選擇，而且只要想吃超多果肉番茄麵醬，就無須將就自己吃多果肉番茄麵醬。知名作家麥爾坎．葛拉威爾（Malcolm Gladwell）以〈選擇、快樂與義大利麵醬〉（Choice, Happiness and Spaghetti Sauce）為主題的ＴＥＤ演講在網路上瘋傳〔55〕，他解釋了心理物理學家〔56〕霍華德．馬斯可維茲（Howard Moskowitz）如何說服食品品牌放棄單一的完美配方，改成提供多種配方增加消費者的選擇，讓世界變成一個更快樂的地方。葛拉威爾以百事健怡可樂為例，它的甜味來自阿斯巴甜而不是蔗糖（或玉米糖漿），但百事可樂必須精準算出甜度才能讓產品上市，於是他們聘請馬斯可維茲來找出最佳甜度。葛拉威爾說：「這問題看起來非常容易回答。」[57]其實不然。馬斯可維茲發現，消費者喜好的甜度大不相同。數據相當分散，無法鎖定一個完美的「最佳甜度」，他認為這意味著百事可樂問錯了問題——他們要找的不該是單一最佳配方，因為最佳配方不只一個。

對百事可樂來說，這種作法顯然很花錢，所以最後他們選了一個折衷的甜度，但是馬斯可維茲把他的觀察心得運用在其他品牌上。一九八〇年代金寶湯公司（Campbell's）為了打敗對手樂谷（Ragù），請他來挽救當時搖搖欲墜的義大利麵醬品牌普格（Prego），馬斯可維茲告訴他們同一句話：與其試圖用一款完美麵醬取悅每個消費者，不如提供多款完美麵醬。若你有幸在一九八〇年代早期買過番茄麵醬，應該知道跟現在一整條走道的選擇相比，實有天壤之別。運氣好的話，才有機會在普格與樂谷之間二選一。馬斯可維茲點出了一個事實：業界並未滿足每一種口味偏好。光有原味與多果肉這兩種麵醬是不夠的——有些人（其實是差不多三分之一的美國人）都希望番茄麵醬裡能有超多果肉。葛拉威爾提到，普格後來決定推出一款超多果肉番茄麵醬，在接下來的十年期間，這款產品為他們賺進超過五億美元收益。

這就是現在市面上有無數種番茄麵醬的原因。光是普格一家，就有傳統口味、低卡傳統口味、無添加糖傳統口味、過敏體質傳統口味、烤大蒜與香草、新鮮蘑菇、香腸與大蒜肉醬、辣腸肉醬、迷你肉丸肉醬、三種乳酪、多果肉番茄與綠葉蔬菜、櫛瓜丁、濃郁伏特加、番茄羅勒大蒜、低鈉蘑菇、低鈉烤紅椒與大蒜、佛羅倫斯波菜與乳酪、辣紅椒、青醬大蒜、培根與普羅沃洛內乳酪。[58]此外還有一系列義式白醬（家常白醬、低卡家常白醬）與農夫市場麵醬（鷹嘴豆和羽衣甘藍、白豆和烤大蒜）。多不勝數，在此就不贅述了。

葛拉威爾說，擁有如此豐富的選擇令消費者「欣喜若狂」，藉由「接受人類的多樣性，我們會找到一條更明確的幸福道路」。[59]

其實這段話只在一個很小的範圍內成立（至少在食物的選擇上是如此，而不是其他方面的多樣性）。當然，在飲食方面擁有選擇，總比別無選擇來得好。從生物學的角度來說，人類天生渴望豐富多元的食物，原因已在前面解釋過，例如避免我們賴以維生的單一作物歉收、雨水不足、冬季提早到來，或是藉由多元飲食來預防糙皮病和壞血病。伊麗莎白・法瑞里寫道：「當然，從演化的角度來說，慾望存在的原因顯而易見。人類演化的環境資源稀少，所以慾望被放在第一位：最常發生性行為、吃得最多或擁有最多東西的人，就有可能成功繁衍後代。」〔60〕

要不是人類喜歡追求新奇、刺激的食物來源，還有打從心底渴望綜合口味與家庭號包裝，我們連出生的機會也沒有。

但是，總有選擇多到令人受不了的時候——選擇與快樂的關聯性鐘形曲線再次下滑，無法滿足的渴望終於將我們淹沒。如果每個人都能喝到自己偏好的百事可樂口味，真的會很開心嗎？他們會不會期待在人生的其他方面，也能享有同樣的多樣性與完美——一個不可能達到的標準？（還記得伊比鳩魯說的那段話嗎？「對於只吃一點還嫌不夠的人來說，吃再多都不夠。」〔61〕）事實上有許多研究指出，能帶來快樂的食物選擇上限是四到六種〔62〕，超過上限反而會使我們變得不快樂。

「無論你的品味偏好有多明確，面前的選擇愈多，吸引你的選項就愈多，」心理學家希娜・艾恩加（Sheena Iyengar）說：

> 你遲早會碰到沒有足夠的空間、金錢或時間去享受這麼多選擇的情況。這表示你必須做出犧牲，而每一次犧牲都要付出心理代價。你一邊享受著你所做的選擇，

一邊遺憾自己不得不放棄其他選擇。總體而言，「失去」其他選擇造成的遺憾，說不定會超過多元選擇帶來的快樂，滿足感還不如一開始沒有那麼多選擇。〔63〕〔64〕

心理學家稱之為「選擇的悖論」（the paradox of choice）。對此，心理學家貝瑞．史瓦茲（Barry Schwartz）解釋道：「別無選擇的人生，簡直讓人無法忍受。面對逐漸增加的選擇（例如現今的消費文化），這種多元性帶來的自主、掌控和解放的感受很強大，也很正面。但隨著選擇不斷變多，大量選擇造成的負面影響也會漸漸浮現。選擇愈來愈多，負面影響也愈來愈強，直到令我們難以承受。到了這種地步，選擇不再是一種解放，而是一種負擔。甚至可說是一種蠻橫的對待。」〔65〕

也就是說，我們除了擔心錯過，還把每一個選擇都當成庫存品，結果變得更加焦慮。選擇沒有為我們帶來自由，反而加重我們的負擔。

像馬斯可維茲一樣，艾恩加的結論同樣直接來自超市〔66〕，而她研究的超市是加州門洛公園（Menlo Park）的德瑞格超市（Draeger's Grocery store）。她在這家超市進行了一項意義重大的消費者購買行為實驗，方法是分送免費的試吃果醬。她與史丹佛大學的同事在這裡設置了試吃攤位，每隔幾小時就改變試吃的果醬數量，一組是選擇較多的二十四種，另一組是選擇較少的六種。（順帶一提，果醬品牌是威爾金父子〔Wilkin & Sons〕，號稱是「英女王的果醬供應商」。）〔67〕如你所料，二十四種果醬吸引的顧客比六種更多（前者六十%，後者四十%），但是真正購買的顧客卻遠低於後者：試吃二十四種的顧客之中，只有三%購買果醬；試吃六種的顧客之中，有三十%購買果醬。這在統計上是很大的差異。雖然選擇多的攤位吸引了較多顧客，但是在選擇少的攤位試吃果醬的顧客，購買的果醬是前者的六倍以上。

在選擇多的攤位試吃果醬的顧客，通常沒買就直接離開，而且似乎感受到沉重的壓力，他們因為擔心選錯果醬所以乾脆不買——有些人甚至花了十分鐘仔細比較各種口味，討論了果醬的「相對優勢」〔68〕後依然選擇不買。

希娜．艾恩加解釋道：

選擇很少的時候，我們會對自己的選擇感到滿意，因為我們相信這就是最好的選擇。但面對無窮無盡的選擇時，我們相信最好的選擇必定藏在某個地方，我們有責任把它找出來。於是選擇可能變成一種雙輸的局面：若是沒有充分探索每一個選項就快速決定，我們可能會後悔自己錯過更好的選項；但詳盡考慮每一個選項將花費更多精力（卻不一定能提高判斷力），如果後來又發現其他不錯的選項，我們也許會對自己無法全部都選而感到遺憾。從日常生活，例如選擇餐廳，到意義更重大的決定，例如結婚對象或事業跑道，都有可能陷入這樣的困境。〔69〕

難怪現在離婚率這麼高。如果我們連一罐草莓果醬都難以抉擇，怎麼有能力決定與某個人共度餘生呢？

此外，多元的食物選擇設下不可能達成的標準，更使情況雪上加霜。有了零脂肪的冰淇淋與美乃滋之後，我們怎麼會對十五％的體脂肪感到滿意呢？只要吃一碗添加維生素的穀片，攝取到的維生素就能百分之百超過每日建議攝取量，那麼為我們付出百分之百的人，要如何令我們感到滿意呢？每天早上都喝南瓜香料咖啡或灑了彩糖顆粒的咖啡，我們還能應付苦澀的現實人生嗎？

我們在廣告和社交媒體上看到的許多食物，都經過大量的造型設計來模擬真實的食物，這其實無異於模擬真實性愛的色情片，所以美食慾照（food porn）這個詞相當貼切——美食作家、主廚兼食譜作者莫莉．歐尼爾（Molly O'Neill）說，美食慾照是「與現實生活嚴重脫節的敘述和食譜，充其量只能算是二手體驗」。〔70〕

飲食作家安妮．麥克布萊特（Anne E. McBride）寫道：

時至今日，**美食慾照**意味著可望而不可及的狀態：食譜、雜誌或電視節目裡出現的菜餚，那種視覺效果是廚師無法做到的，他們也永遠掌握不了那樣的呈現技巧。食物的呈現方式已因為造型設計、燈光與賞心悅目的明星而改頭換面，以至於對普通的廚師或消費者來說，食物顯得愈來愈遙不可及。就像看色情片一樣，我們喜歡看那些自己應該做不到的事。〔71〕

其實食物造型師與成人片的造型師會使用很多相同的工具，讓角色看起來更秀色可餐，這件事並非巧合。雖然這幾十年來食物造型已有長足進步，像視聽媒體一樣愈來愈生動逼真，不過食物造型師用口紅幫漿果上色〔72〕，用眼線筆畫出火烤痕跡〔73〕，用指甲油與KY潤滑劑之類身體潤滑劑來維持食物的濕潤與光澤〔74〕，用白色乳液取代牛奶以防止鏡頭前的穀片泡爛，這些招數都很常見。除此之外，還有一些沒那麼性感的道具，例如把不會遇熱融化的植物性起酥油做成冰淇淋模樣〔75〕；用刮鬍膏取代鮮奶油〔76〕；鬆餅噴上思高潔防水劑以防止鬆餅吸收糖漿〔77〕，但其實糖漿也可能是機油冒充的〔78〕；

在食物後面放點燃的香菸[79]或微波過的濕衛生棉條[80]，為食物營造熱氣騰騰的效果。

事實上，有很多賣相不佳的蔬果並未送往超市[81]，而是遭到丟棄、被留在田裡腐爛，或是用來製作湯類產品或動物飼料。魁北克曾有「醜水果」禁令，店家不得販售外觀有「異樣」[82]的蔬果，導致大約十%的新鮮蔬果遭到丟棄，此禁令直到最近才廢除。美國農夫則表示，有二十%至七十%的作物會被商業買家拒買[83]，原因是線條不好看或有瑕疵，賣相不佳。

即使是成功上架的漂亮蔬果，通常也會噴上可食用的塗層與抗褐變藥劑[84]，保持令人垂涎的外觀。你知道超市會在蔬果區灑水吧？灑水不是為了蔬果保鮮，而是為了讓蔬果看起來很新鮮。其實過度灑水反而容易變質、也容易散播細菌。[85]一九九〇年代，美國疾病管制與預防中心追蹤了一起退伍軍人症的致命爆發[86]，發現源頭是路易斯安納州的農產品噴霧。（不過也有人認為，噴霧的真實目的是增加重量[87]，因為農產品都是秤重販售。）

但真正諷刺的是：雖然食物選擇暴增，食物的多樣性反而降低了。麥當勞用來製作漢堡和薯條的精準效率，現在幾乎用於方方面面。

美國有七十%的薯條使用同一種馬鈴薯[88]，也就是褐皮馬鈴薯（Russet Burbank，英文名稱亦包括California Russet、English Russet、Golden Russet、Idaho Potato與Idaho Baker），部分是因為麥當勞是馬鈴薯的最大買家[89]，他們希望薯條能維持一致的脆度、色澤、口感、吸油性、長度[90]，以及「儲存八個月後仍維持良好的油炸品質」。[91]

結球萵苣也是常見蔬菜，不是因為它嘗起來像包裝材料，而是因為它非常適合包裝運送。歷史學家希格曼如此解釋：

> 直到一次世界大戰，美國人吃的萵苣仍以綠葉或奶油萵苣為主，其中最成功的萵苣種類叫做「大波士頓」(Big Boston)。但是戰後的市場漸漸由加州主導，爽脆的結球萵苣隨之大受歡迎，俗稱美生菜或「紐約」萵苣，這種萵苣的葉片緊密相疊成球狀，在接近冰點的環境裡也不易凍壞，適合放在鋪了碎冰的條板箱裡橫越美洲大陸。一九二〇年代，結球萵苣已成為真正不受季節限制的新鮮蔬菜。[92]

同樣地，神經科學家瑞秋·赫茲（Rachel Herz）寫道：

> 超市買來的番茄比以前的番茄漂亮、耐放，但這些番茄大多口感粉粉的、微酸，

也沒什麼番茄味。過去七十年來，番茄農一直在培育顏色均勻的番茄品種，因為消費者比較喜歡這種番茄，不喜歡有斑點的番茄。但是製造均勻外觀的基因突變，有一個意想不到的副作用：它破壞了決定番茄含糖量的蛋白質的產生，導致番茄味道變差。〔93〕

天然的特性與多樣性，馬汀・泰特爾（Martin Teitel）寫道：「都被剷除了，取而代之的是大眾市場賴以獲利的基因一致性。」〔94〕

雖然市面上有無數種番茄麵醬，但食用的番茄種類變少了，因為這些產品使用的番茄都是人工培育而來，以求達到工業上的一致性、抗損傷、耐受倉儲與長途卡車運送的能力——部分原因是麥當勞也是數一數二的番茄大買家。〔95〕我們可以在星巴克選擇零脂、二%脂肪、高脂鮮奶油和全脂牛奶，但是美國有九十四%的牛奶來自同一個乳牛品種〔96〕，牠們因為工業上的一致性和產量而受到青睞。〔97〕

飲食作家麥可・賽門斯（Michael Symons）在著作《廚師與烹飪史》（*A History of Cooks and Cooking*）中寫道：

仔細想一想，人類經過三百萬年的發展，做了那麼多嘗試，冒了那麼多險，做了那麼多夢，經歷了那麼多次心碎，重複再重複，才造就了現在的局面。我們曾小口啃咬食物，也曾攪拌過布丁。最後，我們得到的是麥當勞。想想可口可樂的各種宣傳手法：汽水機、廣告看板、電視廣告、運動賽事贊助、城市的霓虹燈廣告。唯利是圖之輩透過標準化的「配方」與全球影響力，削弱了人類冒險精神的重要性。只注重刪減成本的企業化烹飪將我們淹沒，我們只能在倒胃口的薄型螢幕前目瞪口呆。我們賣掉與生俱來的權利，換取行銷全球、沒有營養的黏糊糊加工食品。我們參與了選擇從無到有的過程。而現在我們唯一能決定的，僅剩烤馬鈴薯的配料。〔98〕

如同中世紀的那些故事，我們對於極樂之地的想像過於美好、不切實際。「我們早就知道要什麼有什麼的生活不會讓別人喜歡你，」伊麗莎白．法瑞里在著作《鯨脂之地：幸福的危險》（*Blubberland: The Dangers of Happiness*）裡寫道，「現在我們也知道它不會帶來幸福，亦不會帶來成功。」〔99〕

註釋

1 Bee Wilson, First Bite: *How We Learn to Eat* (New York: Perseus, 2015), 105.
2 *Trainspotting*, directed by Danny Boyle, based on the novel by Irvine Welsh, Miramax, 1996.
3 Alexander Tille, *Yule and Christmas: Their Place in the Germanic Year* (Glasgow, Robert MacLehose and Company, 1899), 68–70.
4 Gregg Easterbrook, *The Progress Paradox: How Life Gets Better While People Feel Worse* (New York: Random House, 2003), 80–81.
5 Cheryl D. Fryar et al., "Fast Food Consumption Among Adults in the United States, 2013–2016," NCHS Data Brief no. 322, October 2018.
6 Adam Chandler, "What McDonald's Does Right," *The Atlantic*, June 25, 2019, www.theatlantic.com/ideas / archive/2019/06/how-fast-food-can-unite-america/592441.
7 同前註。
8 Amelia Levin, "Tech Ushers In a Drive-Thru Renaissance," *QSR*, October 2019, www.qsrmagazine.com/drive-thru/tech-ushers-drive-thru-renaissance.
9 Camilla Hodgson, "Fast-Food Chains Consider Trying License Plate Recognition in Drive-Throughs," *Los Angeles Times*, July 11, 2019, www.latimes.com/business/la-fi-license-plate-recognition-drive-through-restaurant-20190711-story.html.
10 "Our History," McDonald's, www.mcdonalds.com/us/en-us/about-us/our-history.html.
11 Andrew F. Smith, *Eating History* (New York: Columbia University Press, 2009), Kindle ed.
12 Ken Albala, *Food: A Cultural Culinary History*, The Great Courses, transcript book, 2013, 616.
13 Smith, *Eating History*, 221–22.
14 Jeremy MacClancy, *Consuming Culture: Why You Eat What You Eat* (New York: Holt, 1992), 189.
15 Richard Evershed and Nicola Temple, *Sorting the Beef from the Bull* (London: Bloomsbury Sigma, 2016), Kindle ed.
16 Preethi S. Raj, "Re-review of the Safety Assessment of Dimethicone, Methicone, and Substituted-Methicone Polymers,"

Cosmetic Ingredient Review Memorandum, November 15, 2019.

17 Evershed and Temple, *Sorting the Beef from the Bull*.

18 Sophie Egan, *Devoured: From Chicken Wings to Kale Smoothies—How What We Eat Defines Who We Are* (New York: HarperCollins, 2016), Apple Books ed.

19 Olivia B. Waxman, "Here's What $80 Worth of Extra Pickles on a Whopper Looks Like," *Time*, February 26, 2016, https://time.com/4238762/burger-king-whopper-80-pickles.

20 "Burger King: Fantasy Ranch," AdAge, February 24, 2005, https://adage.com/creativity/work/fantasy-ranch/9247.

21 Carrie Packwood Freeman and Debra Merskin, "Having It His Way: The Construction of Masculinity in Fast-Food TV Advertising," in *Food for Thought: Essays on Eating and Culture*, edited by Lawrence C. Rubin (Jefferson, NC: McFarland, 2008), 286.

22 "Be Your Way at Burger King Restaurants," Burger King, May 20, 2014, https://company.bk.com/news-press/be-your-way-burger-king®-restaurants.

23 同前註。

24 John L. Hess, "A Sizzling Battle in the Burger Business," *New York Times*, March 13, 1977, www.nytimes.com/1977/03/13/archives/a-sizzling-battle-in-the-burger-business-sizzling-battle-in-the.html.

25 Haley Peterson, "The Ridiculous Reason McDonald's Sold Chipotle and Missed Out on Billions of Dollars," Business Insider, May 22, 2015.

26 Elizabeth Farrelly, Blubberland: *The Dangers of Happiness* (Cambridge, MA: MIT Press, 2008), 100–01.

27 這還不包括依照個人偏好加熱至指定溫度。

28 Egan, *Dvoured*.

29 "Naturally Flavored Vanilla Syrup," Starbucks at Home, https://athome.starbucks.com/product/naturally-flavored-vanilla-syrup.

30 "Salted Caramel Hot Chocolate," Starbucks, www.starbucks.com/menu/product/762/hot?parent=%2Fdrinks%2Fhot-

drinks%2Fhot-chocolates.

31 Heejung Kim and Hazel Rose Markus, "Deviance or Uniqueness, Harmony or Conformity? A Cultural Analysis," *Journal of Personality and Social Psychology* 77, no. 4 (1999): 785.

32 Solvie Karlstrom and Christine Dell'Amore, "Why Tap Water Is Better than Bottled Water," *National Geographic*, March 13, 2010, www.nationalgeographic.com/news/2010/3/why-tap-water-is-better.

33 "Tap Water vs. Bottled Water," Food and Water Watch, www.foodandwaterwatch.org/about/live-healthy/tap-water-vs-bottled-water.

34 Karlstrom and Dell'Amore, "Why Tap Water Is Better Than Bottled Water."

35 話雖如此，潔淨並不意味著真正的潔淨。還記得前面提過土壤裡添加了農藥與肥料嗎？那些化學物質也會進入供水系統。〔"National Primary Drinking Water Regulations," United States Environmental Protection Agency, February 14, 2020, www.epa.gov/ground-water-and-drinking-water/national-primary-drinking-water-regulations; Edward T. Furlong et al., "Nationwide Reconnaissance of Contaminants of Emerging Concern in Source and Treated Drinking Waters of the United States: Pharmaceuticals," Science of the Total Environment, no. 579 (2017): 1629–42; "Drugs in the Water," Harvard Health Publishing, June 2011, www.health.harvard.edu/newsletter_article/drugs-in-the- water.〕。美國環保署對公共飲用水的汙染程度設置了上限，但仍有許多化學物質並未或無法納入規範，例如藥品。有研究曾在處理過的自來水裡，發現抗憂鬱藥、抗生素、咖啡因和偽麻黃鹼，主要來自人類的汙水與汗水，以及不恰當的廢棄物處理方式，例如把藥品扔進馬桶裡沖掉。

36 同前註。

37 "Tap Water vs. Bottled Water," Food and Water Watch.

38 Paul Bloom, *How Pleasure Works: The New Science of Why We Like What We Like* (New York: Norton, 2010), 43.

39 "Food and Beverage Retailing in 19th and Early 20th Century America," Janice B. Longone Culinary Archive, William L. Clements Library, University of Michigan.

40 不再仰賴店員取貨賦予顧客自己選擇商品的權力，同時也簡化了購物流程（跟麥當勞的作法很像），這使得自助超市能夠降低售價，也導致傳統雜貨店紛紛倒閉。

41 Smith, *Eating History*, 180.

42 "Oreo," Snack Works, www.snackworks.com.

43 奧利奧的內餡不含乳製品，所以不是真正的「奶油」〔Olivia Tarantino, "What Really Is the White Stuff in the Center of an Oreo?" Eat This, Not That!, March 28, 2017, www.eat this.com/oreo-filling; "2 Flavors of Oreos Recalled over Undeclared Milk Allergen," Fox News, October 31, 2016, www.foxnews.com/health/2-flavors-of-oreos-recalled-over-undeclared-milk-allergen.〕。二〇一六年奧利奧因為生產設備也用來處理乳製品，而下架了兩種口味，以免對有牛乳過敏症的顧客造成危害。

44 Josh Hafner, "Oreo Launches New Hot Chicken Wing and Wasabi Flavors, but They May Not Be Easy to Find," *USA Today*, August 28, 2018.

45 Hayley Peterson, "Burger King Is Bringing One of Its Most Bizarre Burgers to the US," Business Insider, September 25, 2015, www.businessinsider.com/burger-king-is-selling-burgers-with-black-buns-2015-9.

46 "National Cereal Day Magic Fruity Pebbles Cereal," Post Consumer Brands, http://natcerealday.wpengine.com/?products=magic-fruity-pebbles-cereal.

47 目前基因工程主要用於農業，例如高產量的大豆、抗損傷的馬鈴薯、抗褐變的蘋果，還有抗除草劑與殺蟲劑的玉米，不過科學家也編輯了動物的基因結構，創造出體型超大的豬、生長更快速的鮭魚、沒有牛角的牛和製造「人奶」的母牛，這些東西說不定很快就會出現在超市貨架上。〔David Johnson and Siobhan O'Connor, "These Charts Show Every Genetically Modified Food People Already Eat in the U.S.," Time, April 30, 2015, https://time.com/3840073/gmo-food-charts; Sophia Chen, "Genetically Modified Animals Will Be on Your Plate in No Time," Wired, July 6, 2015, www.wired.com/2015/07/eating-genetically-modified-animals; "Modified Cows to Produce 'Human' Milk," Fast Company, March 23, 2011, www.fastcompany.com/1742119/genetically-modified-cows-produce-human-milk.〕

48 Sophie Egan, *Devoured*.

49 "Starbucks Weaves Its Magic with New Color and Flavor Changing Unicorn Frappuccino," Starbucks' Stories & News,

April 18, 2017.
50 "KFC's 'Double Down' to Go Nationwide," UPI, April 9, 2010, www.upi.com/Odd_News/2010/04/09/KFCs-Double-Down-to-go-nationwide/77741270842514/.
51 "KFC Is Rolling Out Its Viral Fried-Chicken-and-Doughnut Sandwich Nationwide," Business Insider, February 20, 2020, www.businessinsider.com/kfc-chicken-and-donuts-sandwich-basket-launches-nationwide-2020-2.
52 "Heinz Made a Ketchup Bottle Adorned with Ed Sheeran's Tattoo," AdAge, August 14, 2019, https://adage.com/creativity/work/heinz-ed-sheeran-tattoo-ketchup/2191451.
53 "Do You Dare? BURGER KING® Restaurants and the CHEETOS® Brand Introduce Flamin' Hot® Mac n' Cheetos™," Business Wire, November 29, 2017, www.businesswire.com/news/home/20171129005248/en/Do-You-Dare-BURGER-KING®-Restaurants-and-the-CHEETOS®-Brand-Introduce-Flamin'-Hot®-Mac-n'-Cheetos™.
54 Ashley Lutz, "How Taco Bell's Lead Innovator Created the Most Successful Menu Item of All Time," Business Insider, February 26, 2014, www.businessinsider.com/taco-bell-doritos-locos-taco-story-2014–2.
55 Malcolm Gladwell, "Choice, Happiness and Spaghetti Sauce," TED2004, www.ted.com/talks/malcolm_gladwell_choice_happiness_and_spaghetti_sauce.
56 心理物理學是心理學的一個分支，專門研究與衡量物理刺激引發的感受，例如味道和觸感。
57 Malcolm Gladwell, "Choice, Happiness and Spaghetti Sauce," TED2004, www.ted.com/talks/malcolm_gladwell_choice_happiness_and_spaghetti_sauce.
58 "Sauces," Prego, www.prego.com/sauces.
59 Gladwell, "Choice, Happiness and Spaghetti Sauce."
60 Farrelly, *Blubberland: The Dangers of Happiness*, 14.
61 William Wallace, *Epicureanism* (London: Society for Promoting Christian Knowledge, 1880), 48.
62 Sheena Iyengar, *The Art of Choosing* (New York: Hachette, 2010), 190.
63 同前註，204。

64 編註：希娜・艾恩加寫的 *The Art of Choosing* 最新繁體中文版的書名為《誰說選擇是理性的：揭露選擇背後的真相，轟動學界與商界的經典之作》。

65 Barry Schwartz, *The Paradox of Choice: Why More Is Less* (New York: HarperCollins, 2004), 2.

66 Iyengar, *The Art of Choosing*, 184–86.

67 同前註，184。

68 同前註，186。

69 同前註，204–205。

70 Molly O'Neill, "Food Porn," *Columbia Journalism Review*, September–October 2003, 39.

71 Anne E. McBride, "Food Porn," *Gastronomica* 10, no. 1 (2010): 38–46.

72 Angelina Chapin, "WD-40 and Microwaved Tampons: Secrets of Food Photography Revealed," *The Guardian*, January 4, 2016, www.theguardian.com/lifeandstyle/2016/jan/04/food-stylist-photography-tricks-advertising.

73 Shaunacy Ferro, "How Fake Is Food Styling?," *Fast Company*, September 9, 2014, www.fastcompany.com/3034644 /how-fake-is-food-styling.

74 Delores Custer, *Food Styling: The Art of Preparing Food for the Camera* (Hoboken, NJ: John Wiley and Sons, 2010), 130.

75 Chapin, "WD-40 and Microwaved Tampons: Secrets of Food Photography Revealed."

76 Michael Zhang, "Tricks Food Photographers Use to Make Food Look Delicious." *Petapixel*, November 20, 2018, https://petapixel.com/2018/11/30/tricks-food-photographers-use-to-make-food-look-delicious.

77 Perri O. Blumberg, "16 Secrets a Food Stylist Won't Tell You," *Reader' s Digest*, November 18, 2019, www.rd.com/food/fun/food-stylist-secrets/.

78 Zhang, "Tricks Food Photographers Use to Make Food Look Delicious."

79 Chapin, "WD-40 and Microwaved Tampons: Secrets of Food Photography Revealed."

80 同前註。

81 Suzanne Goldenberg, "Half of All US Food Produce Is Thrown Away, New Research Suggests," *The Guardian*, July 13,

2016, www.theguardian.com/environment/2016/jul/13/us-food-waste-ugly-fruit-vegetables-perfect.

82 Elysha Enos, "Ugly Fruit and Vegetables Can Now Be Sold in Quebec," CBC, July 26, 2016, www.cbc.ca/news/canada/montreal/ugly-fruit-vegetables-quebec-produce-1.3695059.

83 Dana Gunders, "Wasted: How America Is Losing Up to 40 Percent of Its Food from Farm to Fork to Landfill," issue paper IP:12–06-B, Natural Resources Defense Council, August 2012, 8.

84 P. V. Mahajan et al., "Postharvest Treatments of Fresh Produce," *Philosophical Transactions of the Royal Society* A 372, no. 2017 (2014).

85 C. Claiborne Ray, "Keeping Greens Green," *New York Times*, November 14, 2011, www.nytimes.com/2011/11/15/science/does-spraying-greens-with-water-keep-them-fresh.html.

86 Peter Applebome, "Mist in Grocery's Produce Section Is Linked to Legionnaires' Disease," *New York Times*, January 11, 1990, www.nytimes.com/1990/01/11/us/mist-in-grocery-s-produce-section-is-linked-to-legionnaires-disease.html.

87 Jake Rossen, "The Real Reason Grocery Stores Spray Water on Their Produce," *Mental Floss*, May 22, 2019, www.mentalfloss.com/article/583777/real-reason-grocery-stores-spray-water-on-their-produce.

88 Paul C. Bethke et al., "History and Origin of Russet Burbank (Netted Gem) a Sport of Burbank," *American Journal of Potato Research* 91, no. 6 (2014): 594–609.

89 Albala, *Food*, 619–20.

90 Charles R. Brown, "Russet Burbank: No Ordinary Potato," *Hortscience* 50, no. 2 (2015): 157–60.

91 同前註。

92 B. W. Higman, *How Food Made History* (West Sussex, UK: Wiley-Blackwell, 2012), 71–72.

93 Rachel Herz, *Why You Eat What You Eat: The Science Behind Our Relationship with Food* (New York: Norton, 2017), Kindle ed.

94 Martin Teitel, *Rain Forest in Your Kitchen* (Washington, DC: Island Press, 1992), 62.

95 *Food, Inc.*, directed by Robert Kenner, Magnolia Pictures, 2008.

96 "Do You Know This About Holstein Cattle?," Holstein Association USA, www.holsteinusa.com.
97 "Holstein Breed Characteristics," Holstein Association USA, www.holsteinusa.com/holstein_breed/breed history.html.
98 Michael Symons, *A History of Cooks and Cooking* (Champaign: University of Illinois Press, 2000), 339.
99 Farrelly, *Blubberland*, 154.

9

自討苦吃，還是轉移痛苦

Forbidden Berries (or Appetite for Distraction)

一個健康、理智的人不會刺傷自己的大腿，

也不會用檸檬汁洗眼睛。那我們為什麼這麼愛用

大量化學物質攻擊人體極為敏感的器官——舌頭呢？[1]

——芮伊．坦納希爾，歷史學家

一路看到這裡，我們知道人類喜歡吃許多奇奇怪怪的東西——鴿肉派、熊油、玉米的迷你祖先、鉛糖、縫合在一起的豬和雞、噴火孔雀——但或許最奇怪的是我們愛吃辣椒：從生態學的角度來說，辣椒本應演化成人類厭惡的水果。[2]

玉米演化出堅硬的外殼保護種子，漿果演化出尖刺。同樣地，辣椒演化出一種叫做「辣椒素」的化學防禦機制，可使掠食者感到疼痛。[3]這種現象的業界術語是目標**性威嚇**（directed deterrence）。鳥類是大自然的種子傳播者，會將種子完好無損地排出，因此對辣椒素的刺激免疫，這是一種幫助辣椒播種繁殖的生物獎勵機制。這樣的互惠關係，在鳥類排出種子並附贈鳥糞做為天然肥料後仍在持續。烹飪史學家梅莉西爾．普瑞希拉（Maricel E. Presilla）說，穿過鳥類腸道除了能讓種子穿上鳥糞偽裝、躲避愛吃種子的掠食動物，還能順便殺死一些破壞種子的真菌。[4]這使得鳥類排出的種子在野生環境裡，存活率提高了將近百分之四百。[5]

人類的哺乳動物牙齒會咬碎和破壞種子，對於辣椒是一種生態威脅，我們連濃度不到百萬分之一（ppm）的辣椒素也感覺得到。[6]比一下就知道：人類感覺鹽（氯化鈉）的最低門檻是兩千ppm，感覺糖（蔗糖）的最低門檻是五千ppm。[7]不同於我們對鹹、甜、酸、苦、鮮等味道的感知，辣並非味覺，而是三叉神經感覺，又叫化學感覺[8]，記錄處理的是刺激、溫度和觸覺等感受，在碰到可能有害的化學物質與細菌時，對身體發出警訊。對我們發出辣椒素警訊的痛覺受體叫TRPV1，它也會對高溫產生反應[9]，準確地說是華氏一〇九度（約攝氏四十三度）以上的溫度。所以說，吃辣椒的感覺其實跟被蜜蜂螫、舔九伏特電池或是被滾燙的咖啡燙到舌頭差不多。這些感覺都是為了警告身體，它正暴露於危險之中，如有必要，還會觸發一系列保護反射作用，來減輕傷害並防止進一步的傷害。[10]

當你咬一口哈瓦那辣椒（habañero）或是吃「泰式辣度」的菜，身體會認為它正在遭受化武攻擊。灼熱痛感會使你拒吃或吐出辛辣食物，此外你可能還會開始冒汗，這是因為身體想要把體內系統沖洗乾淨；流鼻涕是為了保護鼻腔，流眼淚是為了保護眼角膜；分泌大量唾液，沖洗口腔；說不定還會咳嗽或打噴嚏，保護呼吸道——如果你吃了令你過敏的食物，或是被椒鹽捲餅噎到，也會出現大致相同的防禦機制。

相對地，大自然真的想給我們吃的東西，通常會觸發正面的反射作用，例如刺激胃酸或胰臟荷爾蒙分泌。費城莫內爾化學感覺研究中心（Monell Chemical Senses Center）榮譽主任兼主席蓋瑞·比暢（Gary K. Beauchamp）說：「傳統觀點認為，味覺受體與意識感知以及食物的選擇有關，」[11]味覺受體幫助我們區分高品質的食物來源，以及可能有害的毒素或細菌。但是，味覺受體也存在於腸道和呼吸道等下游區域[12]，以我們並未完全意識到的標準（營養素、熱量、蛋白質）進行過濾，並且調節飽足感與消化。

目標性威嚇不是人類的專利。從掠食性昆蟲、囓齒動物到破壞種子的真菌，辣椒素都能有效發揮近乎單向的威嚇作用。[13]有些非洲農民不使用電圍籬阻擋大象靠近作物（電圍籬成本高昂，而且無法阻擋不導電的象牙[14]），而是沿著農場的圍籬種植辣椒[15]、將辣椒粉混入機油後塗抹在圍籬上、燃燒辣椒與乾燥的大象糞便製成的磚塊[16]，或是把塞了辣椒與鞭炮的保險套扔向大象。[17]

牧場主人把辣椒素塗在綿羊身上防狼[18]，製造商在壁紙膠裡添加辣椒素防老鼠[19]，有些汽車製造商已開始用摻了辣椒素的膠帶來包裹電線[20]，防止囓齒動物啃咬電線（改用黃豆電線皮或許加劇了這個問題，因為這種電線皮受熱時會散發類似香草的氣味）。辣椒口味的鳥飼料也很流行，可防止松鼠偷吃。

辣椒素甚至可以在水下使用，防止淡菜附著在船身上。[21]據說巴拿馬海岸附近的聖布拉斯群島（San Blas Islands）原住民會將辣椒綁在繩子上[22]，拖行在獨木舟後面驅趕鯊魚——雖然幾乎沒有證據顯示這種作法有效，因為美國海軍曾多次嘗試開發嚇阻鯊魚的化學藥劑[23]，結果發現即使碰到效果強烈到足以致命的藥劑，鯊魚仍會堅持先把誘餌吃掉再死。[24]

類似的用途也用在人類身上。一九六〇年代，喬治亞大學的兩位教授開發了驅逐動物的辣椒噴霧[25]，最初是郵差和抄表員用來防犬的，但很快就被慢跑者與執法人員用來防禦他人攻擊；母親在乳房上塗辣椒素幫寶寶斷奶[26]，或是在孩子的大拇指上塗辣椒素，幫他們戒掉吸手指的習慣[27]；一九八〇年代，有些紐約市地鐵員工會在十字轉門的投幣孔上灑辣椒粉[28]，希望能防止青少年吸出裡面的地鐵代幣[29]，這種破壞公物的行為每天最高可獲利一百美元——大約相當於三十小時的最低工資。[30]

話雖如此，人類是唯一堅持要在雞蛋上淋辣椒醬、追求這種疼痛的動物——我們甚至努力要讓其他動物也愛上辣椒，可惜沒有成功。

科學家多次嘗試誘導大鼠愛上辣椒[31]，作法包括在食物裡漸次添加辣椒素；只要吃了不含辣椒素的食物就會生病；讓牠們罹患硫胺素缺乏症，然後在恢復健康的食物裡加入辣椒素。這些嘗試全部以失敗告終，這意味著大鼠天生厭惡辣椒素，唯有在感覺遭到破壞後，這種厭惡才會消失。大鼠在每一種情境裡都明顯偏好不辣的食物、厭惡辣的食物，因此研究人員的結論是：「實驗大鼠對於培養辣椒愛好的過程極力抗拒，令人印象深刻。」[32]

同樣令人印象深刻的，是人類本身對疼痛和生理求救信號的抗拒。

不過人類對辣椒的執著，反而將辣椒帶到鳥類無法到達的遠方。〔33〕辣椒是世上最常見的香料，每一個大陸都有種植（如果把南極洲的溫室也算在內的話。〔34〕這座溫室以人類探索太空為目的設立，用來測試植物種植技術），全球約有三分之一的人口每天吃辣椒〔35〕，辣椒是各地區料理的主要成分，例如北非哈里薩辣醬（harissa）、韓式辣醬（gochujang）、泰式是拉差辣椒醬（sriracha）、印尼的參巴醬（sambal）和美國的香辣奇多。人類六千多年前開始種植辣椒〔36〕，時至今日依然如野火般散播辣椒——並且精心培育、提升辣度，創造出全新品種，例如卡羅萊納死神辣椒（Carolina Reaper），據說辣度是墨西哥辣椒的四百倍。〔37〕

人類對辣椒肯定不是一時的熱愛，而是真心實意的喜歡——我們顯然喜歡頻繁的火燒心。

最能呈現這種荒唐喜愛的，或許是阿茲特克人。他們崇敬辣椒〔38〕，餐餐都吃，只有齋戒期間不吃（就像基督徒大齋期不吃肉一樣）。辣椒也能藥用〔39〕，例如治療眼睛感染、舒緩分娩疼痛等各種疑難雜症。臉上長痘痘怎麼辦？用辣椒粉拌熱尿洗臉。不過，辣椒也用於懲罰儀式，例如孩子不聽話，就在他們的生殖器上塗抹辣椒〔40〕，或是把孩子架在燃燒的辣椒堆上[41]，用嗆辣的煙令他們感到窒息。[42]

當然，辣椒素不是我們虐待口腔的唯一方式。「世界上大部分的成年人，每天都會至少攝取一種人類天生不喜歡的物質，」[43]心理學教授保羅．洛金（Paul Rozin）與黛博拉．席勒（Deborah Schiller）寫道。

想想黑巧克力與咖啡的苦味，此外我們還經常喝溫度高到足以損傷身體組織的咖啡。[44]酒精和芥末（或香菸）會給喉嚨與鼻腔帶來刺激的灼熱感。汽水和香檳裡碳酸化的氣泡會造成輕微刺痛。還有紅茶與不甜的葡萄酒入口時的澀味。跟辣椒一樣，如果未經訓練，人類天生不喜歡這些口感——至於我們到底為什麼要吃這些東西，目前在科學上仍未達成共識。

保存食物或許是最簡單的解釋，因為辣椒剛好可以殺菌[45]，還能遮掩食物不新鮮的味道跟氣味。這也能解釋為什麼辛辣食物在氣候炎熱的地區較常見[46]，氣溫偏高會使保存食物更加困難，中美洲、南亞和印尼都是這樣的地方。同樣的概念也適用於使用香料。康乃爾大學有研究人員分析了來自三十六個國家、將近五千個食譜，發現做菜使用的香料數量與年均氣溫成正比[47]——位於溫暖氣候的文化不僅使用更多香料，也會使用抗菌能力最強的香料，普通香料能夠抑制六十七％的細菌[48]，而辣椒能夠抑制八十%的細菌。[49]（令人驚訝的是，檸檬汁與萊姆汁等酸性物質僅能抑制二十四%的細菌。）[50]

在冰箱出現之前的年代，辣椒除了有助於保存食物，或許也是一種原始空調，因為把辣椒素沖出身體的味覺性出汗亦能發揮冷卻效果[51]、調節體溫。這解釋了為什麼印度人愛吃溫達盧咖哩（vindaloo），泰國人愛吃薑炒辣肉（pad prk king）。

住在北極與亞北極地區的人愛吃高脂食物，例如鯨魚肉或是一種叫做arkutuq的冰淇淋[52]，原料是打發的馴鹿脂肪、海豹油和漿果，俗稱「愛斯基摩冰淇淋」（Eskimo ice cream）。這些地區的人也吃發酵食物，例如酸菜、發酵海豹油，還有腐爛分解的冰島鯊魚肉，作法是將鯊魚肉醃在乳酸裡、埋在地下幾個月（名廚波登〔Anthony Bourdain〕說這是他吃過最恐怖的東西[53]，波登連納米比亞的疣豬直腸都敢吃，足見鯊魚腐肉有多可怕）。脂肪當然可以提供熱量，而發酵的作用與辣椒素雷同，都是抑制病原體的簡易作法[54]，同時也發揮了許多烹飪上的好處（例如軟化食材、分解或預先消化脂肪與蛋白質），有助於節省珍貴的燃料。[55]

還有一種可能是：吃辣椒能幫我們應付其他類型的疼痛[56]，包括身體與心理上的疼痛，這種機制類似悲傷的電影、跑馬拉松，或是把蚊蟲叮咬的癢包抓到破皮流血

——透過自我折磨，以有形的方式讓我們暫忘現實世界的痛苦（基本上，就是提供其他哭泣的原因），同時刺激分泌令人愉快的化學物質，來阻擋和壓抑疼痛〔57〕，這是長跑運動員會有「跑者快感」（runner's high）的原因之一。

約翰・勞納醫生（John Launer）從小到大都為濕疹所苦，他說濕疹患者有時會用類似的機制來止癢，比如把手放進快要沸騰的熱水裡。「只有接近沸點的熱水才有辦法止癢，」他說，「濕疹患者幾乎都知道。」〔58〕

這可以解釋為什麼治療關節炎、肌肉痠痛與關節疼痛的成藥經常含有辣椒素〔59〕——以及阿茲特克人分娩時為什麼用辣椒做為麻醉劑。〔60〕

如同生孩子，最初的感覺消退後，我們很容易忘記辣椒帶來的強烈疼痛〔61〕，於是我們在發誓再也不吃辣椒之後，仍一次又一次用辣椒燒灼口腔。這也是鼓勵人類冒險進取、確保物種延續的演化殘餘物。「這種方便的健忘症具有顯而易見的演化優勢，」泰瑞・柏翰（Terry Burnham）與傑・費蘭（Jay Phelan）寫道，「在家排行不是老大的孩子，都應該心懷感恩。」〔62〕

但吃辣吃到胃痛、得吞處方藥等級制酸劑的人，心中或許沒那麼感恩。

還有一個理論是：我們演化出吃辣的習慣，目的是為了炫耀，也就是展示勇猛與男子氣概來求偶，證明你有能力保護伴侶。確實有研究顯示，偏好辛辣食物與睪固酮濃度[63]以及追求金錢、性愛和社會地位的人格特質之間，存在著關聯性[64]，尤其是大學年紀的男性。

上過高中的人都知道，超陽剛的愚勇和自我傷害，是青少年公民用來確立社會階級的印記。阿茲特克年代的青少年，轉大人的成年儀式是喝普逵酒（pulque）[65]，那是一種用龍舌蘭汁液發酵、類似啤酒的飲料；他們還會被架在火焰上，象徵從「生澀」變得「成熟」。現代文化中也有類似的成年儀式，例如在燒熱的煤炭上行走，或是承受毒昆蟲叮咬，這些作法為「有毒的男子氣概」[66]賦予了新定義。奇普．布朗（Chip Brown）在《國家地理》雜誌中寫道[67]：「澳洲的馬杜賈拉族（Mardudjara）男孩必須吞下自己的包皮」，「住在巴布亞新幾內亞的桑比亞（Sambia）山區的男孩，會把尖銳的棒子插進鼻孔裡插到流血，而且必須為年輕男子口交並吞下精液」，「巴西亞馬遜流域的薩泰瑞馬威族（Satare Mawe）男孩會把手伸進裝滿子彈蟻（*Paraponera clavata*）的手套裡，據說被帶有神經毒素的子彈蟻咬到，是自然界最難以承受的劇痛」。

至於在美國，青少年會在身上穿環打洞刺青，用AXE體香噴霧攻擊彼此的嗅覺，在社交媒體上玩肉桂粉大挑戰，或是吞下汰漬洗衣球——其實這可說是一九三九

年大學生吞金魚比賽的現代版〔68〕，這項比賽始於哈佛大學，後來迅速蔓延全美。〔69〕

人類之所以吃辣椒還有一種可能，那就是無聊和想要逃離一成不變的日常生活，「追尋豐富多樣、新奇、複雜和強烈的感受與體驗，並且願意為了這樣的體驗冒著身體、社會、法律和財務上的風險」。〔70〕以上這段描述來自心理學家，他們將辣椒與水肺潛水、酗酒、賭博和離經叛道的性愛歸為同一類行為。

這也能解釋為什麼繞行地球軌道的太空人幾乎全都嗜辣〔71〕，愛吃辣椒醬、雞尾酒醬和山葵。當然微重力也發揮了作用，微重力會導致舌頭與鼻腔腫脹，阻塞許多味覺受體的路徑，造成類似感冒鼻塞的效果，讓太空人想吃味道更重的東西——或是辣椒能提供的、更強烈的化學感覺。不過太空人長期漂浮在無菌、無色彩、缺乏各種居家感的環境裡，重複執行相同的任務，說不定「無聊」是同樣重要、甚至更重要的原因。〔72〕

軍方為前線士兵提供食物時，也面臨類似的問題。從二次大戰的罐頭餅乾〔73〕、不會融化的巧克力棒、即溶咖啡到罐頭午餐肉〔74〕，時至今日軍糧已有長足進步（雖然在某些方面跟美國獨立戰爭比起來是退步了，當年他們的軍糧包含啤酒、蘋果酒、威士忌跟蘭姆酒）。〔75〕現在的MRE口糧（meal, ready-to-eat）〔76〕有義式香腸披薩、煙燻杏仁，以及愛爾蘭奶酒、法式香草和摩卡等多種口味的即溶卡布奇諾，不過這些口糧的味道跟家鄉的美味差很多，畢竟原本的配方並不適合用直升機空投、用自動加熱的塑膠袋盛裝，也不能承受多年的惡劣天氣。只吃口糧可能非常無趣，正因如此，有些人會告訴你MRE也代表「人人嫌棄的糧食」（Meals Rejected by Everyone）。這也是軍人偏愛塔巴斯科辣椒醬的原因〔77〕，許多長期駐守戰場的軍人，都會帶著塔巴斯科調劑枯燥的生活，因此美軍從一九九〇年伊拉克戰爭開始，在軍糧裡附上迷你瓶塔巴斯科，後來玻璃瓶換成番茄醬包裝，目的是減少重量、破損與製造成本。近年來又在軍糧中加入墨西哥辣椒腰果、辣椒碎與墨西哥辣椒番茄醬等新的調味料選擇。〔78〕

文化心理學家保羅．洛金研究人類對於食物的選擇與排斥，是該領域的傳奇人物，他發明了**良性自虐**（benign masochism）一詞〔79〕，描述人類為什麼喜歡辣椒和其他「一開始被身體（大腦）誤解為威脅的負面經驗」。〔80〕他也把辣椒的吸引力，比擬為雲霄飛車和恐怖電影的吸引力，因為我們渴望的不只是多樣、複雜的感覺，還有模擬危險的刺激感，以及那種把自己推向極限的衝動。

耶魯大學心理學教授保羅．布倫指出：「有些青少女喜歡用刮鬍刀片自殘，有些男人花大錢請妓女打屁股。」〔81〕

「不是雖然痛苦，我們卻依然喜歡（這些體驗），」布倫說，「痛苦至少是我們喜歡這些體驗的部分原因。」[82]

事實上，辣椒不只跟恐怖電影有相似之處，而是跟所有電影都有相似之處——劇情片、動作片等等。想想那些劇情描述父母雙亡、邪惡反派與冒險犯難的兒童電影：《小鹿斑比》、《小飛俠彼得潘》、《料理鼠王》、《哈利波特》……

泰瑞．柏翰與傑．費蘭在著作《都是基因惹的禍》（*Mean Genes*）[83]中指出，「我們會看叛徒無故造反的電影，而不是討論購買保險的電影。」[84]這是因為我們就是叛徒的後代[85]，我們的祖先是「離開洞穴、勇敢冒險並戰勝危險的人類」。

我們的頜部力氣變小了，也已經爬到食物鏈的頂端，現在幾乎不需要咀嚼食物，遑論獵捕或採集食物。但是那種對冒險的喜愛——渴望跨出舒適圈並承受痛苦——仍在我們心中，我們就是這樣一步一步登上食物鏈頂端。

但也許有更加單純的理由。也許我們就是無法抗拒禁果的誘惑——或者應該說，抗拒禁椒的誘惑。

註釋

1 Jason G. Goldman, "On Capsaicin: Why Do We Love to Eat Hot Peppers?," *Scientific American*, November 30, 2011.

2 雖然超市將辣椒定義為香料或蔬菜（都是烹飪詞彙），但是根據植物學的定義，辣椒是水果——精確地說，是一種漿果——字源是梵文的 pippali（意指漿果〔berry〕）。令人容易搞混的是，pippali 也是長胡椒（long pepper）和黑胡椒（black pepper）的字源，兩者都與辣椒無關。〔Maricel E. Presilla, *Peppers of the Americas* (Berkeley, CA: Ten Speed Press, 2017), 13.〕〔John F. Mariani, *The Encyclopedia of American Food and Drink* (New York: Bloomsbury, 2013), 388.〕而同樣容易搞混的是，辣椒（chili pepper）也可以寫成 chilli pepper 和 chile pepper。

3 其實辣椒含有多種能製造痛感的化合物，叫做辣椒素類物質（capsaicinoids），包括二氫辣椒素、降二氫辣椒素、高辣椒素與高二氫辣椒素。不過其中辣椒素的含量最高，占辣椒素類物質的七十%。〔Shane T. McDonald, David A. Bolliet, and John E. Hayes, eds., Chemesthesis: Chemical Touch in Food and Eating (West Sussex: Wiley Blackwell, 2016), 32–33.〕

4 Presilla, *Peppers of the Americas*, 18.

5 Evan C. Fricke et al., "When Condition Trumps Location: Seed Consumption by Fruit Eating Birds Removes Pathogens and Predator Attractants," *Ecology Letters* 16, no. 8 (2013): 1031–36.

6 Jeff Potter, *Cooking for Geeks: Real Science, Great Cooks, and Good Food*, 2nd ed. (Sebastopol, CA: O'Reilly Media, 2015), 59.

7 同前註。

8 McDonald et al., *Chemesthesis*, 268.

9 Michaeleen Doucleff, "Sriracha Chemistry: How Hot Sauces Perk Up Your Food and Your Mood," NPR, February 24, 2014, www.npr.org/sections/thesalt/2014/02/24/281978831/sriracha-chemistry-how-hot-sauces-perk-up-your-food-and-your-mood.

10 McDonald et al., *Chemesthesis*, 268.

11 Personal interview with Gary K. Beauchamp, September 17, 2019.

12 薩瓦蘭在這方面繼續超越時代，他早在一八二五年就表示：「天生沒有舌頭或是舌頭被割掉的人，依然擁有普通強度的味覺。文獻裡通常能找到案例，而我碰到的第二個案例，來自一個可憐的傢伙的詳細描述，他的舌頭被阿爾及利亞人割掉，懲罰他和一名獄友共謀越獄。」〔Jean Anthelme Brillat-Savarin, *The Physiology of Taste; or, Meditations on Transcendental Gastronomy*, translated by M.F.K. Fisher (New York: Knopf, 2009).〕

13 Joshua J. Tewksbury et al., "Evolutionary Ecology of Pungency in Wild Chilies," *Proceedings of the National Academy of Sciences of the United States of America* 105, no. 33 (2008): 11808–11.

14 Matthew Mutinda et al., "Detusking Fence-Breaker Elephants as an Approach in Human-Elephant Conflict Mitigation," *PLOS ONE* 9, no. 3 (2014): e91749.

15 Shreya Dasgupta, "How to Scare Off the Biggest Pest in the World," BBC, www.bbc.com/earth/story/20141204-five-ways-to-scare-off-elephants.

16 Rachael Bale, "How Chili Condoms and Firecrackers Can Help Save Elephants," *National Geographic*, June 23, 2016, www.nationalgeographic.com/news/2016/06/elephant-conflict-deterrent-chili-condoms-firecrackers.

17 其他驅趕大象遠離作物的方法包括：用電鋸鋸斷象牙，藉以增加電圍籬的效用；在圍籬上設置蜂箱，非洲蜜蜂受到侵擾時，會激動地傾巢而出。

18 Rebecca Rupp, "Peppers: Can You Take the Heat?," *National Geographic*, November 3, 2014, www.nationalgeographic.com/culture/article/hot-hotter-hottest.

19 Alexandra W. Logue, *The Psychology of Eating and Drinking*, 4th ed. (New York: Taylor and Francis, 2015), 266.

20 Bob Weber, "Squirrels Love the New Chevy Traverse, But There's a Way to Stop Them," *Chicago Tribune*, January 3, 2019, www.chicagotribune.com/autos/sc-auto-motormouth-0102-story.html.

21 Maj-Britt Angarano et al., "Exploration of Structure-Antifouling Relationships of Capsaicin-like Compounds That Inhibit Zebra Mussel (Dreissena Polymorpha) Macrofouling," *Biofouling* 23, no. 5 (2007): 295–305.

22 Jean Andrews, *Peppers: The Domesticated Capsicums* (Austin: University of Texas Press, 1990), 79.

23 José I. Castro, "Historical Knowledge of Sharks: Ancient Science, Earliest American Encounters, and American Science, Fisheries, and Utilization," *Marine Fisheries Review* 75, no. 4 (2013): 1–26.

24 至少有一種鯊魚嚇阻劑的配方是名廚茱莉亞・柴爾德（Julia Child）協助開發出來的〔"Julia Child: Cooking Up Spy Ops for OSS," Central Intelligence Agency, March 30, 2020, https://www.cia.gov/stories/story/julia-child- cooking-up- spy- ops- for- oss/.〕，當時她還沒將法國料理引進美國主流社會，仍然任職戰略情報局（Office of Strategic Services，相當於二戰期間的中情局）。她負責的任務是製作塗層，防止鯊魚不小心撞到並引爆水下炸藥。她也在這裡認識了後來的丈夫，情報官保羅・柴爾德（Paul Child）。一九四八年，柴爾德調任至美國駐法國情報局（US Information Agency），茱莉亞因此接觸到法式烹飪的樂趣，並將法國料理發揚光大。

25 Stuart Casey-Maslen and Sean Connolly, *Police Use of Force Under International Law* (Cambridge, UK: Cambridge University Press, 2017), 161.

26 Paul Bloom, *How Pleasure Works: The New Science of Why We Like What We Like* (New York: Norton, 2010), 28.

27 Andrews, *Peppers*, 78.

28 Ari L. Goldman, "Youths Stealing Subway Tokens by Sucking on Turnstile Slots," *New York Times*, February 7, 1983, www.nytimes.com/1983/02/07/nyregion/youths-stealing-subway-tokens-by-sucking-on-turnstile-slots.html.

29 雖然大量細菌不足以嚇阻這種行為，但是灑辣椒粉也沒用，努力賺錢的青少年會帶著一桶水，先把投幣孔沖洗一遍再吸代幣，剩下的水就用來潑地鐵員工。

30 "History of the General Hourly Minimum Wage in New York State," New York State Department of Labor, https://labor.ny.gov/stats/minimum_wage.shtm.

31 Paul Rozin, Leslie Gruss, and Geoffrey Berk, "Reversal of Innate Aversions: Attempts to Induce a Preference for Chili Peppers in Rats," *Journal of Comparative and Physiological Psychology* 93, no. 6 (1979): 1001–14.

32 同前註。

33 人類還把辣椒帶到更高的地方，現在買得到所謂的太空辣椒〔C. M. Wade, "China Grows Green Peppers from Outer Space," UPI, December 25, 2000.〕，種植這些辣椒的種子曾被發射到太空，測試零重力和宇宙輻射對植物基因突變的影響。如果要拍辣椒喪屍電影，這會是個不錯的開場。

34 "Record Harvest and Instructive Challenges," EDEN-ISS, September 13, 2018, https://eden-iss.net/index.

php/2018/09/13/record-harvest-and-instructive-challenges.

35 Goldman, "On Capsaicin."

36 Brendan Borrell, "What's So Hot About Chili Peppers?," *Smithsonian*, April 2009, www.smithsonianmag.com/science-nature/whats-so-hot-about-chili-peppers-116907465.

37 Chris Malloy, "Flavor Tripping on the Pepper So Spicy It'll Give You Visions of the Cosmos," *Saveur*, September 15, 2017, www.saveur.com/carolina-reaper-hottest-chile-pepper.

38 Ken Albala, *Food: A Cultural Culinary History*, The Great Courses, transcript book, 2013, 297.

39 Heather Arndt Anderson, *Chillies: A Global History* (London: Reaktion, 2016), Apple Books ed.

40 Albala, *Food*, 297.

41 Rupp, "Peppers."

42 阿茲特克人也以其他食材做為懲罰工具，例如讓兒童全身赤裸，束縛手腳，再用龍舌蘭葉的尖刺刺他們。〔"Disciplining Children—Codex Mendoza [Painting]," Children & Youth in History, Item 277, http://chnm.gmu.edu/cyh/items/show/277.〕

43 Paul Rozin and Deborah Schiller, "The Nature and Acquisition of a Preference for Chili Pepper by Humans," *Motivation and Emotion* 4, no. 1 (1980): 77–101.

44 Earl Carstens et al., "It Hurts So Good: Oral Irritation by Spices and Carbonated Drinks and the Underlying Neural Mechanisms," *Food Quality and Preference* 13, no. 7 (2002): 431–43.

45 Logue, *The Psychology of Eating and Drinking*, 268.

46 Anderson, *Chillies*.

47 Jennifer Billing and Paul W. Sherman, "Antimicrobial Functions of Spices: Why Some Like It Hot," *The Quarterly Review of Biology* 73, no. 1 (1998): 3–49.

48 同前註。

49 Logue, *The Psychology of Eating and Drinking*, 268.

50 Billing and Sherman, "Antimicrobial Functions of Spices."

51 McDonald et al., *Chemesthesis*, 228.

52 Zona Spray Starks, "What Is Eskimo Ice Cream?," *Smithsonian*, July 25, 2016, www.smithsonianmag.com/travel/eskimo-ice-cream-atlas-of-eating-native-cuisine-food-eats-smithsonian-journeys-travel-quarterly-180959431.

53 "10 Questions for Anthony Bourdain," *Time*, October 31, 2007, http://content.time.com/time/magazine/article/0,9171,1680149,00.html.

54 John D. Speth, "Putrid Meat and Fish in the Eurasian Middle and Upper Paleolithic: Are We Missing a Key Part of Neanderthal and Modern Human Diet?," *PaleoAnthropology*, 2017, 44–72.

55 發酵食物或許能藉由減少咀嚼與代謝食物所消耗的代謝能量，保留更多熱量來維持體溫，增加在寒冷氣候存活的機會，剛好與辣椒和辣椒誘發的流汗降溫作用相反。

56 Morten L. Kringelbach and Kent C. Berridge, *Pleasures of the Brain* (Oxford: Oxford University Press, 2009), 325–27.

57 Bloom, *How Pleasure Works*, 51–52.

58 John Launer, "The Itch," *QJM: An International Journal of Medicine* 97, no. 6 (2004): 383–84.

59 Rachel Herz, *Why You Eat What You Eat: The Science Behind Our Relationship with Food* (New York: Norton, 2017), Kindle ed.

60 Anderson, *Chillies: A Global History*.

61 古羅馬哲學家塞內卡（Seneca）在西元一世紀寫道：「痛苦的事，回憶起來總是甜美。」（Quæ fuit durum pati meminisse dulce est）〔W. Gurney Benham, Cassell's Book of Quotations, rev. ed. (London: Cassell, 1914), 645.〕

62 Terry Burnham and Jay Phelan, *Mean Genes: From Sex to Money to Food: Taming Our Primal Instincts* (New York: Perseus, 2000), 116.

63 Laurent Bègue, "Some Like It Hot: Testosterone Predicts Laboratory Eating Behavior of Spicy Food," *Physiology and Behavior* 139 (2015): 375–77.

64 Nadia K. Byrnes and John E. Hayes, "Personality Factors Predict Spicy Food Liking and Intake," *Food Quality and Preference*

28, no. 1 (2013): 213–21.

65 Elizabeth Morán, *Sacred Consumption: Food and Ritual in Aztec Art and Culture* (University of Texas Press, 2016), 26.

66 譯註：toxic masculinity。意指男性承受行為刻板印象的文化壓力，例如身為男人必須掌握權力、恐懼同性戀、積極主動等等。

67 Chip Brown, "Making a Man," *National Geographic Magazine* 231, no. 1 (2017): 75–103.

68 Laura Clark, "The Great Goldfish Swallowing Craze of 1939 Never Really Ended," *Smithsonian*, February 27, 2015, www.smithsonianmag.com/smart-news/great-goldfish-swallowing-craze-1939-180954429.

69 本書作者可證明，時至一九九〇年代依然有吞金魚比賽。

70 Marvin Zuckerman, Behavioral Expressions and Biosocial Bases of Sensation Seeking (Cambridge, UK: Cambridge University Press, 1994), 27.

71 Talia Mindich, "In Space, 'Take Your Protein Pills' and Get Your Sriracha On," PBS, May 21, 2014, www.pbs.org/newshour/science/astronauts-crave-tabasco.

72 "Even Astronauts Get the Blues: Or Why Boredom Drives Us Nuts," NPR, March 15, 2016, https://www.npr.org/transcripts/470416797.

73 Charles Perry, "MREs: Meals Really Edible?," *Los Angeles Times*, July 1, 1998.

74 許多二戰軍人認為午餐肉除了可以吃，更是實用的工具，例如可以當成槍枝潤滑劑、軍靴防水劑等等。有軍人說，自己曾用午餐肉的金屬罐緊急修補飛機機翼上的子彈孔。〔Carolyn Wyman, SPAM: A Biography (New York: Harcourt, Brace, 1999), 23.〕

75 Andrew F. Smith, *The Oxford Companion to American Food and Drink* (Oxford: Oxford University Press, 2007), 141.

76 "MRE 39 (2019)," Defense Logistics Agency, www.dla.mil/TroopSupport/Subsistence/Operationalrations/mre.aspx.

77 Caitlin Kearney, "Tabasco and the War Against Bland Military Meals," National Museum of American History Behring Center, April 30, 2015, https://americanhistory.si.edu/blog/tabasco-and-war-against-bland-military-meals.

78 Julian E. Barnes, "Army Orders Up MREs with Kick in the Pesto," *Chicago Tribune*, June 16, 2006, www.chicagotribune.

com/news/ct-xpm-2006-06-16-0606160092-story.html.

79 Kendra Pierre-Louis, "Mayonnaise Is Disgusting, and Science Agrees," *Popular Science*, October 31, 2017, www.popsci.com/mayonnaise-disgust.

80 Paul Rozin et al., "Glad to be Sad, and Other Examples of Benign Masochism," *Judgment and Decision Making* 8, no. 4 (2013): 439–47.

81 Bloom, *How Pleasure Works*, xi.

82 同前註，51。

83 譯註：《都是基因惹的禍》繁體中文版由天下文化翻譯出版。

84 Burnham and Phelan, *Mean Genes*, 84.

85 同前註，88。

10

進擊的番茄
Attack of the Killer Tomatoes

有些事是已知的已知，我們知道自己知道這些事。
我們也知道有些事是已知的未知，也就是說，
我們知道自己不知道這些事。
但還有一些事是未知的未知——
那些我們不知道自己不知道的事。[1]
——唐納德・倫斯斐（Donald Rumsfeld），美國前國防部長

回顧不復存在、過時的食物觀念時，我們很容易感到難以置信——肉桂來自巨大的鳥巢（而且跟七鰓鰻魚血混合後，放進不能吃的派皮裡烤一烤，就成了美味的七鰓鰻魚派）；蜂蜜從天而降（加了蜂蜜的早餐穀片是長期自慰的入門毒品，而自慰會進一步造成禿頭、習慣性憂鬱、體弱多病、口臭，令殘破的靈魂永遠籠罩在黑暗之中）；麥當勞與星巴克之類企業真心關懷消費者的健康和幸福。

雖然我們在飲食方面大有長進——鑑別味覺的能力、豐富的美食部落格，以及顛覆自然季節的食物櫃——但其實情況差別不大。將來我們的孫子以及他們的孫子在回顧我們的飲食習慣時，肯定也會既驚訝又困惑，如同我們回顧家樂醫生的巴特溪療養院，或是約翰．史密斯在殖民地用平底鍋撈魚。

一八九三年，歐洲開始種植番茄整整三百年之後〔2〕，美國最高法院才針對番茄到底是水果還是蔬菜做出裁決。〔3〕依據一八八三年的關稅法，當時的進口蔬菜須繳交十％關稅，目的是保護美國農民。但是一八八七年番茄進口商約翰．尼克斯（John Nix）對紐約港關稅局提出告訴、要求退錢，他認為番茄是水果，無須繳交關稅。這項爭議在不斷升溫的法庭激戰中纏訟了六年〔4〕，最後送達美國最高法院。在參考了各種字典、聽取專家證人的證詞後，最高法院最終裁定番茄是蔬菜，因為番茄「像馬鈴薯、紅蘿蔔、歐防風、蕪菁、甜菜、白花椰菜、甘藍、芹菜和萵苣一樣，通常用來製作晚餐……而水果則是用來製作甜點」。[5][6]

這件事發生的時候，番茄才剛擺脫有毒的形象不久。[7]在此之前，番茄有毒的觀念已存在數百年之久，主要是因為番茄與毒茄蔘（mandrake）以及致命的茄科植物是親戚，同屬一科。毒茄蔘和茄科植物非但有毒，而且據說都是「巫婆湯」的原料，還能用來召喚狼人。番茄的學名*Solanum lycopersicum*[8]直譯為「狼的桃子」，字源是希臘語的lykos（狼）和persicon（桃子），古德語是Wolfspfirsich。[9]（lycos也是lycanthrope〔狼人〕的字源。）一八六〇年代，番茄裡有毒蟲的謠言仍傳得沸沸揚揚[10]，這種毒蟲能把毒液吐到幾英尺遠的地方，碰到會產生劇痛並立即死亡——幸好後來證實這些毒蟲只是無害的毛毛蟲。還有一個比較可信的傳言是番茄的內部酸度太高，會致使盤子和炊具滲出有毒的鉛或銅。[11]除此之外，也有人僅因為番茄的味道就認定番茄很危險，說它們是「酸垃圾」[12]或「噁心又腥臭的漿果」。

同屬茄科植物的馬鈴薯也擔負類似的罵名。除了跟巫術與魔鬼崇拜扯上關係，馬鈴薯還一度被視為梅毒與痲瘋病的罪魁禍首[13]，主要是因為馬鈴薯的模樣很像痲瘋病患扭曲變形的手[14]，也很像，呃，其他患部。十八世紀的俄國人稱馬鈴薯為「魔鬼的蘋果」〔15〕，他們把馬鈴薯插在木樁上焚燒，還有人警告說，夜裡吃馬鈴薯的母親會生出頭部異常巨大的孩子〔16〕，或是把一個人的名字釘在馬鈴薯上面，就能詛咒對方必死無疑。而另一方面，富人把馬鈴薯當成裝飾品，在觀賞性質的花園裡種植〔17〕，還會將馬鈴薯的花別在衣領或頭髮上。〔18〕

直到後來出現大規模飢荒與作物歉收〔19〕，才逼得歐洲人不得不給馬鈴薯上餐桌的機會。即使到了那個地步，仍有許多人不肯吃馬鈴薯。奧地利的農民「若拒吃馬鈴薯，將受到四十下鞭刑的處罰〔20〕」，普魯士國王腓特烈．威廉一世（Friedrich Wilhelm I）則是威脅，不願意種植馬鈴薯的異議份子將被割下耳朵和鼻子。〔21〕法國科學家安托萬－奧古斯丁．帕門蒂埃（Antoine-Augustin Parmentier）想出一種比較溫和的辦法。〔22〕他發現訴諸理性與科學很難扭轉懷疑者的想法，於是他利用嫉妒心態，拿馬鈴薯來招待名人，並且雇用武裝警衛看守巴黎近郊的馬鈴薯田。於是，voila，我們有了炸薯條。

時至今日，番茄和馬鈴薯已成了美國消耗量最高的兩種蔬菜，二〇一九年每人約消耗〔23〕三十一磅番茄（約十四公斤）、四十九磅馬鈴薯（約二十二公斤），主要用來製作薯條與番茄醬。〔24〕排名第三的是洋蔥〔25〕，但人均消耗量只有九磅（約四公斤）。〔26〕〔27〕

人類害怕的食材可不只這幾樣。十九世紀英格蘭人相信生的水果有毒，「死於水果」〔28〕是維多利亞時代死亡證明書上的常見死因。這個觀念可能源於一五六九年的一項禁令〔29〕，當時為了防止瘟疫散播，禁售未煮熟的水果（這項禁令其實大有好處，因為屠夫習慣把屠宰後的髒血與內臟扔進河裡〔30〕，它們不但經常被沖到河岸上，汙染的河水也經常被用來洗蔬菜水果）。

然而人類對食物的困惑，至今仍未徹底消失。

過去大家不敢吃巴塔哥尼亞齒魚（Patagonian toothfish），這是一種油脂豐富的鱈魚，以前漁夫會把牠們扔回海裡，直到一九九四年才改變作法，因為牠們換上一個更美味的名字：智利海鱸魚。〔31〕嚴格說來牠們不是鱸魚〔32〕，也很少來自智利，通常是在非洲與澳洲外海捕撈上船。〔33〕現在智利海鱸魚在全食超市（Whole Foods）要價一磅二十九．九九美元，除了因為銷路好之外，也因為銷路好導致過度捕撈。一九七九年全球捕獲量僅五百七十九公噸〔34〕，當時認識這種魚的人主要是南極科學家〔35〕；到了一九九五年，捕獲量已超過四萬四千公噸。〔36〕

同樣的例子〔37〕還有岩鮭（舊名「白斑角鯊」〔spiny dogfish〕）、藍鱈（舊名「油魚」〔oilfish〕）、美首鰈（舊名「女巫」〔witch〕）、長壽魚（舊名「爛泥頭」〔slimehead〕）。壽司盤裡的海膽，以前被漁民稱為「婊子蛋」（whore's eggs）〔38〕，原因是海膽經常群聚弄髒捕魚設備，惹人討厭；更早之前，古希臘人用海膽隱喻女性的陰毛。如同大衛．法倫索德（David A. Fahrenthold）在《華盛頓郵報》上的描述：「現在我們吃的海鮮中，有不少是以前的雜魚跟海怪。」〔39〕

從義大利麵到綜合維他命，我們吃進嘴裡的東西，幾乎都經歷過相同的妾身未明狀態。

比起往日的雜魚，消費者當然對義大利麵更加熟悉，但這並不代表他們很了解義大利麵，或是較不容易上當。例如一九五七年的愚人節，英國廣播公司ＢＢＣ播放了一段「義大利麵農場」〔40〕的搞笑新聞影片，煮熟的義大利麵條用膠帶固定，垂掛在樹枝上，農民將麵條採收下來後放進籃子裡晾乾——居然有人信以為真。觀眾紛紛打電話到電視台，詢問哪裡能買到義大利麵條樹回家種植。〔41〕甚至一些被蒙在鼓裡的製作團隊成員也相信了。容我再次強調，這件事發生於一九五七年，當時原子彈問世已經十二年了。

一九八〇年代，艾恩堡速食店（Ａ＆Ｗ）推出三分之一磅漢堡〔42〕，想要打敗麥當勞的四盎司牛肉堡（四分之一磅），這款新漢堡不但價格更便宜，消費者的試吃評價也更高。然而他們失敗了，因為美國人的分數觀念很差，他們以為三分之一小於四分之一。

二〇一六年，西維吉尼亞州議會的議員為了慶祝推翻生乳禁令，喝生乳乾杯[43]，結果集體住院。會有這項禁令顯然是有原因的。（而且原因不只一個，有大腸桿菌、李斯特菌、沙門氏菌與格林－巴利症候群等等[44]，可能會導致癱瘓、腎衰竭、中風和死亡。）不過負責發放生乳的共和黨眾議員史考特．凱鐸（Scott Cadle）否認這個事件與生乳有關[45]，他告訴記者：「跟牛奶無關」[46]，「這不是生乳造成的」。[47]但真相如何已無法驗證，因為他在有機會採樣之前，已將剩餘的生乳倒進馬桶沖掉[48]，顯然他平常就是這樣處理完全沒問題的牛奶。

另一方面，頂尖營養學家對於吃蛋的健康益處，仍然莫衷一是。

一九八〇年，美國農業部的《國民飲食指南》裡，附了一本二十頁的小冊子[49]，提供許多睿智的建議，例如「維持理想體重」、「避免攝取過多的脂肪、飽和脂肪與膽固醇」、「避免攝取過多的糖」。

二〇〇五年的飲食建議變得更加具體，例如建議美國人每日攝取的膽固醇不應超過三百毫克。二〇一五年厚達一百二十二頁的飲食建議刪除了三百毫克的限制[50]，這使得美國蛋業委員會（American Egg Board）得意洋洋地宣稱：「美國從善如流，取消了飲食建議裡的膽固醇攝取上限，此舉遵循許多國家和專家團體的腳步，例如美國心臟協會和美國心臟病學會。」[51]

不過這並非事實，因為飲食建議說的是身體自己「製造的膽固醇已超過所需」[52]，所以「我們不需要藉由飲食攝取膽固醇」，最後建議「大家維持健康的飲食習慣，盡量減少膽固醇攝取量」。但這並不代表一丁點膽固醇都不應該攝取，因為飲食指南附錄三〈健康的美式飲食〉的表A 3-1[53]，建議你每天攝取二至三杯當量的乳製品，每週攝取十三至四十三盎司當量的肉類、禽類、蛋與海鮮，實際攝取量取決於你屬於十二個熱量族群中的哪一個，想知道你屬於哪一個熱量族群，可參考其附錄二的表A 2-1[54]，交叉比對年齡、性別和活動程度就可得知。[55]附錄四是〈健康的地中海飲食〉，表A 4-1[56]建議每日攝取二至二杯半當量的乳製品，每週攝取十三至五十盎司當量的肉類、禽類、蛋與海鮮。（順帶說明一下，飲食建議裡的「杯」與「盎司」當量，和實際使用的「杯」與「盎司」不一定相同。例如一顆大雞蛋等同於一盎司當量的雞蛋[57]，但根據美國農業部的飲食指南，一打雞蛋平均每顆重量達兩盎司才能算是大雞蛋[58]，因此嚴格說來，重量兩盎司的雞蛋等於一盎司當量的雞蛋。依照同樣方式計算，四盎司的豬肉等於四盎司當量的豬肉[59]，但四盎司的核桃等於八盎司當量的胡桃。）如果你拿出你的3D眼鏡、刮掉紙上的塗層，然後好好計算一番，會發現這些健康飲食建議的膽固醇攝取上限，依然是三百毫克[60]——想不到吧。所以除了頭暈腦脹的程度之外，什麼都沒變。

但這不是美國農業部的錯，因為他們既有責任保護美國農民與肉類和乳製品生產商的經濟利益，也有責任捍衛美國人的營養權益[61]，於是左右為難。他們一方面鼓勵我們購買更多肉類和乳製品，另一方面建議我們別吃太多肉類跟乳製品。可想而知，他們提供的資訊經常忽左忽右、令人暈頭轉向，就像幸運餅乾裡的籤詩，或是柯林頓總統一九九八年對大陪審團說的那句證詞：「這取決於『是』的定義是什麼。」[62]

此外，美國農業部與FDA必須依據各種曖昧模糊的界線，來劃分彼此的食品監管責任。舉例來說，農業部負責監督[63]營養建議、義式香腸披薩、紅肉含量超過三%的肉醬、開面三明治（open-faced sandwich）、鯰魚等等；FDA負責監督[64]營養標示、蘑菇披薩、紅肉含量低於三%的肉類風味肉醬、普通三明治（closed-face sandwich）、鯰魚之外的魚類。[65]雞蛋的監管職責劃分更加令人困惑。農業部負責帶殼蛋的分級[66]、蛋類的去殼與低溫殺菌處理，以及符合農業部「蛋類產品」定義的各種產品，例如乾燥蛋、冷凍蛋或液態蛋；FDA負責帶殼蛋的標示、蛋類的清洗與分類處理，以及不適用農業部「蛋類產品」定義的各種產品，例如冷凍乾燥的蛋類製品、仿蛋製品、蛋糕粉、法式土司、雞蛋三明治（僅限普通三明治，且肉類含量不超過特定比例），還有鴨仔蛋之類民俗傳統佳餚。

美國約有七十八％的食品由ＦＤＡ監管[67]，此外ＦＤＡ還要管理兩萬多種處方藥物、六千五百個類別的醫療器材、九萬種菸草產品以及各類消費產品，包括香水、寵物食品、除臭劑、假紋身、衛生棉條和微波爐等等。[68]還有雷射筆。ＦＤＡ既要透過規範防止消費性食品裡出現蛆蟲，也要規範治療傷口的醫療用蛆蟲。[69]

面對如此混亂的情況，他們實在沒有足夠的工具、資金、人力和時間，執行交付的任務——ＦＤＡ負責監管的食品工廠，大多五年以上沒有稽核（五十六％）[70]，進口食品完全沒有接受檢查的比例更高（九十九％）。[71]與此同時，ＣＤＣ指出「美國每年罹患食源性疾病的人口為四千八百萬人，其中十二萬八千人住院，三千人死亡」。[72]

在沒有真正的專責單位負責營養、透明度與標示的情況下，我們基本上仰賴的是良心制度。就像由精神病患來管理精神病院。

記者芭芭拉．普斯利（Barbara Presley）曾說，搖擺不定的營養政策，以及量能、責任歸屬與食品標示等問題「非常模糊，也非常混亂，只有具備堪比塔木德學者[73]那種吹毛求疵分析能力的消費者，才有辦法抽絲剝繭，解讀一層又一層的定義」。[74]但就算暫不考慮這些問題，仍有層出不窮的前後矛盾與含混不清。

大部分專家似乎都認為橄欖油很健康[75]，因為橄欖油有不飽和脂肪酸、抗氧化劑和降低「壞」膽固醇的能力[76]，但前提是你吃的橄欖油是真正的橄欖油——而專家說，很有可能不是。作家賴瑞．奧姆斯特（Larry Olmsted）寫道，根據分析師的估計，美國的市售橄欖油中，有三分之二到九十%不是真的橄欖油[77]，而且「幾乎每一次調查，無論調查單位是大學、記者、執法人員還是政府機構，都發現這是個充斥贗品的產業」。[78]費德雷克．阿坎姆曾於一八二〇年提出警告[79]，他說市售橄欖油經常變質或是受到鉛汙染，但現在的情況其實也沒差太多。一九五九年，約有一萬名摩洛哥人在食用橄欖油後，身體部分癱瘓[80]，因為商販將剩餘的工業用噴射引擎潤滑油混入橄欖油。一九八一年，有兩萬多人在食用了西班牙「橄欖油」後中毒，造成數百人死亡，因為這些橄欖油後來證實是機油。[81]

往好處想（如果有好處的話），雖然橄欖油造假依然猖獗，但現在的造假大多與偽造初榨等級有關[82]，也就是用普通初榨橄欖油（virgin）冒充特級初榨橄欖油（extra virgin），或是用比較便宜的食用油（例如菜籽油、葵花油或大豆油等）稀釋橄欖油。如果你買的有機特級初榨橄欖油真的是用橄欖做的，就算相當幸運了，如果用的還是人類食用等級的橄欖，而不是燈油等級的橄欖，那就更加可喜可賀。

同樣地，不少專家都說吃魚很健康，因為魚富含omega-3脂肪酸，可是海裡（以及河裡、湖裡跟養殖魚塭裡）除了有很多魚，還有很多甲基汞[83]、多氯聯苯、寄生蟲、農藥、塑膠微粒和有毒藻華。除此之外，高濃度omega-3脂肪酸也和前列腺癌存在著相關性。[84]

所以想吃健康的海鮮，可不是只在帶有字母R的月份吃生蠔這麼簡單。[85]這種說法至少追溯至一五〇〇年代，當時的建議是吃生蠔要挑「在大船底部、或是在沒有爛泥的地方生長的生蠔，而且要在帶有字母R的月份吃」[86]，這主要是為了防止夏季生食海鮮[87]，畢竟當時沒有冰箱——或是遵循名廚波登在《安東尼・波登之廚房機密檔案》（*Kitchen Confidential*）[88]裡的建議[89]，除非是在米其林三星餐廳貝納丁（Le Bernardin）用餐，否則星期一在餐廳吃飯絕對不要點魚，因為大部分的海鮮業者週末不送貨。[90]

營養學教授、詹姆斯・比爾德獎（James Beard Award）得主瑪麗恩・內斯特爾（Marion Nestle）寫道：「在超市買魚時，若想做出明智的選擇，你必須對營養學、魚類毒物學以及魚類的生命週期和生態學，都具備超乎想像的認識——這條魚的種類、牠吃什麼、在哪裡被捕撈，是養殖的還是野生的。」[91]

但就算知道這些資訊也於事無補，因為販魚詐騙同樣猖獗。

二〇〇八年，曼哈頓有兩名高中女生為了學校的科展實驗，從餐廳和超市收集了魚類樣本[92]，她們將樣本保存在酒精裡，送去一間大學實驗室做基因鑑定，結果發現半數的當地餐廳與六十%的超市，都有魚類標示錯誤的問題，其中至少包括一種瀕危物種。

其他類似的實驗也得到類似的結論。二〇一二年，研究人員從紐約的餐廳和超市，收集了一百四十二份魚類樣本[93]，發現有九十四%的鮪魚、七十九%的鯛魚和二十%的鮭魚不符標示。十八份標示為「白肉鮪魚」（white tuna）的商品之中，有十七份是蛇鯖魚（escolar），又叫油魚或「瀉藥魚」（ex-lax fish）[94]，這種魚在日本和義大利禁止販售（FDA則是建議不要進口），原因是牠含有毒素[95]與無法消化的蠟酯，可能會導致腹瀉、腹絞痛、噁心、頭痛和嘔吐。有些魚標示為紅鯛和大比目魚，其實是馬頭魚。FDA建議「孕婦或可能懷孕的婦女、哺乳的婦女和幼兒」[96]不要吃馬頭魚，因為汞含量偏高。

這種情況不限於紐約。二〇〇七年，芝加哥的市售鮟鱇魚樣本，被發現是違法且具有致命風險的河魨[97]，導致部分顧客送醫治療。二〇一六年，新聞節目《內幕報導》

（*Inside Edition*）調查了全美二十八間餐廳[98]，發現他們採樣的龍蝦料理中，有三十五%以較便宜的海鮮取代龍蝦。一個相當誇張的例子，是某家位於佛羅里達州的餐廳賣的龍蝦捲，原料是龍蝦、沙鮻和阿拉斯加鱈魚的混合肉漿（這兩種魚常用來製作冷凍魚柳條）；還有一家位於紐約小義大利區的餐廳賣的「龍蝦」義大利餃，內餡僅含乳酪。

除此之外，許多餐廳因為用鎧甲蝦（一磅四美元）取代龍蝦（一磅二十四美元）而受到抨擊[99]，包括知名的紅龍蝦餐廳（Red Lobster）。鎧甲蝦是寄居蟹的近親，長度約兩英寸，又叫浮游蟹或蹲龍蝦。

「紅龍蝦餐廳是海鮮專家，我們了解龍蝦的淡旺季與供貨情況偶有浮動，因此我們的龍蝦濃湯（Lobster Bisque）可能會使用波士頓龍蝦或鎧甲蝦，有時候兩種一起用，」紅龍蝦的發言人解釋道，「《內幕報導》的測試結果是『勺子碰運氣』（luck of the ladle），這兩種龍蝦都為濃湯帶來濃郁、鮮甜的滋味，深受顧客喜愛。」[100]

毫無意外，這一千多年來情況大同小異。一四九九年，亨利七世不得不頒布法令，禁止販售上過色的魚[101]，因為魚販會給腐壞的魚鰓上色、塗亮光漆，或是刷上血液假裝是鮮魚。其他手法還包括：往魚的身體裡吹氣、或是塞入新鮮的魚內臟，「讓瘦乾巴的魚看起來肥美壯碩[102]」；把新鮮的黑線鱈魚肉跟木籤，從龍蝦的尾巴縫隙塞進身

體裡〔103〕，讓軟趴趴的龍蝦看起來更壯實；或是用木籤把頭尾分離的龍蝦串起來，再用木頭把洞堵上。〔104〕

在更早的一二七二年，愛德華一世規定魚販攤子上的魚只能灌水一次〔105〕，灌水的目的是保存外觀，但是水會增加重量，也會加速腐壞。違法的魚販被捉到給魚灌水的下場是罰款，有時則是在其他魚販組成的評審團聞過魚的味道後，將違法者鎖在足枷刑具上，刑具底下燃燒被犯人無恥灌水的魚。〔106〕

時至今日，灌水增加重量和體積的不只是魚，還有肉類、蔬菜（包括「新鮮」蔬菜與罐頭蔬菜）、蜂蜜跟果汁。二〇一三年《消費者報告》雜誌（*Consumer Reports*）發現，平均而言，在他們檢驗過的罐頭食品中，有將近半數的標示重量來自罐頭裡的液體〔107〕（例如鮪魚罐頭裡的水，而不是鮪魚肉）。此外，英國的消費者權益人士宣稱，冷凍雞胸肉有高達四十％的重量來自添加水分。〔108〕

甚至連食物裡的維生素也不值得信任。美國有超過半數的成年人，會吃補充劑補充飲食裡欠缺的營養素，不過除了超市販售的維他命與膳食補充劑〔109〕，許多市售食品也都添加了維生素。例如純品康納（Tropicana）在柳橙汁裡添加了鈣和維生素D〔110〕，在心臟保健柳橙汁裡添加了omega-3〔111〕（還有什麼比吳郭魚、沙丁魚和鯷魚跟柳橙汁的味道更速配呢？），還有加了維生素C與鋅的柳橙汁〔112〕（「幫助維持健康的免疫系統」）、加了益生菌的鳳梨芒果汁〔113〕，以及加了纖維的蘋果櫻桃汁。〔114〕達能（Dannon）生產益生菌優格〔115〕，還有添加維生素D的棉花糖奶昔。〔116〕許多早餐穀片裡都添加了維生素與礦物質。

雀巢公司甚至貼心地提供一張表格〔117〕，說明穀片裡的維生素如何提振精神、促進皮膚健康、協助神經與免疫系統正常運作、減輕疲勞，以及提升血液、骨骼和牙齒健康——雀巢Nesquik穀片的文案是：「我們相信孩子充滿無限創意。正因如此，NESQUIK穀片的美味巧克力球添加了維生素B_3、B_5、B_6和鐵質，幫助孩子的心智發展。」〔118〕

不過有些（由不賣維他命或穀片為生的人所做的）研究指出，那些美味巧克力球裡的維生素可能有害無益。

舉例來說，有一項發表於《臨床腫瘤學期刊》（*Journal of Clinical Oncology*）的研究便發現〔119〕，男性吃高劑量維生素B補充劑十年後，罹患肺癌的風險升高將近一倍。另一項研究發現〔120〕，吃維生素B補充劑的女性，在研究期間死亡機率高出十%。

另有研究發現，高劑量維生素B可能導致神經損傷與肝臟疾病〔121〕，攝取過多鈣質與維生素D則會增加罹患心臟病的風險。[122]

除此之外，美國環境工作組織（Environmental Working Group，致力於保護人類健康與環境的非營利、無黨派組織）[123]二〇一四年做了一項分析[124]，發現兒童早餐穀片包裝盒上列出的維生素添加比例，參考的居然是「嚴重過時」[125]的一九六八年成人營養建議，而且某些穀片一份裡含有的維生素A、鋅或菸鹼酸，已超過醫學研究院訂定的兒童攝取上限。

另外還有DNA檢測發現，超市販售的補充劑中，許多完全不含標示上宣稱的成分。二〇一五年紐約州檢察總長做了一項調查[126]，發現他們檢驗的零售店自有品牌草藥補充劑之中，只有二十一%含有標示所列的植物DNA，其中沃爾瑪的自有品牌只有四%標示屬實；三十五%的補充劑含有標示上未列出的賦形劑與汙染物質，包括米、豆類、松樹與磨碎的室內盆栽。另有研究在孕婦維他命裡發現了鉛和砷。[127]

所以維生素有益健康，也會危害生命，還有些維生素根本不是維生素。橄欖油、紅鯛和鮟鱇魚等食物，也面臨一樣的情況。（幸好我們相當確定這些東西不會讓我們得梅毒，也不能用來召喚狼人，所以這幾百年來我們對食物的了解並非毫無進展。）

或許這一切看起來極其令人沮喪。知道我們最喜歡的壽司使用的可能是油魚、我們吃的維他命軟糖說不定會害死我們，當然開心不起來。但我們從歷史中學到最重要的一件事，就是災禍乃家常便飯。我們很愛想像人類祖先與大自然和諧共存，其實大自然一直想要奪取人類的性命——過去的每一個世代，都曾各自面臨不同的飲食危機，例如有毒的根、食物匱乏（作物歉收、戰爭補給問題等等）、受汙染的肉和水、失敗的冷凍實驗，或是因為沒有帶適當的捕魚工具前往殖民地，只好用平底鍋撈魚。

追根究柢，是這些磨難逼得他們適應環境、堅持到底，所以後來才有了蘋果派（而且派皮可食）、香草冰淇淋與巧克力棉花糖冰淇淋、超多果肉番茄麵醬——當然還有更小的頷骨、更大的腦、傳統節慶與現代文明……

註釋

1 "Donald Rumsfeld," *Oxford Essential Quotations*, 5th ed. (Oxford: Oxford University Press, 2017).

2 Andrew F. Smith, *The Tomato in America: Early History, Culture, and Cookery* (Champaign, University of Illinois Press, 2001), 17.

3 *Nix v. Hedden*, 149 U.S. 304, 1893.

4 Smith, *The Tomato in America*, 151.

5 *Nix v. Hedden*, 149 U.S. 304, 1893.

6 這讓人不禁好奇，若是律師精明一點，大可以對此判決提出上訴，引述薩瓦蘭堅持甜點「不能沒有乳酪，否則就像一個女人雖然很美，卻只有一隻眼睛」，同時呈上那個年代的番茄甜點食譜，例如番茄果凍與番茄塔。〔Jean Anthelme Brillat-Savarin, *The Physiology of Taste; or, Meditations on Transcendental Gastronomy*, translated by M.F.K. Fisher (New York: Knopf, 2009).〕〔Smith, *The Tomato in America*, 187-88.〕

7 Matt Blitz, "How Witches and Expensive Dishes Stopped People from Eating Tomatoes," *Food and Wine*, July 31, 2017, https://www.foodandwine.com/lifestyle/how-witches-and-expensive-dishes-stopped-people-eating-tomatoes.

8 "Lycopersicum," *Johnson' s Gardener' s Dictionary*, edited by C. H. Wright and D. Dewar (London: George Bell & Sons, 1894), 582.

9 Rolf H. J. Schlegel, *History of Plant Breeding* (Boca Raton, FL: CRC Press, 2018), Kindle ed.

10 Smith, *The Tomato in America*, 58.

11 同前註，59。

12 同前註，41－42。

13 E. J. Kahn, Jr., *The Staffs of Life* (Boston: Little, Brown, 1984), 111.

14 Tom Standage, *An Edible History of Humanity* (New York: Bloomsbury, 2009), Apple Books ed.

15 Kahn, *The Staffs of Life*, 109.

16 同前註，111。

17 同前註，110。
18 同前註，113。
19 Standage, *An Edible History of Humanity*.
20 同前註。
21 Kahn, *The Staffs of Life*, 90.
22 Standage, *An Edible History of Humanity*.
23 "Loss-Adjusted Food Availability—Vegetables," Food Availability (Per Capita) Data System, US Department of Agriculture Economic Research Service, September 23, 2020.
24 "Potatoes and Tomatoes Are the Most Commonly Consumed Vegetables," US Department of Agriculture Economic Research Service, August 28, 2019.
25 同前註。
26 如果算上玉米糖漿、玉米澱粉和玉米粉等產品，消耗量最高的當然是玉米，每年人均消耗量約為六十磅（約二十七公斤）。如果再加上用玉米飼養的動物製造的肉品與乳製品，人均消耗量將近一千磅（約四五三公斤）。不過單純當成蔬菜食用（例如新鮮玉米、冷凍玉米或罐頭玉米），人均消耗量僅約六磅（約二・七公斤）。〔"Loss-Adjusted Food Availability—Grains," "Loss-Adjusted Food Availability—Sugar and sweeteners (added)," Food Availability (Per Capita) Data System, US Department of Agriculture Economic Research Service, January 5, 2021.〕
27 "Loss-Adjusted Food Availability – Vegetables."
28 Bee Wilson, *First Bite: How We Learn to Eat* (New York: Basic Books, 2015), Kindle ed.
29 Kate Colquhoun, *Taste: The Story of Britain through Its Cooking* (New York: Bloomsbury, 2007), 107.
30 Terence Scully, *The Art of Cookery in the Middle Ages* (Woodbridge, UK: Boydell Press, 1995), 20.
31 G. Bruce Knecht, *Hooked: Pirates, Poaching, and the Perfect Fish* (Emmaus, PA: Rodale, 2006), 9.
32 同前註。
33 "Patagonian toothfish (Dissostichus eleginoides)," Food and Agriculture Organization of the United Nations, www.fao.

org/3/y5261e/y5261e09.htm.

34 "Global Capture Production for Species (Tonnes)" graph, "Species Fact Sheets: Dissostichus eleginoides (Smitt, 1898)," Food and Agriculture Organization of the United Nations, FAO FishStat.

35 Paul Greenberg, "The Catch," *New York Times*, October 23, 2005, www.nytimes.com/2005/10/23/magazine/the-catch.html.

36 "Global Capture Production for Species (Tonnes)."

37 Jennifer L. Jacquet and Daniel Pauly, "Trade Secrets: Renaming and Mislabeling of Seafood," *Marine Policy* 32, no. 3 (2008): 309–18.

38 Christa Weil, "More than One Way to Crack an Urchin" in *Eggs in Cookery: Proceedings of the Oxford Symposium on Food and Cookery 2006*, edited by Richard Hosking (Devon, UK: Prospect, 2007), 266.

39 David A. Fahrenthold, "Unpopular, Unfamiliar Fish Species Suffer From Become Seafood," *Washington Post*, July 31, 2009.

40 "Is This the Best April Fool's Ever?," BBC News, March 31, 2014.

41 "On This Day: 1 April 1957: BBC Fools the Nation," BBC News.

42 Elizabeth Green, "Why Do Americans Stink at Math?," *New York Times Magazine*, July 23, 2014, https://www.nytimes.com/2014/07/27/magazine/why-do-americans-stink-at-math.html.

43 Nathan Takitch, "DHHR: Results Inconclusive in Raw Milk Investigation," WSAZ NewsChannel 3, March 8, 2016.

44 "Raw (Unpasteurized) Milk," Centers for Disease Control and Prevention, www.cdc.gov/features/rawmilk/index.html.

45 Eric Eyre and David Gutman, "Agency Investigates Lawmaker Who Distributed Raw Milk to Celebrate Bill Passage," *Charleston Gazette-Mail*, March 8, 2016.

46 Jonathan Mattise, "Lawmakers Celebrate Raw Milk, Deny Being Sickened by It," Associated Press, March 9, 2016.

47 Eyre and Gutman, "Agency Investigates Lawmaker Who Distributed Raw Milk to Celebrate Bill Passage."

48 Eric Eyre, "Results of Raw Milk Inquiry at WV Capitol Inconclusive, DHHR Says."

49 "Nutrition and Your Health: Dietary Guidelines for Americans," US Department of Agriculture, February 1980.

50 *2015–2020 Dietary Guidelines for Americans*, US Department of Agriculture, January 7, 2016.

51 “New Dietary Guidelines Remove Daily Limit on Cholesterol and Include Eggs in Recommended Eating Patterns,” press release, American Egg Board, January 7, 2016.

52 *2015–2020 Dietary Guidelines for Americans,* U.S. Department of Agriculture, 32.

53 同前註，79－82。

54 同前註，77－78。

55 但孕婦和哺乳的婦女不包括在內，她們應遵循醫學研究院（Institute of Medicine，現已改名國家醫學院〔National Academy of Medicine〕）、國家科學研究委員會（National Research Council）、ＦＤＡ和環保局提供的飲食建議。

56 同前註，83－85。

57 同前註，19。

58 “Specifications for Shell Eggs: A ‘How to’ Guide for Food Service Suppliers and Volume Food Buyers,” US Department of Agriculture, November 10, 2017, 4.

59 *2015–2020 Dietary Guidelines for Americans,* U.S. Department of Agriculture, 19.

60 同前註，32。

61 Marion Nestle, *What to Eat* (New York: Farrar, Straus and Giroux, 2010), Apple Books ed.

62 譯註：原句為：It depends on what the meaning of “is” is。一九九八年柯林頓因為在陸文斯基（Monica Lewinsky）的緋聞案調查中做偽證遭到起訴，他在庭訊時被問到他的代表律師陳述「他與陸文斯基沒有任何形式的性關係」（there is no sex of any kind, shape, or form）是否屬實，由於這句陳述裡的there is時態是現在式，因此柯林頓回答時用is的定義來迴避問題。

63 “Exhibit 3-1: FDA/USDA Jurisdiction,” Investigations Operations Manual 2021, US Food and Drug Administration, 2021.

64 同前註。

65 “FDA Transfers Siluriformes Fish Inspection to USDA,” US Food and Drug Administration, constituent update, May 2, 2016.

66 "Exhibit 3-1: FDA/USDA Jurisdiction."
67 "Fact Sheet: FDA at a Glance," US Food and Drug Administration, November 2020.
68 同前註。
69 Bob Carlson, "Crawling Through the Millennia: Maggots and Leeches Come Full Circle," *Biotechnology Healthcare* 3, no. 1 (2006): 14–17.
70 *The Role and Performance of FDA in Ensuring Food Safety* (Washington, DC: US Government Printing Office, 2012), 67
71 Neal D. Fortin, *Food Regulation: Law, Science, Policy, and Practice* (Hoboken, NJ: Wiley, 2011).
72 "Burden of Foodborne Illness: Overview," Centers for Disease Control and Prevention, November 5, 2018.
73 譯註：Talmud，記錄猶太教律法、條例和傳統的宗教文獻。
74 Barbara Presley Noble, "All About/Product Labeling; After Years of Deregulation, a New Push to Inform the Public," *New York Times*, October 27, 1991, www.nytimes.com/1991/10/27/business/all-about-product-labeling-after-years-deregulation-new-push-inform-public.html.
75 也有人認為橄欖油的冒煙點偏低，遇到高溫容易劣化與氧化，進而產生有毒的或致癌的副產品，不過最近有愈來愈多研究推翻這一點。〔F. De Alzaa, C. Guillaume, and L. Ravetti, "Evaluation of Chemical and Physical Changes in Different Commercial Oils During Heating," *Acta Scientific Nutritional Health* 2, no. 6 (2018): 2–11.〕
76 "Olive Oil 101: Health and Nutrition," California Olive Oil Council, www.cooc.com/health-nutrition.
77 Larry Olmsted, *Real Food/Fake Food* (Chapel Hill, NC: Algonquin Books of Chapel Hill, 2016), 91.
78 同前註。
79 Fedrick Accum, *A Treatise on Adulterations of Food and Culinary Poisons* (London: Mallett, 1820), 334–35.
80 Spencer D. Segalla, *Empire and Catastrophe: Decolonization and Environmental Disaster in North Africa and Mediterranean France Since 1954* (Lincoln: University of Nebraska Press, 2020), 78.
81 Richard Lorant, "Mass Poisoning in Spain Still Steeped in Mystery," *Los Angeles Times*, June 16, 1991.
82 Rodney J. Mailer and Stefan Gafner, "Adulteration of Olive (*Olea europaea*) Oil," *Botanical Adulterants Prevention Bulletin*,

Botanical Adulterants Prevention Program, October 2020.
83 Nestle, *What to Eat.*
84 Peter Wehrwein, "High Intake of Omega-3 Fats Linked to Increased Prostate Cancer Risk," *Harvard Health Blog*, Harvard Medical School, August 1, 2013.
85 譯註：不帶有字母R的月份是五月、六月、七月、八月。
86 Henry Butts, *Dyets Dry Dinner* (London: Creede, 1599).
87 Joanna Klein, "Oysters, Despite What You've Heard, Are Always in Season," *New York Times*, May 5, 2017, www.nytimes.com/2017/05/05/science/oysters-summer-safe-r-months.html
88 譯註：《安東尼．波登之廚房機密檔案》繁體中文版由台灣商務印書館翻譯出版。
89 Anthony Bourdain, Kitchen Confidential: Adventures in the Culinary Underbelly (New York: Bloomsbury, 2000), 64–65.
90 不過波登在十六年後修改了這項建議，他說雖然在「你家附近的假愛爾蘭酒館」點淡菜套餐依然不是好主意，但整體而言「情況已有改變。想吃魚就點吧。」〔"Anthony Bourdain Tells Us It's OK to Eat Fish on Mondays Now—Here's Why," *Business Insider*, October 31, 2016.〕
91 Nestle, *What to Eat.*
92 John Schwartz, "A Fish Story with a DNA Hook," *New York Times*, August 22, 2008, A1.
93 Kimberly Warner, Walker Timme, and Beth Lowell, "Widespread Seafood Fraud Found in New York City," *Oceana*, December 2012.
94 Olmsted, *Real Food/Fake Food*, 48.
95 *Fish and Fishery Products: Hazards and Controls Guidance*, 4th ed., Department of Health and Human Services, Public Health Service, Food and Drug Administration, Center for Food Safety and Applied Nutrition, Office of Food Safety, March 2020, 6–2.
96 Warner et al., "Widespread Seafood Fraud Found in New York City."
97 "Tetrodotoxin," Bad Bug Book: Handbook of Foodborne Pathogenic Microorganisms and Natural Toxins, US Food and

Drug Administration, 2012.

98 "A Third of Tested Restaurant Lobster Dishes Actually Contain Cheaper Seafood, Investigation Shows," *Inside Edition*, February 8, 2016, www.insideedition.com/headlines/14518-a-third-of-tested-restaurant-lobster-dishes-actually-contain-cheaper-seafood-investigation-shows.

99 "Lobstermen Seeing Red over Langostinos," NPR, October 27, 2006, www.npr.org/transcripts/6394216.

100 "A Third of Tested Restaurant Lobster Dishes Actually Contain Cheaper Seafood, Investigation Shows."

101 J. Lawrence-Hamilton, "Fish Frauds," *The Lancet* 2, November 16, 1889, 1024–25.

102 同前註。

103 同前註。

104 George Smeeton, *Doings in London; Or, Day and Night Scenes of the Frauds, Frolics, Manners, and Depravities, of the Metropolis* (Southwark, UK: Smeeton, 1828), 141.

105 J. Lawrence-Hamilton, "Ice Spoils Fish," *The Lancet* 2, September 21, 1889, 614–16.

106 J. Lawrence-Hamilton, " 'Fish' and 'Fish' Inspection," *Public Health, the Journal of the Incorporated Society of Medical Officers of Health*, 6, no. 1 (1893): 20–21.

107 "Have Some Oranges with That Liquid," *Consumer Reports*, February 2013, www.consumerreports.org/cro/magazine/2013/02/have-some-oranges-with-that-liquid/index.htm.

108 Felicity Lawrence, "Supermarkets Selling Chicken That Is Nearly a Fifth Water," *The Guardian*, December 6, 2013, www.theguardian.com/world/2013/dec/06/supermarket-frozen-chicken-breasts-water.

109 "Poll Finds 86% of Americans Take Vitamins or Supplements Yet Only 21% Have a Confirmed Nutritional Deficiency," American Osteopathic Association, January 16, 2019.

110 "Tropicana Pure Premium® Calcium + Vitamin D (No Pulp)," Tropicana, www.tropicana.com/products/pure-premium/no-pulp-calcium-vitamin-d.

111 "Tropicana Pure Premium® Healthy Heart," Tropicana, www.tropicana.com/products/pure-premium/healthy-heart.

112 "Tropicana Pure Premium® Vitamin C + Zinc (No Pulp)," Tropicana, www.tropicana.com/products /trop50/vitamin-c-zinc-no-pulp-trop50.

113 "Tropicana Essentials® Pineapple Mango Probiotics," Tropicana, www.tropicana.com/products/tropicana-essentials/pineapple-mango-tep.

114 "Tropicana Essentials® Apple Cherry Fiber," Tropicana, www.tropicana.com/products/tropicana-essentials/apple-cherry-fiber.

115 "Probiotic Yogurt," Activia, www.activia.us.com/probiotic-yogurt.

116 "Cotton Candy Smoothie," Dannon Company, danimals.com/kids-yogurt-and-smoothies/kids-smoothies/cotton-candy.

117 "Fortification: It's All About Defenses!," Nestlé, www.nestle-cereals.com/me/en/ingredients/our-cereal-ingredients/fortifie-cereals.

118 "Nestlé Nesquik: Nourishing Possibility," Nestlé, www.nestle-cereals.com/global/en/nesquikr.

119 Theodore M. Brasky, Emily White, and Chi-Ling Chen, "Long-Term, Supplemental, One-Carbon Metabolism-Related Vitamin B Use in Relation to Lung Cancer Risk in the Vitamins and Lifestyle (VITAL) Cohort," *Journal of Clinical Oncology* 35, no. 30 (2017): 3440–48.

120 Alice Park, "Vitamins and Supplements Linked to Higher Risk of Death," *Time*, October 11, 2011, https://healthland.time.com/2011/10/11/vitamins-and-supplements-linked-to-higher-risk-of-death-in-older-women.

121 Shawn Bishop, "Take Vitamin Supplements with Caution: Some May Actually Cause Harm," Mayo Clinic, January 4, 2013, https://newsnetwork.mayoclinic.org/discussion/take-vitamin-supplements-with-caution-some-may-actually-cause-harm.

122 "The Truth About Heart Vitamins and Supplements," Johns Hopkins Medicine, www.hopkinsmedicine.org /health/wellness-and-prevention/the-truth-about-heart-vitamins-and-supplements.

123 "About Us," Environmental Working Group, www.ewg.org/about-us.

124 "How Much Is Too Much? Excess Vitamins and Minerals in Food Can Harm Kids' Health," Environmental Working Group, June 2014, www.ewg.org/research/how-much-is-too-much.

125 "How Much Is Too Much? Excess Vitamins and Minerals in Food Can Harm Kids' Health," 3

126 "A.G. Schneiderman Asks Major Retailers to Halt Sales of Certain Herbal Supplements as DNA Tests Fail to Detect Plant Materials Listed on Majority of Products Tested," New York State Office of the Attorney General, February 3, 2015, https://ag.ny.gov/press-release/2015/ag-schneiderman-asks-major-retailers-halt-sales-certain-herbal-supplements-dna.

127 Gerry Schwalfenberg, Ilia Rodushkin, and Stephen J. Genuis, "Heavy Metal Contamination of Prenatal Vitamins," *Toxicology* Reports 5 (2018): 390–95.

謝詞 Acknowledgments

如同少了人類參與，玉米就不可能存在一樣，這本書得以誕生，也要感謝我的經紀人，丹・康納威（Dan Conaway），以及編輯丹尼爾・哈波恩（Daniel Halpern）與蓋布埃拉・杜伯（Gabriella Doob）。

感謝尚恩・歐唐諾為我講解蒼蠅的嗅覺機制與食性偏好；感謝蓋瑞・比暢與我分享他對人類味覺和食物篩選的見解；感謝史考特・克萊曼（Scott Kleinman）與克萊格・卡蘭德（Craig Callender）協助解讀中世紀烹飪的文獻和語言；感謝里奇蒙大學（University of Richmond）、密西根大學（University of Michigan）、紐約公共圖書館（New York Public Library）與國會圖書館（Library of Congress）的圖書館員和教職員，在疫情之前與疫情期間幫助我尋找資料。為我提供寶貴協助的人很多，他們給我意見回饋、批評指教、內容審查、心理治療並扮演理性的聲音，這些人包括但不限於摩根・「早餐」・泰勒

（Morgann "Breakfast" Taylor）、海瑟・韋恩楚伯（Heather Weintraub）、瑞秋・維斯凱特（Rachel Weiskittle）、傑森・金恩（Jason King）、史考特・里托（Scott Little）、麥可・沙培爾（Michael Chappell）、瑪格麗特・莫瑞（Margaret Murray）、艾倫・基（Allen Gee）、卡爾・艾坎（Karl Alcan）、埃弗里特・艾坎（Everett Alcan）、鬆餅・衛斯理（Waffles Weasley，我的狗），以及每一位曾與我共進午餐或一起喝咖啡的人——特別是請客的那些。

INSIDE 30

美食怪奇物語

The Secret History of Food

Strange but True Stories About the Origins of Everything We Eat

作　　者　麥特・西格（Matt Siegel）
譯　　者　駱香潔
責任編輯　林慧雯
封面設計　萬勝安

編輯出版　行路／遠足文化事業股份有限公司
總 編 輯　林慧雯
社　　長　郭重興
發 行 人　曾大福
發　　行　遠足文化事業股份有限公司
23141新北市新店區民權路108之4號8樓
代表號：（02）2218-1417　客服專線：0800-221-029　傳真：（02）8667-1065
郵政劃撥帳號：19504465　戶名：遠足文化事業股份有限公司
歡迎團體訂購，另有優惠，請洽業務部（02）2218-1417分機1124、1135
法律顧問　華洋法律事務所　蘇文生律師
特別聲明　本書中的言論內容不代表本公司／出版集團的立場及意見，由作者自行承擔文責。

印　　製　韋懋實業有限公司
初版一刷　2023年3月

定　　價　420元
I S B N　9786267244098（紙本）
9786267244104（PDF）
9786267244111（EPUB）

國家圖書館預行編目資料

美食怪奇物語
麥特・西格（Matt Siegel）著；駱香潔譯
一初版一新北市：行路出版：
遠足文化事業股份有限公司發行，2023.03
面；公分（Inside；30）
譯自：The Secret History of Food: Strange but True Stories about the Origins of Everything We Eat
ISBN 978-626-7244-09-8（平裝）
1.CST：飲食風俗　2.CST：文化史
538.7　　112000261